21世纪国际关系学系列教材
Textbooks of International Relations in the 21st Century

普通高等教育"十一五"国家级规划教材

Practical Methods of International Studies (3rd edition)

国际关系研究实用方法

（第三版）

孙学峰　阎学通　张　聪 ⊙ 著

图书在版编目(CIP)数据

国际关系研究实用方法/孙学峰,阎学通,张聪著.—3版.—北京:北京大学出版社,2021.9

21世纪国际关系学系列教材

ISBN 978-7-301-32266-6

Ⅰ.①国… Ⅱ.①孙… ②阎… ③张… Ⅲ.①国际关系—研究方法—高等学校—教材 Ⅳ.①D81

中国版本图书馆CIP数据核字(2021)第119620号

书　　名	国际关系研究实用方法(第三版) GUOJI GUANXI YANJIU SHIYONG FANGFA(DI-SAN BAN)
著作责任者	孙学峰　阎学通　张　聪 著
责任编辑	武　岳
标准书号	ISBN 978-7-301-32266-6
出版发行	北京大学出版社
地　　址	北京市海淀区成府路205号　100871
网　　址	http://www.pup.cn
新浪微博	@北京大学出版社　　@未名社科-北大图书
微信公众号	北京大学出版社　　北大出版社社科图书
电子邮箱	编辑部 ss@pup.cn　　总编室 zpup@pup.cn
电　　话	邮购部 010-62752015　　发行部 010-62750672 编辑部 010-62753121
印　刷　者	天津中印联印务有限公司
经　销　者	新华书店
	730毫米×980毫米　16开本　19印张　305千字 2001年9月第1版　2007年9月第2版 2021年9月第3版　2023年12月第3次印刷
定　　价	49.00元

未经许可,不得以任何方式复制或抄袭本书之部分或全部内容。
版权所有,侵权必究
举报电话:010-62752024　电子邮箱:fd@pup.cn
图书如有印装质量问题,请与出版部联系,电话:010-62756370

第三版前言

自 2007 年第二版出版后,承蒙同行和同学们的厚爱,我们的教材陆续成为国内不少学校"国际关系研究方法"课程的指定教材或参考书目,这使我们有机会收集到更多老师和同学使用教材后的意见和建议。因此,2011 年前后我们就开始酝酿修订完善教材,以更好地满足课程教学和学习的实际需求。2012 年 9 月,《国际关系研究实用方法(第二版)》获评清华大学优秀教材一等奖并获得了学校的精品教材专项资助,于是第三版教材的编写工作正式进入了我们的写作日程。

当时设想利用 2—3 年的时间完成教材修订,但是随着工作的推进,我们对教材修订的必要性和具体思路反而感到有些茫然。就必要性而言,近些年国内政治学、社会学等学科的研究方法教材越来越专门化,比如集中介绍因果推断、调查实验等方法,在此趋势下介绍研究方法基本概念的入门级教材是否还有必要更新,我们一时拿不定主意;就修订思路而言,经过多年的普及推广,国际关系专业青年教师和研究生对社会科学方法的基本概念和主要程序已不再陌生,在此背景下入门级教材如何调整才能更好地满足教学和学习需要,我们一时也理不出特别明确的线索。受此影响,教材修订工作的进展明显慢了下来。

2015年暑假，我结束学术休假回到清华，想着利用秋季学期讲授"国际关系研究方法"课程的机会，再梳理一下思路，尽早重新启动教材修订工作，但一时也没有理出头绪。临近期末，在课上与同学交流时，他们偶然说起，系里的一些博士生跟他们提起，2014年秋季学期这些同学因为我休假没有修成研究方法课程，所以进入开题报告阶段后感到非常茫然，一时不知从何入手。我以为他们在开玩笑，后来跟其中的几位博士生交流，他们表示确实如此。当时，我一下子找到了第三版教材修订的思路，就是紧紧围绕博士开题报告和学位论文展开，重点关注学位论文涉及的基本概念和基本方法，包括这些概念和方法背后的思想理念。为此，第三版教材主要进行了以下三方面的调整：

首先，重点关注完成博士论文离不开但既有研究方法教材关注较少的部分，主要包括：寻找研究困惑和提炼研究问题、文献选择和评价以及构建因果解释框架等。为此，我们专门增加了讨论研究困惑形成的章节；文献回顾部分则单独成章，留出更大篇幅介绍如何选择和评价既有文献；专门开辟一章介绍因果解释框架的构建，在整合旧版教材不同章节相关内容的同时，补充了大量全新内容，希望同学们能够更为清晰地把握构建因果解释框架的基本要求和主要步骤。

其次，大幅度删减了与教材核心线索关系不够密切的内容，主要涉及两个部分：一是删除了有关预测方法和政策研究方法的讨论，感兴趣的读者可以阅读《国际关系分析（第三版）》的相关内容。二是删去了有关统计分析入门知识的介绍。专门讨论统计分析的教材非常多，同学们完全可以选择专门教材进行全面深入的学习。做出这些调整更为重要的考虑是，我们希望突出此版教材的特色，即更加关注选择研究问题和构建因果解释框架的基本方法，而不是检验研究假设的方法。

最后，更新补充了大量研究实例。结合研究实例介绍基本研究方法一直是我们教材的突出特点。在坚持这一特色的同时，第三版替换和补充了大量最新研究实例，其中有不少例子取自研究生学位论文或相关期刊论文，可以更好地帮助同学们理解相关核心概念和基本方法。此外，我们还通过注释向读者推荐了可以参考借鉴的其他相关研究实例，以方便老师和同学们拓展教学和学习资源。

　　第三版教材我们更换了合作出版社，感谢北京大学出版社社科编辑室武岳编辑细致高效的编辑工作！感谢清华大学国际关系学系2020级博士生华佳凡同学在编校过程中提供的大力协助！感谢清华大学为新版教材提供的慷慨资助！感谢过去十几年来给我们提出过意见和建议的老师和同学们，希望新版教材没有辜负你们的殷殷期待！

孙学峰
2021年春于清华园

第二版前言

2001年《国际关系研究实用方法》的出版,使我国国际关系专业的青年学者对研究方法产生了兴趣。2003年这本书第二次印刷后不久,《中国社会科学》与《世界经济与政治》杂志社联合举办了"国际关系研究方法"的研讨会。这次会议被认为是我国国际关系研究的传统主义与科学主义的一次碰撞。虽然对于国际关系研究科学方法并没有达成共识,但这次会议大大提高了我国国际关系学界对研究方法的重视程度,学习国际关系研究方法的人数随之大大增加。自2004年起,每年报名参加我们在清华大学举办的"国际关系研究方法暑期班"的人数逐年上升,2006年报名的人数已近170人。许多报名的院校老师告诉我们,他们学校想要开设国际关系研究方法的课程,希望我们能帮助培训教师。2006年起,一些开设国际关系专业的大学也开办了国际关系研究方法的讲习班。

我们决定修订这本教材的主要原因来自两方面。

一是修正教材中的不足和错误。在讲授国际关系科学研究方法的过程中,我们自己对研究方法的理解和运用水平也逐步提高,陆续发现了教材存在的不少问题。例如,第一版教材对什么是科学研究方法没有明确的定义,对国际关系的研究主题与具体问题未加区分,对变量控制的介绍不够充分,选择问题、提出假设和明确变量三者之间的关系处理不当等。2005年这本教材成为教育部推荐的研究生教材后,我们觉得非常有必要进行修订,争取名副其实。

二是使教材更加适合学生的需要。教材第一版所举的例子绝大多数是政策研究的实例,这对于政策研究人员或是具有一定实际研究经验的学者来讲,理解起来较为容易,但是对于初入国际关系专业的青年学子来讲,这样的实例就显得有些不太适宜。青年学生比较熟悉学术著作中的理论和案例,而且他们在学习期间主要从事学术研究而非政策研究。因此,要帮助没有实际研究经验的学生掌握研究方法,必须增加学术研究的实例,从学术研究的角度讨论问题,从写学术论文的角度介绍研究和编写方法。

新版《国际关系研究实用方法》和第一版相比,修改幅度相当大,在百分之五十以上。与第一版相比,新版教材的结构有了根本性变化,按照科学研究方法的实际程序重新编排了章节。科学研究的基本程序是选题、假设、实证、结论,为此我们打乱了第一版的结构,第三至七章分别讨论了如何选择研究问题,如何提出研究假设和明确变量关系,如何进行概念操作化,如何控制变量以及如何进行统计检验。这一安排改变了过去先讨论变量概念然后讨论研究问题与假设的结构,还避免了"对外政策研究方法"一章将定量统计检验与定性检验两部分割裂开来。第一版中的第一章讨论了国际关系研究的性质与研究方法的性质两个问题,新版教材则改为用两章分别进行讨论。第一版的最后一章也是讨论了两个问题,即研究设计和报告编写,新版教材也改为使用两章加以论述。政策研究是国际关系研究中的半壁江山,因此新版教材保留了原先关于政策研究方法的一章。新版教材去掉了第一版中的第四章"国际关系基本研究方法"。这一章理论性过强,实用性较差,不太符合本书强调实用的特点,因此除了其中有些例子用于相关章节外,绝大多数理论讨论都省略了。

新版教材增设了专门讨论概念操作化的章节。在教学中我们发现,由于受大学本科哲学教育的影响,学生们在讨论国际问题时总是从概念到概念,结果是吵得面红耳赤却不能增加任何新的认识。这种现象表明,学生们还不知道有意义的科学讨论是以共同标准为前提的,还不知道只有将抽象概念具体化才能形成科学讨论的共同标准。为此,新版教材就如何将抽象概念操作化为具体事物或数字表达式的方法做了较为详细的介绍。这一章使得假设与实证两个步骤连接起来,有助于读者克服无法从假设走向检验的困难。相对于第一版来讲,有关概念操作化的介绍是新版最为突出的贡献。增加这一部分使科学研究方法的各个环节连接成一体,增强了各章节之间的有机联系,同时进一步强化了这本教材的实用特点。

新版教材在每章后面增加了练习题。这些问题主要针对各章的核心概念,根据这些问题重温教材中的相关段落,有助于读者掌握科学研究方法的核心内容。任课教师可以根据所提出的问题组织学生讨论,从而加快学生掌握科学研究方法的速度。我们建议将完成练习与阅读附录中的参考文献结合起来,注意考察参考文献是如何运用相关概念和方法的。

新版教材改换了第一版附录中的参考文献。此次选取的论文都是科学研究程序比较完整的论文,因此收录了论文的全文而不是某个研究程序的节选。读者可以针对研究程序的具体步骤对比阅读这些文章,以深化对研究程序具体环节的理解。例如,读者学习概念操作化后,可以具体考察这些文章是如何将其所研究的核心变量操作化的。这种练习有助于读者增强对科学研究方法的感性认识,更快地掌握研究方法。

在新书付梓之际,我们要感谢福特基金会对本书修订再版工作的支持,以及对我们推广国际关系科学研究方法的长期支持。感谢教育部对这本教材再版给予的行政帮助。同时,我们也要感谢那些支持我国国际关系研究科学化的同人。

阎学通

2006 年冬于清华园

第一版前言

我的专业是国际政治,国际关系研究方法本应由研究方法论的专家来写,我写有关研究方法的著作似乎有不务正业和多管闲事之嫌。专业研究工作已经堆积如山,但我还是忙中偷闲,从1998年起断断续续地用了三年的时间,写成了这本《国际关系研究实用方法》。我之所以设法挤时间完成这本书,有三个原因:一是学生们的迫切需要,二是同行们的诚恳建议,三是提高我国国际关系研究水平的责任感。

1993年,我在北京大学国际政治系开设了"国际关系分析"的课程。本来这门课的内容是以讲授国际关系理论为主,顺便介绍一些国际关系的研究方法。没想到学生们对研究方法的兴趣远胜于国际关系理论。期末考试后,学生们对我说,作为国际关系专业的学生,原来他们总是觉得自己没有专业,不能像其他专业学生那样,掌握一些外专业学生所不懂的知识。不同专业的同学们在一起聊天,谈起国际关系,什么专业的同学都能侃上几句,而谈起其他专业的事,国际政治系的同学就插不上嘴了。他们一直认为国际关系专业不过是看看报纸,多了解点国际新闻罢了。直到上完"国际关系分析"这门课之后,他们才知道国际关系专业也有其他专业学生不懂的专业知识。他们认为,学了这门课才使他们与其他专业的同学有了平等的专业地位,而产生这种感觉的主要原因是学习了国际关系的研究方法,而不是国际关系理论本身。受同学们的启发,我将这门课的重点由介绍国际关系理论转向讲授国际关系研究方法,课程名称也相应地改为"国际关系研究方法"。自1994年起,我又在国际关系学院开设了这门课,该校学生的反应与北京大学的学生一样。

有些青年学者总是问我:如何才能把论文写得有新意?研究国际关系的窍门是什么?我对他们讲,国际关系研究也是科学研究,新意是研究出来的,不是写出来的。新意来源于研究的新发现,而新的发现又常常源于研究方法的革新和发展。研究国际关系的窍门就在于不断采取新的研究方法。这些青年学者并不满足于我的答案,为了找到研究国际关系的窍门,他们总是要追问:什么是最好的研究方法?我只好如实地告诉他们:就像没有一把可以打开所有门的钥匙一样,也没有一个对研究所有问题都是最合适的研究方法。国际关系的研究方法多种多样,只有经过方法论的专门学习和训练,才能掌握科学的研究方法。遗憾的是,我国能开设国际关系研究方法课程的大学很少,有关这方面的著作也不多。于是这些迫切希望提高自己研究水平的青年学者,纷纷建议我在国际关系研究方法课讲义的基础上,出版一本实用性强、适合国际关系专业的方法论著作。一位青年朋友甚至说,要使我国国际关系研究人员的水平从"普通股民"上升为"证券业内人士",的确需要为他们提供一本国际关系研究实用方法的教科书。

自从1992年我回国工作以来,感到国内同行都对我国国际关系研究低水平重复的现象不满,也有人写了一些批评文章。但是如何提高我国国际关系研究的水平呢?我自己认为,出现低水平重复的主要原因是我国多数从事国际关系研究的人员缺乏研究方法的专业训练。他们使用的研究方法基本上是自发性的简单归纳法,对科学研究方法知之甚少,无法运用科学研究方法从事研究,也不能创造新的研究方法。研究方法上的落后,使我国国际关系研究的整体水平在20世纪90年代没有明显提高。因此我认为,要使我国国际关系研究赶上美国,就必须提高研究人员运用科学研究方法的能力。一位好友和我说:"写一本初级方法论的书对你个人来讲可能没有多大的学术意义,但这本书将有助于我国国际关系研究人员整体研究水平的提高,其社会意义是重大的。你应牺牲一些专业学术研究的时间,把研究方法介绍给大家。"这番话使我既感到自己的社会责任,也感到一种道德压力。似乎我若不把自己所了解的研究方法推荐给学界后辈,就很可能被认为是自私心理作祟。

一般讲来,科学研究方法有三个层次:(1)方法论,如哲学思想、理论假定、研究原则和分析逻辑等;(2)研究方式,如研究程序和操作方式;(3)研究技术,如具体方法、工具和手段。作为研究方法的入门书籍,本书的重点不在于深化国际关系研究方法的讨论,而是介绍国际关系研究方法最基本的知识,侧重具体的研究方法,故而书名也定为《国际关系研究实用方法》。为了加强这本书对于国际关系研究人员的实用性,在撰写时我坚持了两个原则:一是凸显科学概念与普遍概念的区别,二是以国际关系的实例来示范说明概念、原理和研究方法的应用。希望这种做法有助于增强自学读者的感性认识,使他们能深入体会到国际关系科学研究方法的本质,并能根据范例进行模仿。

本书的第一章可以帮助读者为学习科学的研究方法打下思想基础。这一章就研究、科学、方法的基本概念进行了讨论。阅读第一章将有助于读者从哲学的高度调整自己的观念,从而有助于提高读者在阅读具体研究方法章节时的理解能力。第二章主要介绍了国际关系研究中的变量。这一章的目的是帮助读者认识科学研究中的核心概念——变量,从而为学习科学研究方法奠定基础。第三章是国际关系研究的选题和假设。阅读这一章将使读者体会到国际关系研究的规范方法与科学方法的区别,对于科学研究的基本要求有一个初步的认识。第四章介绍了国际关系研究的基本方法,这一章主要帮助读者了解国际关系研究是如何运用科学研究方法的。阅读这一章还将有助于读者对国际关系基本理论的理解,特别是对那些从事学术研究的人员更有助益。第五章结合政策研究的基本方法与我自己多年的工作经验,为读者介绍了对外政策研究的方法。这一章中有关对外政策研究经验的介绍,对于从事对外政策研究的专业人员和外交调研工作人员将有较大帮助。第六章讨论了对国际关系研究中定量分析方法的认识,并介绍了定量分析方法的基本概念和基本方法。凡是希望进一步提高自己国际关系研究水平的读者都会对本章内容感兴趣。定量分析已成为国际关系研究的重要手段。对于国际关系程度的分析比性质的分析更困难也更重要,而且定量分析的水平会直接影响定性分析的水平,因此掌握定量分析的能力已成为提高国际关系研究水平的基础。许多学者误以为定量分析高不可攀,其实只要稍微学一点统计学的知识,就能掌握定量分析的基本方法。第七章介绍了研究设计和研究报告的编写。这一章很实用,具有手册性质。研究人员可以随时翻阅本章,将有关内容套用到自己的研究上去。

本书能够出版在很大程度上有赖于我的研究生孙学峰的参与,除参加撰写外,全书的编辑、校对、附录、索引都是由他负责完成的。他的硕士论文《中国国际关系理论研究方法分析(1979—1999)》,对目前我国国际关系研究中的研究方法问题分析得比较透彻,因此将其摘编代为本书的跋,供读者参考。秦亚青教授就本书初稿提出了许多宝贵意见,使本书减少了许多专业方面的错误,在此表示衷心的感谢。恰逢此书付梓之际,我女儿阎谨考取了美国加州大学伯克利分校生物系,她有志于科学研究,我以此书作为祝贺她开始科学生涯的礼物。

阎学通

2001年夏于清华园

目　录

第一章　国际关系研究的性质 …………………………………… 1
 第一节　什么是国际关系研究 ………………………………… 1
  一、"研究"的双重含义 …………………………………… 1
  二、国际关系研究与外交实践 …………………………… 4
  三、国际关系研究与国际评论 …………………………… 6
  四、国际关系研究的学科类别 …………………………… 8
 第二节　理论研究与政策研究的区别 ………………………… 10
  一、研究目的不同 ………………………………………… 11
  二、分析原则不同 ………………………………………… 12
  三、效力标准不同 ………………………………………… 13
  四、方法偏好不同 ………………………………………… 14
  思考题 ……………………………………………………… 16

第二章　科学研究方法 ……………………………………………… 17
 第一节　研究方法的性质 ……………………………………… 17
  一、研究方法的含义 ……………………………………… 17
  二、研究方法的普适性 …………………………………… 19
  三、研究方法与研究质量 ………………………………… 21
 第二节　科学方法概要 ………………………………………… 24
  一、科学的本质 …………………………………………… 24

二、科学研究的程序 …………………………………… 26
　　　三、科学精神 …………………………………………… 34
　第三节　国际关系科学研究的局限性 ………………………… 39
　　　一、规律适用范围有限 ………………………………… 39
　　　二、过度依赖理解 ……………………………………… 41
　　　三、难以有效控制变量 ………………………………… 43
　　思考题 ……………………………………………………… 45

第三章　选择研究问题 ………………………………………… 46
　第一节　研究问题的含义 ……………………………………… 46
　　　一、从研究困惑到研究问题 …………………………… 46
　　　二、研究主题与研究问题 ……………………………… 49
　　　三、研究问题的类型 …………………………………… 51
　第二节　选择研究问题的原则 ………………………………… 56
　　　一、明确真实 …………………………………………… 57
　　　二、有意义 ……………………………………………… 58
　　　三、能回答 ……………………………………………… 61
　　思考题 ……………………………………………………… 63

第四章　文献回顾 ……………………………………………… 64
　第一节　什么是文献回顾 ……………………………………… 64
　第二节　文献回顾的步骤 ……………………………………… 67
　　　一、查找文献 …………………………………………… 67
　　　二、选择文献 …………………………………………… 70
　　　三、批判文献 …………………………………………… 73
　　思考题 ……………………………………………………… 79

第五章　构建因果解释 ………………………………………… 80
　第一节　明确因果关系 ………………………………………… 81
　　　一、因果关系的含义 …………………………………… 81

二、图解因果关系 ………………………………………… 85
　第二节　构建因果解释 ………………………………………… 91
　　一、构建因果解释的原则 ………………………………… 92
　　二、构建因果解释的方法 ………………………………… 100
　第三节　提出因果假设 ………………………………………… 111
　　一、研究假设的含义 ……………………………………… 111
　　二、建立因果假设 ………………………………………… 116
　　三、修改因果假设 ………………………………………… 127
　　思考题 …………………………………………………………… 132

第六章　概念操作化与测量 ………………………………………… 134
　第一节　概念操作化 …………………………………………… 134
　　一、操作化的含义 ………………………………………… 134
　　二、操作化的程序 ………………………………………… 135
　第二节　测　量 ………………………………………………… 145
　　一、测量的含义 …………………………………………… 145
　　二、测量等级 ……………………………………………… 147
　　三、测量的信度与效度 …………………………………… 152
　　思考题 …………………………………………………………… 154

第七章　实施假设检验 ……………………………………………… 155
　第一节　假设检验原理 ………………………………………… 155
　　一、基本原理 ……………………………………………… 156
　　二、实施步骤 ……………………………………………… 165
　第二节　变量控制 ……………………………………………… 181
　　一、含义与作用 …………………………………………… 182
　　二、核心原则 ……………………………………………… 185
　　三、基本策略 ……………………………………………… 198
　　思考题 …………………………………………………………… 213

第八章　学术论文写作 …… 214

第一节　学术论文的结构 …… 215
- 一、研究问题 …… 216
- 二、文献回顾 …… 217
- 三、理论框架 …… 217
- 四、研究方法 …… 218
- 五、经验检验 …… 218
- 六、研究结论 …… 219

第二节　学术论文的写作 …… 220
- 一、段落的写作 …… 220
- 二、词语的选择 …… 223
- 三、标题的写作 …… 227

第三节　注释规范 …… 229
- 一、注释目的和引用原则 …… 229
- 二、注释范例 …… 232

第四节　附录、参考文献与索引 …… 233
- 一、附录 …… 233
- 二、参考文献 …… 233
- 三、索引 …… 234
- 思考题 …… 235

附录1　研究方案设计示例 …… 237

附录2　科研立项设计示例 …… 264

参考文献 …… 271

索　引 …… 277

图 目 录

图 2.1　科学研究的迭代程序 ……………………………………… 26
图 3.1　研究问题的知识基础 ……………………………………… 62
图 5.1　变量关系类型 ……………………………………………… 87
图 5.2　中介变量 …………………………………………………… 87
图 5.3　因果机制 …………………………………………………… 88
图 5.4　混杂变量 …………………………………………………… 89
图 5.5　撞子变量 …………………………………………………… 90
图 5.6　因果图示例(自变量为 X,因变量为 Y) ………………… 91
图 5.7　因果意义上的可比性 ……………………………………… 98
图 5.8　案例研究中的"思想实验"——反事实分析 …………… 103
图 5.9　案例情境与因果机制 ……………………………………… 107
图 5.10　因果机制图——A 国在 B 国投资项目成败的逻辑 …… 110
图 5.11　理论、因果解释、因果假设与经验事实的关系 ………… 111
图 5.12　简单枚举法和科学归纳法推理形式对比 ……………… 118
图 5.13　三段论的推理形式 ……………………………………… 120
图 5.14　溯因分析法的推理形式 ………………………………… 122
图 5.15　批判实在论与回溯推理 ………………………………… 125
图 6.1　国际秩序与国际体系的构成要素区别 …………………… 140
图 6.2　双边关系分值标准 ………………………………………… 149

图 7.1　假设检验中的因果链、经验蕴涵与证据链 …………… 160
图 7.2　假设检验的两种有效推理形式 …………………………… 162
图 7.3　假设检验的基本流程 ……………………………………… 166
图 7.4　数据来源、数据与证据的区别 …………………………… 173
图 7.5　周幽王对王权的错误认知与西周灭亡的因果图 ………… 187
图 7.6　控制混杂变量与消除混杂偏差 …………………………… 189
图 7.7　控制中介变量与过度调整偏差 …………………………… 191
图 7.8　控制撞子变量与撞子分层偏差 …………………………… 194

附图 1　崛起成败原理 ……………………………………………… 252

表 目 录

表 4.1　学术论文批判性阅读指南 ………………………………………… 74
表 5.1　因果推断的根本难题 ……………………………………………… 97
表 5.2　案例研究中常见的因果推断方法 ………………………………… 102
表 6.1　四种测量等级比较 ………………………………………………… 150
表 7.1　主要假设与竞争性假设的关系类型 ……………………………… 158
表 7.2　定性研究中假设检验的基本类型 ………………………………… 161
表 7.3　不确定性的潜在来源及其分析性后果 …………………………… 179
表 7.4　特定因果关系（$X \rightarrow Y$）中的不同变量及其控制原则 …………… 196
表 7.5　不同变量控制策略的优势和局限 ………………………………… 212
附表 1　不同阶段崛起战略与崛起成败的关系 …………………………… 253

第一章
国际关系研究的性质

国际关系专业进入我国高等教育学科体系已有多年,近年来学科建设更是取得了长足进步。不过,在教学培养过程中,我们发现不少同学对国际关系研究的性质还存在一些模糊认识,为此本章将从研究的性质入手集中介绍国际关系研究的核心特征,以及理论研究与政策研究的主要区别。

第一节 什么是国际关系研究

一、"研究"的双重含义

在讨论何为国际关系研究之前,我们首先要明确"研究"的含义。生活中,"研究"一词使用得非常广泛,物理学家将他们的实验称为"研究",政府官员将他们的内部讨论称为"研究",公司销售将他们对消费者心理的分析称为"研究",父母长辈把商量如何操办孩子的婚事也说成是"研究",甚至人们可以把需要"研究"作为推脱一件事的借口。于是出现了一个自相矛盾的现象,即一方面人们认为"研究"是很难做的工作,只有学问大的人才能搞"研究";而另一方面人们又觉得"研究"是件很容易的事,人人都能"研究"。

如果我们查阅一下词典,就会发现**"研究"**一词有两个含义。第一个含义是"探求事物的真相、性质、规律等",第二个含义是"考虑或商讨(意见、问题)"。① 根据这两个解释的区别,我们就不难领会为什么人们对于"研究"一词的理解会出现自相矛盾的现象。依据第一个含义,"研究"是件非常难的事,需要具备相应的专业知识和能力。但是,根据第二个含义,"研究"则是一件非常简单、容易的事,近乎人的本能行为。

因此,如果以第二个含义为标准,我们就会认为任何人都能研究国际关系。例如,记者们写些朝核危机的报道或评论,领导们谈谈对国际秩序的看法,秘书们聊聊世界贸易组织改革,司机们侃一侃叙利亚内战,就都变成了国际关系研究。然而,依据第一个含义,上述行为都不属于国际关系研究的范畴,因为上述这些人的行为目标并不是探求事物的真相、性质和规律。本书所讨论的国际关系研究是就"研究"的第一个含义而言的。具体而言,我们可以把"研究"界定为"获取和证实新的可靠知识的系统探讨"②。

新的知识不仅是指提出并回答新问题或纠正前人答案中的错误,还意味着要具有理论或现实意义。人类对国际关系产生兴趣与国际关系的形成几乎是同步的。我们的前辈对国际关系中的许多问题都已经进行了长期研究,并在许多方面取得了重要成果。因此,我们的每一项研究都要超越前人的成果,在某些方面增加或深化人们对国际关系现象的认识,而不是对已有研究结论的简单重复或没有科学意义的"填补空白"。

汉斯·摩根索(Hans Morgenthau)从人性角度入手,说明了民族国家追求权力、相互冲突和形成均势的原理,建立了古典现实主义理论。但是,古典现实主义理论的解释存在不少缺陷,例如,人性恶难以观察、界定,如果以人追求权力界定人性恶,则原因与结果无法

---

① 中国社会科学院语言研究所词典编辑室编:《现代汉语词典(第 7 版)》,北京:商务印书馆 2016 年版,第 1507 页。
② 唐·埃思里奇:《应用经济学研究方法论(第二版)》(朱钢译),北京:经济科学出版社 2007 年版,第 19 页。

分离,由此陷入了循环解释。肯尼思·华尔兹(Kenneth N. Waltz)则从可观察的无政府状态入手,借鉴经济学中的市场理论,建立了结构现实主义理论,揭示了国际结构如何影响国家行为,并详细说明了国际结构制约国家行为与国家之间形成均势的原理,推动了现实主义国际关系理论的发展。

为了确保研究能够获得新的知识,研究人员有必要进行大量阅读,了解相关领域的研究现状,避免重复已有的研究成果或选择缺乏理论意义的问题。需要注意的是,研究现状不仅包括已发表的相关研究问题的学术成果,还包括同行就有关该问题尚未发表的(如工作论文等)最新进展。否则,一旦有同行率先发表了最新研究成果,那么其他研究人员围绕同一问题的研究将很可能变得没有意义。在研究实践中,此类事情常有发生,即研究人员在研究末期发现,别人的研究成果已经率先公开发表,自己相同的研究成果失去了意义。

当然,我们不能排除这样的可能,即在不了解已有研究成果的情况下,通过重新研究一个问题,推翻了已有的研究成果。但是,采用这种盲目的选题方法,其成功的可能性即使不能说为零,也是非常小的。事实上,即使研究人员觉得取得了突破性进展,也可能是在没有全面了解既有研究成果的基础上做出的判断,或者研究过程和结论并不可靠。

可靠的知识是指研究的过程和结论必须是可靠的。其中,研究结论的可靠性主要有赖于研究过程的可靠性,其核心是研究设计的可靠性,具体包括:研究资料或数据来源是否可靠、数据分析方法是否恰当,以及推论是否无偏、有效。当然,我们无法奢求百分之百的可靠性,但研究人员要努力提升研究过程和结论的可靠性,其中最为重要的保障就是确保研究过程公开可重复,使得其他研究人员可以利用相同的数据、方法和分析步骤,再次检验确认能否得到同样的结论。如果多次检验仍能得到同样的结论,我们虽不能就此确定研究结论完全可靠,但可以增强对研究可靠性的信心。此外,追求结论的可靠性与汇报推论的不确定性并不冲突。由于研究充满不确定性,无论是采用案例分析方法还是统计分析方法,研究人员均应诚实汇报而不是故意隐瞒研究推论的不确定性[①],这些不确定性涉及数据搜集倾向、变量测量误差、混杂因素控制、结论可证伪性等。

二、国际关系研究与外交实践

一次,某公司组织联谊会。为增进员工之间的相互了解,主持人要求与会者分别介绍自己的家庭情况。当一位女士介绍说,她的丈夫是从事国际关系研究的之后,引起了其他与会者的追问。他们问:"研究国际关系是干什么的?是专门开国际会议的吗?"这位女士一时语塞,不知该如何解释才好。回家后,她要丈夫给出一个简单明了的定义,以便她能解释清丈夫的职业,因为她不愿别人误以为她的丈夫是从事什么奇怪工作的。

此事说明很多非专业人士并不了解国际关系是什么专业,甚至不知道国际关系学与人口学或经济学一样也是社会科学的分支。把研究国际关系与参加国际会议联系起来的认识还反映出一种较为普遍的误解,即认为从事国际关系研究的人都是外交家,参加国际会议是他们最主要的工作内容。尽管有些外交家曾经是或者将来可能会是国际关系专家,但实际上外交工作和国际关系研究工作有着明显的差异,具有不同的目的和性质。这就如同一位钢琴家同时又是钢琴设计师一样,前者从事钢琴演奏,而后者从事的则是钢琴设计。钢琴演奏的知识和钢琴设计的知识可能有助于这个人在两个行业都取得较大成就,但钢琴演奏和钢琴设计仍是两种不同的工作。

在西方国家,特别是在美国,一些从事外交工作的官员在任职前后曾是著名的国际关系专家。例如,曾任美国国务卿的康多莉扎·赖斯(Condoleezza Rice)原是斯坦福大学的国际关系学教授,曾任国务

[①] Gary King, et al., *Designing Social Inquiry: Scientific Inference in Qualitative Research*, Princeton: Princeton University Press, 1994, pp. 31-32.

卿的亨利·基辛格(Henry A. Kissinger)长期在哈佛大学讲授国际关系课程。这些现象给人们造成错觉,以为从事国际关系研究的人都是外交人员,但事实并非如此。周恩来是外交家,却不是国际关系专家;华尔兹是国际关系专家,却不是外交家。基辛格、赖斯既是外交家又是国际关系专家,但这种双重身份并不能说明外交工作与国际关系研究是一回事。

外交是政治活动,其目标是维护国家利益。《中国大百科全书》将外交定义为:"国家以和平手段对外行使主权的活动。通常指由国家元首、政府首脑、外交部长和外交机关代表国家进行的对外交往活动。主权国家外交的宗旨是以和平方式通过对外活动实现其对外政策的目标,维护国家的利益,扩大国际影响和发展同各国的关系。"① 而对国际关系研究的定义则聚焦于学术活动,"以国际社会各个行为主体之间的政治关系及其运行机制和规律为主要研究对象"②。因此,面对同一事件,外交官和国际关系研究人员关注的重点并不相同。

外交是一种艺术,需要外交人员在具体的外交活动(如谈判、访问、交涉、参会等)中,通过斗争与妥协的方式说服对方接受本国的观点和建议,达成协议或合作意向。例如,在《中美上海公报》谈判中,周恩来和基辛格创造性地提出了有关台湾地位的表述,最大限度地弥合了双方的分歧,促成了谈判的成功,开启了改善中美关系的进程。外交界人士普遍认为,中美谈判的成功有赖于周恩来和基辛格的外交艺术。③

国际关系研究是科学不是艺术,需要研究人员借助科学方法观察客观现象,通过对这些现象的逻辑分析,从中发现国际关系运行的规律和特点,并对这些规律和特点进行符合逻辑和经验的解释。国际关系研究工作的基本原则之一就是,严格坚持逻辑合理性和论据有效性,不能向不合理的解释妥协。用人们最熟悉的话讲,就是实事求是。

---

① 《中国大百科全书·政治学》,北京:中国大百科全书出版社1992年版,第366页。
② 同上书,第131页。
③ 周恩来与基辛格将大陆和台湾称为"台湾海峡两岸"。

需要说明的是,在现实生活中,确实有人既能进行国际关系学术研究,又有娴熟的外交技巧,但是他们在进行国际关系研究或外交活动时,使用的却是两种不同的技能。这如同会弹钢琴的制琴师傅在制琴和弹琴时使用的技能各不相同一样。此外,获得国际关系研究技能和外交技能的途径也有所不同。掌握研究国际关系的技能主要依靠书本学习和研究实践,而外交技能的获得主要借助外交实践。国际关系专业知识可以提高一个人的研究能力,但对于掌握外交技能的作用较为有限。一个人需要在较长时间的外交实践中,通过亲身体验才能掌握外交技能。我们可以看到,即使是受过国际关系专业训练的博士毕业生到外交部工作,也无法立即胜任外交工作,他们往往过于严谨而不够灵活。

尽管外交工作与国际关系研究工作有着本质区别,但两者之间还是有着较为密切的联系,突出表现为以下两个方面。一是外交行为是国际关系研究的对象之一。国际关系研究人员是政治学家,外交人员的行为是他们的研究对象。如果把国际关系专家比作医生,那么外交人员就是他们的患者。二是国际关系研究成果有助于外交人员做出合理决策。一名成熟的外交官并不一定精通国际关系理论,但必然了解一些国际关系的基本原理,而这些原理正是由国际关系研究人员发现或系统总结出来的。如果没有国际关系学者的学术研究,今天的外交人员对国际关系的理解还会停留在第一次世界大战时的水平。与以前的同行相比,现在的外交人员之所以能做出更为明智的判断,除了实践经验的积累外,更主要的是,几代国际关系研究人员的科学研究成果为他们思考对外政策和国际关系现象提供了更为可靠的知识基础。改革开放以来,我国政府对对外决策科学性的认识和要求不断提高,而决策科学性的关键环节之一就是增强政策研究的科学性,以便为外交决策提供更为可靠的知识基础。

三、国际关系研究与国际评论

对于国际关系研究还有一种误解,就是把国际关系研究与撰写国际评论等同。有些人误以为,国际关系研究就是针对国际事件写些评论、谈些看法。

在一些冠以"国际关系理论"的著作中,我们经常可以发现一些国际评论或会议随感之类的文章。例如,以"对……的几点看法"为题的文章基本上都是评论性文章,而有些人却以为此类文章也是学术研究成果。更有甚者,将与外国有关的所有报道均视为国际关系研究。

国际关系研究与撰写国际评论的区别主要表现在两个方面。首先,目的不同。写国际评论是针对国际时事谈看法,尤其是具有广泛政治和社会影响的事件,其主要目的在于表达立场和观点,并希望这种立场和观点能够产生广泛的社会影响,具有强烈的舆论传播效应。最为典型的例子是20世纪60年代初期,中国共产党批评苏联共产党政策的"九评"。而国际关系研究则侧重讨论规律性、因果性和长期性的问题,其主要目标是揭示国际关系现象的本质,解释国际关系现象的规律,希望这些工作能够有助于知识积累。同样是关注国际时事,国际关系研究的目标是总结规律和积累知识。

近些年中国建立伙伴关系的时事新闻,引起了国际关系研究人员的关注,但他们关注这些事件的目的不是发表意见和看法,而是力图探求中国伙伴关系升级的动因及其作用机制,深化冷战后有关中国和大国伙伴关系的知识积累。①

其次,写作过程不同。国际时事评论提出观点、发表意见,无须清晰、严谨地表述其论证过程。例如,评论不需要严格界定其文中概念的含义;不必说明选择例证的标准,即为什么使用特定的例子,而放弃另外一些例子;也不用提供详细的数据和证据的来源等。而国际关系研究的成果必须详尽展现其得出论证结论的研究过程,具体包括核心概念含义、逻辑推论、研究方法、案例选择标准、数据和引文的来源等。这样做是为了提高其研究结论的可靠性和有效性,使其他研究人员能够重复检验得出研究结论的过程,进而使研究同行接受研究成果。

---

① 孙学峰、丁鲁:《伙伴国类型与中国伙伴关系升级》,《世界经济与政治》2017年第2期,第55—57页。

讨论冷战后"中国威胁论"的文章有很多,其中有些是国际评论,有些则是研究报告,两者的论证过程有着明显的差异。比如,题为《愚昧的偏见与冷战对抗的遗风——驳"中国威胁论"》①的文章就是一篇国际评论,其目标只是想让读者知道作者不同意美国人的"中国威胁论",其表述论证过程较为松散。而针对"中国威胁论"的另一篇文章——《冷战后中国的对外安全战略》②则是研究报告。在该文中,研究人员采取文本分析方法,在详尽展现逻辑推论和事实论证过程的基础上,充分证明了中国国防能力和国防战略的防御性。文章发表的目的是希望包括美国专业人士在内的所有读者,都能从中真正了解中国的国防政策和能力,接受这一研究成果。这项研究成果还被国外的一些专业性杂志转载或摘登,美国《联邦广播国际研究》将该文全文译成了英文。③

四、国际关系研究的学科类别

国际关系研究属于社会科学,是一级学科政治学下的一个二级学科,主要目的是以政治学的一般概念、方法和原理为基础,探讨不同国际行为体之间的关系以及国际体系的运行规律。比较政治学则是政治学中另一个重要二级学科,主要运用比较方法研究不同国家内部的政治行为和政治体系的运行规律。国际关系和比较政治两者都是政治学的支柱专业。

从研究对象上看,国际关系研究关注两类行为体。一是国家行为体。民族国家是现代国际体系中的主导行为体,也是国际关系研究的主要对象。二是非国家行为体。这类行为体包括:政府间国际组织,如联合国、世界贸易组织等;非政府国际组织,如国际红十字会、绿色和平组织等;跨国公司,如苹

---

① 阎学通:《愚昧的偏见与冷战对抗的遗风——驳"中国威胁论"》,《瞭望周刊》1993年第12期,第41页。
② 阎学通:《冷战后中国的对外安全战略》,《现代国际关系》1995年第8期,第23—28页。
③ *FBIS-CHINA*, October 16, 1995, No. 95-199, pp. 8-13.

果、华为、壳牌等。第二次世界大战以后,非国家行为体的作用越来越明显,成为国际关系研究不可忽视的重要研究对象。2001年"9·11"事件发生后,非政府的军事暴力组织对国际政治的影响力急剧上升,成为重要的国际行为体和国际关系研究的主要对象之一。

从研究内容上看,国际关系研究主要关注国际体系的稳定、变化和转型,体系内行为体之间的互动关系,以及行为体内部变化对国际体系的影响,其中最为核心的研究主题是战争与和平、冲突与合作,具体包括国际冲突的根源、爆发战争的具体原因、和平的基础、国际合作的条件、国际规范扩散的原因等。

从研究类型来看,国际关系研究可以分为理论研究和政策研究。《现代汉语词典》将作为名词的"理论"定义为:"人们由实践概括出来的关于自然界和社会的知识的有系统的结论。"①《美国传统案头词典》则将"理论"定义为:"用于解释一个或一类现象的一个或一套说明,通常包括从数学或逻辑的理由产生的结论。"②把这两个定义结合起来,我们可以概括出构成**理论**的五项基本要求,即源于实践、能够解释现象、具有概括性和逻辑性及系统性。如果我们以理论五要素为标准,就可以把**国际关系理论研究**定义为:通过科学实践,运用具有逻辑性和系统性的方法对国际关系现象进行概括性解释的工作。

根据理论解释的范围,国际关系理论研究大致可分为两类。一是大理论研究,其基本特征是不受狭窄的时间、空间和类别的限制,能够揭示超越一定时空界限和类别范畴的一般性规律。在社会科学中,理性选择理论是典型的大理论研究成果,已经广泛应用于政治学、经济学、社会学等领域的研究。在国际关系理论中,华尔兹的结构现实主义、罗伯特·基欧汉(Robert O. Keohane)的新自由制度主义和亚历山大·温特(Alexander Wendt)的建构主义理论都是大理论研究方面的尝试。二是中层理论研究,指对特定类别问题、特定时空范畴内现象的分析性研究,其目标也是寻求规律和通则,但这些

---

① 中国社会科学院语言研究所词典编辑室编:《现代汉语词典(第7版)》,北京:商务印书馆2016年版,第799页。
② *The American Heritage Desk Dictionary*, Boston: Haughton Mifflin Company, 1981, p. 960.

规律和通则有着明确的时空和范畴限制,如区域一体化理论、核威慑理论和贸易和平理论等。①

上述两本词典对"政策"的解释分别为:"国家或政党为实现一定历史时期的路线而制定的行动准则"②和"指导个人或集体的总原则或计划"③。结合这两个定义,我们可以总结出构成**政策**的三个基本要素,即服务于人的利益、用于指导人的行为和有计划。依照这三个要素,我们可以把**对外政策**定义为:服务于国家利益,同时能指导国家对外行为的准则或行动计划。④ 围绕对外政策准则和计划制定展开的研究工作则是政策研究。

有些人认为国际关系理论研究是国家对外政策研究的总和。这其实是一种误解,如同将工程研究的总和视为物理学研究一样。两位美国学者曾对国际关系理论研究与对外政策研究的关系做过很好的解释:"国际关系包含的内容超出了各国对外政策的总和……我们还要补充的是,国际关系的大部分实际知识,历来都是来源于对各国对外政策的研究和比较。"⑤

第二节 理论研究与政策研究的区别

国际关系理论研究和政策研究关系密切,但两者存在着明显的区别。如果我们把国际关系理论研究人员比作物理学家,那么政策研究人员就是工程师。前者从事理论研究,后者从事应用研究;前者的工作性质是发现和解释,后者的工作性质是发明和实践。具体而言,两类研究的区别主要体现在四个方面,即研究目的、分析原则、效力标准和方法偏好的不同。

---

① 参见秦亚青:《权力·制度·文化——国际关系理论与方法研究文集》,北京大学出版社2005年版,第294页。

② 中国社会科学院语言研究所词典编辑室编:《现代汉语词典(第7版)》,北京:商务印书馆2016年版,第1674页。

③ The American Heritage Desk Dictionary, Boston: Haughton Mifflin Company, 1981, p.732.

④ 对于政策、方针、路线、原则等概念之间的区别,这里不进行讨论,读者可以将这些概念理解为不同层次的政策,即大政策与小政策、原则政策与具体政策的区别。

⑤ 詹姆斯·多尔蒂、小罗伯特·普法尔茨格拉夫:《争论中的国际关系理论(第五版)》(阎学通、陈寒溪等译),北京:世界知识出版社2013年版,第27页。

一、研究目的不同

政策研究是实现国家利益的手段,而国际关系理论则是对客观国际关系现象规律的解释。由于对外政策制定与国际关系理论的属性不同,因此两类研究的目的有着根本区别。政策研究的目的在于寻找维护国家利益最为有效的措施。例如,同是研究亚太地区的力量均衡问题,国际关系理论学者会着重了解亚太地区力量均衡形成的条件,以及这种均衡对地区和平的作用;而政策分析人士关心的则是维持什么样的均衡对自己的国家最有利,怎样才能形成那种对己有利的力量均衡。

鉴于政策研究的目的是维护国家利益,因此研究就要服从国家需要。国家是对外政策的唯一使用者或需求者。正是由于国家持续产生需求,研究人员才可能不断地研究政策并向政府提供政策建议。没有这个需求,政策研究人员就失去了提供政策建议的对象。在现代社会中,政策研究虽然还不是一个产业,但国家向专家购买对外政策建议的现象已经出现。在有些国家,政府作为国家的代表出资购买政策分析机构的对外政策研究成果,或是资助其相关研究项目。

国际关系理论研究的目的则在于揭示客观国际关系现象的规律,源于研究人员认识国际关系的需要。这种需要不是社会对研究人员提出来的,而是研究人员在研究过程中向自己提出来的,其核心动力是人类要了解和认识自己,相关研究成果也是服务于全人类的,而不可能只服务于特定国家。

国家力量的不均衡发展必然导致国际力量格局变化。认识到这一客观规律,每个国家都可以利用它。霸主国家可以利用这一规律调节国际力量的对比关系,从而保持其霸主地位;崛起国则可利用这一规律改变国际力量对比,争取世界领导权;而中小国家可利用这一规律在大国之间寻求平衡,最大限度地维护自身利益。

二、分析原则不同

由于国际关系理论研究的目的并不是服务于国家利益,因此,研究人员会以学者普遍接受为原则分析判断国际关系现象。例如,无论哪国的理论研究者,都以是否有利于国际和平为标准来分析判断武器扩散的影响。学者们虽然在战略武器扩散对国际安全的影响上有不同看法,但对于小型武器扩散的影响却有基本一致的看法,即都认为小型武器的扩散不利于国际和平。

然而,政策研究的目的是服务于国家利益,因此,政策研究人员必然要以是否有利于本国为分析判断的原则。也就是说,中国的政策研究人员以是否有利于中国为原则,而美国的政策研究人员则以是否有利于美国为原则。所有的政策研究者在原则上都认为自己国家的对外政策是维护国际和平的,威胁国际安全的都是他国的对外政策。正是由于这种原则上的对立,不同国家的对外政策研究人员对同一国际事务的看法常常完全相反。

美国的政策研究人员认为,美国对台出售武器有利于维护台海地区安全;而中国的政策研究人员认为,美国对台出售武器推动了台湾分离主义势力的发展,加剧了这一地区的紧张局势。

在军事透明度的问题上,实行威慑战略的军事强国的政策研究者认为,加大军事透明度有利于国际和平,而实行不对称战略的军事弱国的政策研究者则认为,加大军事透明度不利于国际和平。两者得出完全相反的结论,原因在于他们的标准不同。前者的原则是加大透明度才有利于强国的军事威慑,使他国畏于强国威慑不敢使用武力解决利益矛盾;而后者的原则是军事透明充分暴露强弱国家的军事差距,这将诱使强国使用武力解决利益矛盾。

政策研究不一定有阶级性。有的学者认为："政策具有一定的阶级性,一定的政策总是要为一定的统治阶级利益服务。超阶级的政策是不存在的。"①在《中国国家利益分析》一书中,阎学通曾论述过,国际政治层面上的国家利益(national interest)是没有阶级性的。②一项具体的对外政策是否有阶级性则取决于政策所维护的利益。如果这项政策仅仅维护统治阶级的利益,那么这种对外政策就是有阶级性的。如果一项对外政策在维护统治阶级利益的同时也维护被统治阶级的利益,这种对外政策就没有阶级性。

由于对外政策可分为有阶级性和无阶级性两类,因此对外政策研究也可以分为两类:一类是有阶级性的研究,即只为实现统治阶级利益而进行的研究;另一类是没有阶级性的研究,即为实现统治阶级与被统治阶级的共同利益进行的研究,即实现国家利益的研究。由于两类研究服务的利益不同,因此研究工作所使用的分析判断标准也不同,前者以是否有利于统治阶级利益为标准,后者则以是否有利于民族国家利益为标准。这也是政策研究人员在政策建议上产生分歧的原因之一。因为有些政策是以伤害被统治阶级利益为代价来实现统治阶级利益的,这种政策不利于民族国家的整体利益,于是分歧出现了。一般来讲,多数政策研究人员把是否有利于国家利益而非统治阶级利益作为政策合理性的判断标准。

三、效力标准不同

国际关系理论研究和政策研究的结果是否有意义都是以其有效性来判断的,但这是指两种不同性质的有效性。国际关系理论的有效性是指解释的有效性,而政策研究的有效性是指维护国家利益的有效性。

国际关系理论研究的目的在于解释国际关系现象和规律,因此每项具体研究成果要以其解释效力的大小为判断标准。

---

① 王福生:《政策学研究》,成都:四川人民出版社1991年版,第35页。
② 阎学通:《中国国家利益分析》,天津人民出版社1996年版,第4—20页。

均势理论认为,国家间实力平衡遭到破坏会引发国际战争。这种理论可以解释第一次和第二次世界大战的爆发,但是解释不了二战以后的民族独立战争,因为这些战争的原因不是力量均衡问题而是民族主义问题。20世纪50—60年代,新兴的民族主义理论将现代国际社会的战争根源归于民族矛盾。同均势理论相比,这种理论对战争原因的解释适用范围更广,也就是说可以用来解释更多类型的战争。一种理论解释适用的范围越大、时间越长,其效力就越强,反之则越弱。

政策研究的目的是维护国家利益,因此,测量政策研究成果有效性的标准是实现国家利益的速度和程度,能在最短时间内最大限度地实现国家利益的政策就是最为成功的政策研究。也就是说,政策研究成果的效力体现在既定时期内能否有效实现国家利益目标,而不在于提出一项政策是否适用于不同时期的不同利益目标。

中国曾希望在关税贸易总协定改为世界贸易组织之前加入该机构,但事实是世界贸易组织成立六年后中国才获准加入。也就是说,相关政策研究提出的政策建议未能使中国按照计划的时间和条件加入世贸组织。这表明这些研究成果没有实现当时的利益目标。

四、方法偏好不同

国际关系理论研究侧重研究方法的严谨性以及新方法的使用,因为研究方法越严谨,研究结论的可信度就越高,效力就越强,而新方法常常是理论突破的基础。政策研究则更强调研究方法简单可靠,因为研究方法越简单,就越容易做出政策判断,而研究方法越可靠,就越能降低决策失误的风险。例如,政策研究者通常直接依靠领导人个人的讲话来判断一国政策的走向,方法直接明了,但理论研究者分析国际关系时较少以个人的讲话为主要事实依据。

研究方法的严谨性与简单性是不相容的，任何一方面的增强都意味着另一方面的减弱。如调查实验（survey experiment）的方法比实地访谈的方法严谨，但前者比后者复杂得多。研究方法的可靠性与新颖性也是不相容的。新的研究方法使用次数较少，因此可靠性较差，而既有研究方法已应用多次，经受了实践的检验，通常更为可靠。从理论上讲，如果新的研究方法比既有方法更科学，那么它的可靠性相对要强一些，但政策研究人员往往更加相信已有的经验，对于使用次数不多的新研究方法普遍不够信任。加之制定对外政策关系到国家利益，政策研究人员不愿冒险使用新的研究方法。

在讨论理论和政策研究的区别时，我国学者还普遍认为理论是政策制定的指导思想，因此政策研究要先明确理论指导思想，然后再研究政策制定。[①] 我们认为，抽象地讲，理论指导政策研究是正确的，但其前提是要将"理论"一词界定得相当宽泛，即要把有些人的基本思想或世界观定义为"理论"，而且每个人在研究制定政策时都会受到自己思想认识或世界观的影响。从这个意义上讲，可以说理论指导政策研究或政策制定。但如果我们把"理论"的定义严格限定在因果陈述的意义上，那么理论与政策研究或政策制定就不一定有必然联系了。国际关系理论是非常复杂的学术理论，只有受过专业训练的人员才能掌握这些理论知识。然而，许多国家的外交官甚至外交部长都没有国际关系理论的专业知识，甚至根本没读过一本国际关系理论著作，但是他们照样能够根据历史或经验来理解国际政治的特点并制定对外政策。其原因之一在于，政策研究中的"研究"实际上包括了本章开篇所述的双重含义。

事实上，国际关系理论对于政策研究的指导作用是一种自然而然的影响。一个具有国际关系理论专业知识的人，是下意识地按其所了解的国际关系理论原理来研究和分析对外政策的，而不是有意识地运用一种理论来研究和分析对外政策的。这如同解一道算术应用题，可以用算术和代数两种方法解析。解题者会下意识地运用自己最熟悉的方法解答，而不是先确定解题的

---

① 王福生：《政策学研究》，成都：四川人民出版社1991年版，第127页。

理论原则,然后再作答。当我们问一个政策研究人员以什么理论指导一项具体的对外政策研究时,他往往是难以回答的,因为他研究政策时并没有想过应以什么国际关系理论作为指导。

本章主要介绍了国际关系研究的重要性质,即就国际关系现象积累新的可靠知识。为了实现这一目标,研究人员可以采取多种方法,而科学方法是其中影响较大且最具传承性的研究方法。在我国国际关系学界,不少学者特别注重社会科学与自然科学的不同之处,对两者都属于科学范畴的共性关注不多。为此,下一章将集中介绍科学研究方法的核心特征和基本程序。

思考题

1. 科学研究中的"研究"是什么含义?
2. 国际关系研究与撰写国际评论有何区别?
3. 国际关系理论研究与政策研究有哪些不同?

第二章
科学研究方法

20世纪90年代后期以来,国内学界开始关注国际关系研究的方法问题,主要探讨如何将科学方法运用到国际关系研究之中。经过多年努力,国际关系的科学研究已逐步得到学界的认可,但对于科学方法的适用性仍存在争论。人们怀疑国际关系研究方法的科学性,主要原因之一是不大了解科学方法的核心特征。因此,本章将集中介绍科学方法的基本含义和应用程序,并在此基础上讨论科学方法应用到国际关系研究时面临的主要挑战。

第一节 研究方法的性质

一、研究方法的含义

《现代汉语词典》将"方法"定义为:"关于解决思想、说话、行动等问题的门路、程序等。"① 在这里,"门路"的概念包括工具、技术、设备、推理、设计、实验、调查、分类、综合、讨论、交流……由于"门路"的含义十分宽泛,这一概念

---

① 中国社会科学院语言研究所词典编辑室编:《现代汉语词典(第7版)》,北京:商务印书馆2016年版,第366页。

不能为我们理解研究方法提供明确的指导。根据有关研究方法的研究,有学者把"方法"定义为"收集资料和研究的技术或工具"①。这一定义虽然简单,但易于我们理解什么是研究方法。如果将技术和工具进一步简化为"手段",我们就可以说"方法是手段",**研究方法**就是研究人员为实现研究目标所选取和使用的手段。

一般来讲,同解决日常生活和工作中问题的方法相比,研究工作使用的方法更为系统,也更为复杂。日常生活中,许多方法无须特殊的学习即可掌握,而工作中使用的方法则需要特殊训练,如从事教学,首先要接受多年高等教育,还要掌握基本的教学方法。研究工作使用的方法不但需要专门学习,而且不容易掌握,因为研究方法的系统性和逻辑性都很强,只有在有了相当的知识基础后,才能学会并加以应用。正因为如此,本科生的研究方法课程主要介绍基本概念,一般要到研究生阶段才开设系统性的研究方法课程。尽管研究方法的系统性和综合性较强,但是为了便于学习和掌握这些研究方法,同学们还要分门别类、由浅入深地逐个学习。这如同学习数学计算一样,进行数学计算时要综合运用多种方法,但要掌握这些计算方法,只能一个一个地学。

不同研究方法的适用范围并不一样,这如同修理汽车需要很多工具,而每个工具的作用并不相同。因此,在选择研究方法时,要特别注意方法的应用范围和具体要求,不能认为可以找到万能的国际关系研究方法,能够用来研究任何国际问题。

(1)统计方法的目标是探寻概率性因果关系,而概率论的基础是重复,因此统计方法并不适用于分析具体事件的原因。②

(2)相关分析中的皮尔斯系数仅适合检验自变量和因变量都是定比数据的研究假设,Logit 回归则可以检验自变量和因变量为定类

---

① 肯尼思·D. 贝利:《现代社会研究方法》(许真译),上海人民出版社 1986 年版,第 8 页。
② 谢宇:《社会学方法与定量研究》,北京:社会科学文献出版社 2006 年版,第 49 页。

数据的研究假设。

（3）在国际关系研究中,归纳推理法应用得比较普遍,而定性比较分析(QCA)的适用范围就相对有限,原因之一是后者对研究案例的数量有着特定要求。①

研究方法不仅适用范围不同,而且解决具体问题的效力也不同。例如,同定性分析相比,贝叶斯概率分析对两国矛盾激化导致军事冲突的危险性就可以做出更为可靠的预测。有时某一研究方法可能会在特定情况下完全失去效力。例如,要研究韩国国防战略,我们可以对其国防白皮书进行文本分析,但研究朝鲜的国防战略就无法使用这一方法,因为朝鲜目前尚未对外公开发布过国防白皮书。由于针对的是具体的研究对象,不同研究方法的成本和效力不同,因此研究人员应根据研究问题的性质选择最为可取的研究方法。在绝大多数情况下,国际关系研究都要综合使用多种研究方法,而较少使用单一方法。

二、研究方法的普适性

在中国,社会科学的阶级性问题曾经引起许多讨论,这些讨论不可避免地影响了很多人对国际关系研究方法的认识。一些人误认为社会科学有阶级性,因而断定社会科学的研究方法也必然有阶级性。在此认识下,国际关系作为社会科学的分支,其研究方法也被错分为资产阶级方法和无产阶级方法。由于国际关系中的政策研究都是为本国利益服务的,于是又有人草率地把国际关系的研究方法分为美国的方法、英国的方法、俄罗斯的方法、中国的方法等。

在国际关系研究方法的教学过程中,一位在美国获得博士学位的教师发现,学生们会把他们没听说过的方法看作美国的研究方法,有时还会在跟老师的争论过程中强调老师的方法"是美国的那

---

① 刘丰:《定性比较分析与国际关系研究》,《世界经济与政治》2015年第1期,第91—99页。

一套"。相反,当学生们听到较为熟悉的研究方法时,就没有人认为这些方法是美国的研究方法了。过去,在国际关系论文写作与发表的过程中,如果有学生按照"选择问题、文献回顾、提出假设、概念测量、实证检验和研究发现"的"套路"来写一篇学术论文,就会被认为是在搞"洋八股",尤其是使用统计分析方法的时候,会被当作"资产阶级货色"或"美国学术霸权"而受到批判。

这种把研究方法贴上阶级或国籍标签的做法,常常影响研究人员接受新的研究方法。事实上,国际关系的研究方法既没有阶级性也没有国别性。国际关系的研究方法如同工具和武器,而工具和武器可以用来为不同的人、不同的阶级和不同的国家服务。谁使用它们,它们就为谁服务。国际关系研究方法不会因为在哪个国家起源或盛行就专属于哪个国家,国际关系研究也不会因使用不同的研究方法而形成不同的学派,因为方法不是理论,它是为科学研究和理论建构服务的。

（1）马克思的经济分析法是以德国古典哲学中的辩证法和唯物主义为基础的,但这种分析方法得到了中国学者的广泛认可。

（2）地缘政治学是西方学者发明的,但这种从地理环境的角度分析国际关系的方法却曾为苏联组建华沙条约组织这类东方军事集团服务。

（3）地理上相邻的国家容易发生安全矛盾,如果这些邻国结成军事同盟就可以管控彼此的安全矛盾,这一地缘政治学的分析逻辑可以为任何地区的国家服务。

经过多年努力,中国的国际关系研究总体上有了长足进步,但同世界先进水平相比还存在差距,特别是在研究方法应用的科学性和系统性方面,差距可能更加明显一些,能够创新研究方法的学者更是凤毛麟角。如果我们以阶级性和民族性为理由拒绝学习和使用其他国家学者发明的有效研究方法,那么我们的研究工作必然会受到较为严重的限制。这种做法如同因为计算机是西方人发明的,我们就不用计算机而只使用算盘;因为市场经济源于资本主义社会,我们就不搞市场经济,而继续实行计划经济一样。以阶级和国籍的眼光对待研究方法,不利于中国的国际关系研究达到并超过世界先进水平。

三、研究方法与研究质量

如果读者能够接受研究方法是手段这一界定,便不难理解研究方法对研究工作的重要性了,因为没有手段就无法解决任何问题,而研究工作就是要回答尚没有清晰答案的问题。从这个意义上讲,没有研究方法就无法进行研究。俗话说"没有金刚钻,不揽瓷器活",讲的也是这个道理。对于国际关系研究人员来讲,应用研究方法的能力是其研究能力最直接的反映,直接关系到其研究水平。概括而言,研究方法对研究进程的影响,主要表现在以下两个方面:

首先,研究方法的创新性应用可以解决研究工作的难题,为研究取得突破性进展增添动力。学者们普遍认为,缺乏研究方法是研究工作面临的主要困难和障碍,相反,研究方法的创新性应用则会显著提升研究工作的质量和水平。比如,实验方法进入医学研究之前,人们一直以为医学应该主要依靠观察方法,满足于观察健康的人体与患病的人体展示出的不同现象,以此进行比较、推理和研究。19 世纪以后,实验方法进入医学研究,极大地推动了医学研究的发展,使其取得了飞跃性的进步。国际关系研究也是如此。

(1) 科学方法的引入促成了国际关系体系理论的建立。新现实主义、自由制度主义和温特的建构主义,这些当代国际关系研究中最为重要的体系理论研究成果,均是借助科学方法才得以建立,并实现了理论的实质性进步。没有研究方法上的更新,很难想象能取得如此巨大的理论进步。①

---

① 秦亚青:《权力·制度·文化——国际政治学的三种体系理论》,《世界经济与政治》2002 年第 6 期,第 5—10 页。

（2）20世纪60年代以前，国际关系研究人员在使用案例和比较方法过程中，程序不够一致，案例选择也缺乏标准，给研究工作造成相当的阻碍。后来，结构比较方法的出现和其他案例研究方法的发展有效地解决了上述问题，有力推动了相关领域的研究，为核威慑、领导人决策类型研究等领域取得突破性成果奠定了基础。①

其次，研究方法的混合应用可以增强研究设计的可靠性，提高研究成果的有效性。例如，研究人员掌握了分析性归纳和模式匹配两种研究方法，就可以用模式匹配法对分析性归纳法所得到的结论进行检验。②这如同用两种计算方法演算同一道算术题，如果两种方法所得结论一致，则说明研究成果的可靠性较强，否则就要对研究成果持谨慎的态度。再如，在治疗癌症的临床实践中，医生通常把西医和中医治疗方法结合起来，前期使用放疗、化疗等西医方法控制病人癌细胞的扩散，后期使用中医的方法帮助病人恢复体力、增强免疫能力。两种方法相互补充，能够有效提升治疗效果。

在国际关系理论研究中，不同研究方法混合应用常见的例子是统计方法与案例研究结合。借助统计方法，研究人员可以初步建立感兴趣的自变量与因变量之间的相关关系，而案例研究则可以利用丰富的证据来进一步验证自变量作用于因变量的过程和机制，这种混合研究能够发挥不同方法的比较优势，完成不同的研究任务，提高研究推论的可靠性。

（1）在同盟理论研究中，曾有学者将统计方法和案例方法结合起来，检验有关国家选择结盟对象的理论解释，进而提出了解释国家结盟行为的威胁均衡理论；而有学者在有关同盟分裂的研究中，也将两种方法结合起来，检验战略分歧和自助能力对弱国退出同盟

---

① Alexander L. George and Andrew Bennett, *Case Studies and Theory Development in the Social Sciences*, "Preface", Cambridge: MIT Press, 2005, pp. xi-xiii.
② Robert K. Yin, *Case Study Research: Design and Methods*, 5th ed., Los Angeles: SAGE Publications, 2014, pp. 143-147.

的影响,增强了研究结论的说服力。①

（2）在政策研究中,将文本分析与访谈相结合是较为普遍的做法。通过文本分析可以认识一国对外政策的基本原则与目标,但是这一研究方法对于了解该国贯彻执行其政策的方法和策略效力较低。而与该国研究人员及政策执行人员进行访谈,则有助于了解执行这些政策的基本方法与策略。因此,将文本分析与访谈相结合,可以对一国对外政策的目标及实现目标的策略进行综合分析,取得更为可靠的研究成果。

需要强调的是,政策分析人员绝不能忽视研究方法的重要意义,因为其应用研究方法的能力不仅关系到他们个人的研究水平,而且间接地关系到国家利益。政策决策过程一般包括四个步骤,即专家对具体的问题进行研究并提出政策建议,然后提交主管部门进行可行性论证,再将论证结果提交决策层讨论,最后由领导人做出最终决策。专家对问题的研究意见往往是领导人决定一项对外政策最为基础的参考资料。如果政策分析人员应用研究方法的能力较弱,由此得出的政策建议可靠性就较低,而可靠性低的政策建议就可能误导决策层。政治决策在某种程度上就如同表演,是一门艺术。表演成功与否关键在于表演者的个人艺术修养,但音响、灯光、道具等环节的幕后工作是否合格对演出质量也有着很大的影响。在对外政策决策中,领导人的决策能力是根本因素,但政策分析人员提供的政策建议是否可靠对最终决策能否有效维护国家利益会产生重要影响。相关政策建议的可靠性则在很大程度上取决于其所采用研究方法的科学性。

在推动国际关系科学研究的同时,我们也要提醒读者防止陷入方法主义的陷阱。20世纪60—70年代,美国国际关系学界的一批学者只强调研究方法的科学性,而忽略了研究问题的意义,结果科学方法未能帮助他们取得有意义的研究成果。目前这一趋势在美国有卷土重来之势,并引发了国际关系

---

① 周建仁:《走向决裂:弱国退出同盟之谜》,北京:社会科学文献出版社2018年版,第4—6章。

学界的争论。①因此,在学习科学方法时,我们首先应当清楚采用科学方法的目的是取得更有意义、更加可靠的研究成果,而不是炫耀方法的技术难度和复杂程度,要尽可能避免重蹈部分美国同行的覆辙。

第二节　科学方法概要

一、科学的本质

"科学"一词在汉语中既可以作为名词使用,也可以作为形容词使用。在"科学是人类智慧的结晶"这句话里,"科学"(science)是名词;而在"这个方法不科学"这句话里,"科学"(scientific)就是形容词。由于"科学"一词在汉语中既可以用作名词又可以用作形容词,因此人们有时会混淆两个不同词性的概念。《现代汉语词典》把作为名词的"科学"定义为"反映自然、社会、思维等的客观规律的分科的知识体系",把作为形容词的"科学"定义为"合乎科学的"。② 也就是说,作为名词,"科学"是指反映客观规律的知识体系,但是作为形容词,"科学"则是指展现科学的原则和方法。③

换言之,**科学**包括两层含义:一是知识体系,二是发现知识的方法。尽管两者相互联系、相互依存,但科学更为本质的特征是发现和积累新知识的方法。在这一点上,从事科学研究的学者大部分达成了共识。卡尔·皮尔逊(Karl Pearson)曾说:"构成科学的并非事实本身,而是整理事实的方法。"④因此,他认为,所有科学的一致性集中于它们的方法,而不是它们的材料。科学

---

① John J. Mearsheimer and Stephen M. Walt, "Leaving Theory Behind: Why Simplistic Hypothesis Testing is Bad for International Relations," *European Journal of International Relations*, Vol. 19, No. 3, 2013, pp. 427–457.

② 中国社会科学院语言研究所词典编辑室编:《现代汉语词典(第7版)》,北京:商务印书馆2016年版,第735页。

③ *Merriam-Webster's New Collegiate Dictionary*, 10th ed., Springfield: G. & C. Merriam Company, 1997, p. 1034.

④ 卡尔·皮尔逊(原译卡·毕尔生):《科学入门》(俄文版),野蔷薇出版社,第26页。转引自尼·布哈林:《历史唯物主义理论》(何国贤等译),北京:东方出版社1988年版,第11页。

的原始方法就是对事实进行分类和系统综合,而不是简单地搜集事实。①肯尼思·胡佛(Kenneth Hoover)和托德·多诺万(Todd Donovan)也把科学定义为"思考和调查的方法",他们认为,科学"不是存在于书里、机械中、有数字的报告里,而是存在于看不见的内心世界里"。②加里·金(Gary King)等人则强调:"'科学'最根本的内容是方法和规则,而不是研究的主题。"③

更为重要的是,科学知识的积累有赖于科学方法,这些知识是否具有科学特征取决于获得知识的方法,而非结果正确。在人类思考、解释和解决问题的过程中,科学并不是唯一的途径,它还面临着一些竞争者,如权威法、经验法、思辨法等方法。④ 尽管通过这些方法获得的知识和认识可能与经验事实相符,但不能说明这些知识就是科学知识,因为正确的结果并不一定来自科学的方法。气象工作者所做的天气预测可能不准确,而一个巫师的预言则可能应验,但巫师预言天气变化的知识并不是科学知识。自然现象和社会现象都具有随机性,一次应验并不能说明某个预测性的结论是科学的。

由此可见,要判断一个结论是否正确,有赖于实践结果的检验,但是要判断一个结论是否科学,则取决于得出这一结论的方法。所以,评判研究结论是否科学的测量标准也应依其研究方法而定。对于一项研究成果科学水平的评判不是看其结论有多么惊人,而是要看其研究的过程是否透明规范、推论的逻辑是否严谨自洽。正是因为科学的本质在于方法,所以,同没有受过科学研究训练的学者相比,受过训练的国际关系学者会更为自觉地运用科学方法进行研究,运用科学方法的能力也更强,因而其研究工作取得重要成果的可能性相对就会大一些。

一项研究成果是否具有科学性与研究者的社会知名度无关。牛顿和爱

---

① Karl Pearson, *The Grammar of Science*, 3rd ed., London: Adam and Charles Black, 1911, pp. 12-13.

② Kenneth Hoover and Todd Donovan, *The Elements of Social Scientific Thinking*, New York: St. Martin's Press, 1995, p. 4.

③ Gary King, et al., *Designing Social Inquiry: Scientific Inference in Qualitative Research*, Princeton: Princeton University Press, 1994, p. 9.

④ 参见袁方主编:《社会研究方法教程(重排本)》,北京大学出版社2013年版,第7—9页。

因斯坦因其科学研究成果而享誉世界,但他们的研究成果并不会因为其知名度而变得更科学。《红楼梦》是经典小说,但绝不是科学研究成果。同样,在国际关系领域有些学者的知名度很高,但他们的研究成果并非科学的。马基雅维利的《君主论》是非常经典的著作,但并不是科学著作。华尔兹的知名度肯定没有马基雅维利大,但他的著作《国际政治理论》却是公认的科学研究成果。需要强调的是,研究没有使用科学方法,并不意味着成果不合理或没有价值,因此,尽管《君主论》不是科学著作,但很少有人否认其合理价值。

二、科学研究的程序

科学是发现和积累知识的方法,但并不是唯一的方法。科学方法与其他方法的共性是发现知识离不开经验观察和逻辑推理,而主要不同之处则在于科学的研究程序。科学研究程序是科学方法的核心,即将逻辑推理和经验验证结合在一起,其主要步骤包括:提出研究问题、建立研究假设、实证检验以及汇报研究结论。(见图2.1)

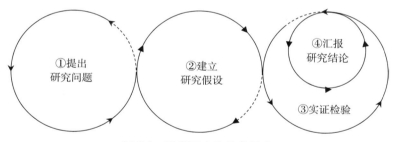

图2.1 科学研究的迭代程序

(一)提出研究问题

科学研究的起点是研究问题,于是提出研究问题成为整个研究过程的第一步。研究问题是研究人员将感兴趣的经验现象拼成可理解的理论图画时出现的思维困惑,是要通过研究回答或解释的题目。例如:为什么国家之间会爆发战争?促成国家参与国际制度的原因是什么?等等。在社会科学中,无论是定性研究还是定量研究,提出研究问题的目标都是描述和解释客观社会世界中的现象及其规律,而解答研究问题有助于促进特定学科领域的知识积累,深化对社会行动、事件和关系的理解,拓展对社会本质及其运行规律的理论认识。

国际关系学界的常识是无政府状态导致国家之间的安全竞争和军事冲突。有学者针对这一认识,提出了无政府状态是否必然造成国家之间的竞争和冲突的问题。其研究发现深化了人们对国际无政府状态的认识,即在无政府状态下,国际体系有多种不同的文化结构,在有些文化结构中国家间的竞争和冲突并不是必然出现的现象。①

(二) 建立研究假设

假设是研究问题的暂时性答案,尚需经验证据来确证或反驳。根据所针对问题的类型不同,研究假设可以分为两个类型:一类是描述假设(descriptive hypothesis),回答"是什么"的问题,通常用来陈述事物的属性和性质。这类假设需要包括判断事物属性的标准。另一类是因果假设(causal hypothesis),主要回答"为什么"的问题,通常用来说明事物之间的因果关系。这类假设需要包括自变量对因变量的作用方向、效应甚至作用机制等方面的推断及其逻辑说明。其中,定性研究中的因果假设一般侧重因果过程和机制,而定量研究中的因果假设侧重因果效应。尽管两类假设针对的问题类型不同,但它们的共同特征在于必须能够为经验证据所检验,否则就不是科学假设。

(1) 描述假设:有学者的研究问题是2013年之后中国是否调整了韬光养晦政策,其研究假设是中国作出了政策调整,并给出了相

---

① 亚历山大·温特:《国际政治的社会理论》(秦亚青译),上海人民出版社2000年版,第六章。

应的判断标准。①

(2) 因果假设:在解释第一次世界大战爆发的原因时,列宁提出的研究假设是垄断资本主义是导致战争的原因,并说明了资本主义进入垄断阶段是如何导致这些国家之间爆发战争的。

(三) 实证检验

实证检验是利用系统的经验数据验证研究假设,是科学程序中最为关键的环节。实证检验一般包括以下三个步骤。

第一,操作化与测量。首先是将抽象的概念转化为可观测的具体指标;其次是将以抽象概念表述的命题转化为以具体变量表述的研究假设。操作化与测量的具体内容包括明确概念的内涵及其维度、说明测量变量的指标以及明确维度和指标的加权方法等。

有学者提出的研究假设是霸权国国力与国际稳定之间没有相关关系。具体的操作化过程分两步。首先是因变量的操作化:(1) 根据霸权稳定理论,将"国际稳定"界定为国际体系中没有战争的状态,这是一种非稳定性和平;(2) 具体的测量指标是国际战争的频数,包括大国间冲突、主要国际冲突和一般国际冲突等三种武装冲突的频数;(3) 判断标准是国际武装冲突次数越少,国际体系就越稳定。其次是自变量的操作化:(1) 霸权国的国家实力包括军事实力和经济实力;(2) 军事实力的测量指标是军费开支,而经济实力的测量指标是国民生产总值或国内生产总值;(3) 具体测量霸权国的相对军事实力和相对经济实力(霸权国的相对军事实力指霸权国军费开支与体系内大国军费开支总和之比,而霸权国的相对经济实力指霸权国国民生产总值或国内生产总值与体系内大国同类值总和之

---

① Yan Xuetong, "From Keeping a Low Profile to Striving for Achievement," *The Chinese Journal of International Politics*, Vol. 7, No. 2, 2014, pp. 153-184.

比)。由于数据来源问题,1946—1965年采用国民生产总值,而1966—1988年采用国内生产总值。①

第二,收集经验数据,即根据确定的操作化设计,收集、整理与待证假设相关的经验数据。相关数据既包括定性数据,也包括定量数据,其内容和形式可以多种多样,但研究人员都要详细说明数据来源及其产生过程,以便其他研究人员检验核对或开展复制性研究(replication study)。数据可以来自现有的档案资料和数据库②,也可以依靠研究人员自己收集和整理。例如,有关国际武装冲突频数的数据可来源于既有的数据库;而有关中国与大国和周边国家关系的数据,只有通过对中国官方报道进行编码整理才能获得。③ 需要说明的是,贡献新的原始数据体现了一项研究的学术贡献和创新价值。在当前的国际关系研究中,收集、使用并公开一些高质量且有新意的数据集已逐渐成为一项原创性研究成果的"标配"。

第三,用收集的经验数据来检验研究假设。借助对具体变量的测量,从研究假设中演绎出可观测的经验蕴涵(observable implications),可观测的经验蕴涵越丰富多样,对研究假设的检验就越明确可靠。④ 可观测的经验蕴涵将研究假设与经验数据连接起来,将其与经验数据进行比较,可以判断研究假设能否通过经验事实的检验。具体判断标准是:统计分析可以参考显著性检

---

① 秦亚青:《霸权体系与国际冲突——美国在国际武装冲突中的支持行为(1945—1988)》,上海人民出版社1999年版,第226—245页。

② 目前国内较为详细的综述介绍,可参见刘丰、陈冲:《国际关系研究的定量数据库及其应用》,《世界经济与政治》2011年第5期,第18—41页;沈志华:《冷战史新研究与档案文献的收集和利用》,《历史研究》2003年第1期,第140—150页;姚百慧:《网络资源与国际关系史研究——以互联网档案文献资源为例》,《史学理论研究》2010年第2期,第99—109页。

③ 阎学通等:《中外关系鉴览1950—2005——中国与大国关系定量衡量》,北京:高等教育出版社2010年版,第731—734页。最新数据已更新至2020年9月,详情可参见清华大学国际关系研究院的"中外关系数据库",http://www.tuiir.tsinghua.edu.cn/kycg/zwgxsj.htm,访问日期:2021年8月10日。

④ 可观测的经验蕴涵不是从现有数据中"归纳"出来的,而是从研究假设中"演绎"出来的。详细介绍可参见 Gary King, et al., *Designing Social Inquiry: Scientific Inference in Qualitative Research*, Princeton: Princeton University Press, 1994, pp. 23—25, 28—31, 46—47。

验结果,案例分析则可以参考经验蕴涵的确定性和独特性标准。①无论如何,研究人员都要说明判断标准、使用特定检验方法以及选择和排除某些案例的理由等,以增强检验过程的合理性和可重复性。

  在有关结盟原因的研究中,有学者较为详尽地说明了使用20世纪50年代中期中东国家结盟的经验事实检验其研究假设的理由,即研究假设是依据欧洲大国结盟实践提出的,所以使用非欧洲的中小国家,如中东国家,选择盟友的历史事实检验假设,可以扩大研究假设的适用范围和增强检验结果的说服力。②

(四)汇报研究结论

研究假设经过数据检验才能成为结论,研究人员要说明假设检验的结果,准确客观地汇报研究的结论。首先,在陈述结论时,研究人员要说明结论的适用范围,尤其是进行结论推广时,研究人员更要明确说明推广应用的条件和范围,否则将难以检验和证伪。其次,研究人员要评估研究结论的不确定性,说明不确定性的来源。最后,在结论中,一般还要说明研究过程和结论引发的新的研究问题,指出未来研究的发展方向。从这个意义上说,科学研究就是一个从未知到已知再到新的未知的知识积累过程。

  研究发现,霸权护持模式可以较好地解释冷战时期美国在国际冲突中的支持行为。不过,苏联解体后两极格局瓦解,在新的国际体系结构下,霸权护持模式是否成立就成为有待探索的新问题。③

---

  ① Stephen Van Evera, *Guide to Methods for Students of Political Science*, Ithaca: Cornell University Press, 1997, pp. 30-34.
  ② Stephen M. Walt, *The Origins of Alliances*, Ithaca: Cornell University Press, 1987, Chapter 1.
  ③ 秦亚青:《霸权体系与国际冲突——美国在国际武装冲突中的支持行为(1945—1988)》,上海人民出版社2008年版,第219—220页。

从科学方法的程序中,我们可以发现科学方法的两个最为本质的特征:系统的逻辑推论和可重复的经验验证。也就是说,科学对世界的理解必须言之有理,并符合我们的观察,逻辑合理性与经验可检验性对科学方法而言缺一不可。

系统的逻辑推论是指要以现有的科学与逻辑知识为基础,说明和解释经验现象。具体包括两层含义:首先,在说明和解释经验现象时,我们需遵循逻辑推理的基本规律,掌握逻辑论证的基本方法,避免逻辑谬误和无效论证。例如,"因在前,果在后",但"在此之后"并非"因此之故";又如,在国家层次得出的结论不能过度推广到体系层次;等等。其次,对经验现象做出说明和解释时,我们需遵循因果推断的基本原则,控制混杂因素,排除虚假相关。①例如,我们不仅要说明影响同一结果的相关因素,而且要说明原因之间的关系以及原因与结果之间的联系机制。

在解释国际领导对国际规范演化的影响时,有研究人员指出,主导国的领导性质变化并不能直接改变国际规范,主导国通过在国际互动中的行为影响国际规范演化。为了验证这一核心假设,作者把作为因变量的国际规范赋值为"实力规范""双重标准规范"和"道义规范",而把作为自变量的主导国的领导性质赋值为"强权""王权"和"霸权"。作为中介变量的国际互动分为"常规互动"和"非常规互动":常规互动遵循或强化现有国际规范,而非常规互动违反或改变现有国际规范。作者通过历史案例的比较分析发现,强权国奉行实力准则,其行为具有弱化道义规范而强化实力规范的作用;王权国奉行道义准则,其行为具有弱化实力规范而强化道义规范的作用;霸权国奉行双重标准原则,即对盟友采取道义准则、对敌国采取实力准则,其行为具有强化双重标准规范的作用。主导国的领导性

---

① 有关因果推断原则与途径的详细介绍,可参见 Stephen L. Morgan and Christopher Winship, *Counterfactuals and Causal Inference: Methods and Principles for Social Research*, 2nd ed., New York: Cambridge University Press, 2015。

质主要通过示范-效仿、支持-强化和惩罚-维护三个联系机制作用于国家间的互动行为,进而影响国际规范的演化路径和结果。①

可重复的经验验证是指,基于公开透明的科学研究实践,研究假设必须在经验上是可检验的(testable),并且检验过程是可重复的(replicable)。具体包括两层含义:

首先,研究假设可检验。科学方法要求研究假设必须能够接受经验事实的验证,也就是可以把研究假设与经验资料进行严格对比,一致则通过检验,可以暂时接受为结论,相反则要修正假设。为了使研究假设满足可检验的标准,研究人员必须对概念做出清晰的定义,明确概念的测量方法。

在国际关系研究中,明确界定概念及其测量方法尤为重要,因为国际关系研究中使用的概念大多较为抽象,人们对这些概念往往有着不同的理解和定义。例如,对于"均势"这一概念,不同的学者有着不同的理解,具体包括,均势是:(1)权力均衡的客观状态;(2)任何权力分配的客观状态;(3)维持权力均衡的策略;(4)特定的国际体系;(5)国家间的行为规范;等等。如果没有明确界定"均势"的具体内涵,不仅理论对话会陷入"鸡同鸭讲"的尴尬,而且理论解释会成为一幅模棱两可的"鸭兔图"。因此,概念操作化是科学方法中相当关键的环节,发挥着承上启下的作用,否则无法用经验事实来检验研究假设。

其次,检验过程可重复。科学方法要求检验假设的过程必须公开且可以重复。② 换言之,只要采用同样的数据和检验过程,应能够得出同样的研究结论,而不会因人、因时、因地而异。如果检验过程无法为其他研究人员重复并

---

① 阎学通:《国际领导与国际规范的演化》,《国际政治科学》2011年第1期,第8—10页。
② Gary King, et al., *Designing Social Inquiry: Scientific Inference in Qualitative Research*, Princeton: Princeton University Press, 1994, p. 8.

得到同一结果,研究结论的可靠性就会降低,原始研究就需要进一步检验和修正。①在国际关系研究中,为了确保检验过程的可重复性,定量分析人员必须公开原始数据、程序代码以及稳健性检验过程和结果,说明变量测量方案,交代数据收集和分析方法等;类似地,案例分析人员必须公开案例数据来源、案例编码与分析方案,说明案例选择标准,交代有利或不利的案例证据情况等。

需要指出的是,科学方法的特定程序是以一系列基本假定为基础的。离开这些前提,科学方法将成为无本之木、无源之水,失去了应用的价值和合理性。因此,如果研究人员不接受这些基本假定,就不可能也没有必要使用科学方法指导、设计自己的研究。具体而言,这些假定包括:

首先,世界是客观的。科学方法相信,人们身处的世界是客观的,独立于人的认识和思维之外,而非人的意识主观建构起来的。客观事实和主观价值可以分离,客观事实独立于任何理论。因此,可以借助客观事实检验理论解释。由于在这一点上存在根本分歧,国际关系理论中的反思主义对科学方法持全面否定的态度,完全拒绝使用科学方法。

其次,客观世界是有规律的。科学方法不但相信客观世界的存在,而且认为客观世界是有规律的,科学研究的目标在于发现和解释规律。自17世纪以来,自然科学研究有关自然规律的知识积累取得了长足的发展,因此人们普遍认为自然现象是有规律的,而对社会现象是否存在规律则有些疑问。对此,布哈林曾做过认真的讨论,他写道:

> 难道人本身和任何人类社会不是自然界的一部分吗?难道人类不是动物界的一部分吗?谁否认这一点,他就是连现代科学的基本常识也不懂。人和人类社会既然是整个自然界的一部分,而这一部分竟又与自然界的所有其余部分完全对立,岂非咄咄怪事。②

也就是说,既然人是自然界的一部分,人的行为有其自然属性,就必然受

---

① 清华大学国际关系学系开设了研究方法课程,在定量分析训练中鼓励选课学生开展复制性研究,利用开放获取的公开数据和程序代码校验和拓展已公开发表的研究。

② 尼·布哈林:《历史唯物主义理论》(何国贤等译),北京:东方出版社1988年版,第21页。

到自然规律的约束。

社会科学与自然科学都是要研究那些不以人的意志为转移的客观规律。发现并解释这些客观规律,就可以帮助人类认识和改造社会。虽然人有能力随着自身认识水平的提高调整自己的行为,但是这种行为调整是为了适应规律,而不可能改变规律。战后国际关系理论研究的重要成果——结构现实主义和自由制度主义的基本前提都是相信在一定条件下,国际行为体的行为是有规律的,而且这些规律是客观存在的。

最后,人可以发现和认识客观规律。面对客观世界和客观规律,具有主观意识的人有能力发现这些规律,并做出客观合理的解释,即使是以社会现象为研究对象的社会科学也不例外。尽管研究人员在研究社会现象时会受到自己主观意识的影响,无法完全消除客观事实认定上的分歧,但这不等于无法减少和削弱主观意识的影响。研究者可以把学术共同体共享的概念、理论、方法和模型作为研究的基础[①],以社会实践作为检验研究成果可靠性的标准。学术共同体认识社会现象和社会行为的科学方法,为发现并解释客观的社会规律奠定了基础。

三、科学精神

学习和运用科学方法进行国际关系研究,除了要掌握相应的程序和技术之外,更为关键的是贯彻科学方法背后的科学精神,因为要发挥科学方法的作用和力量,就需要科学精神的支撑和引导。对于科学精神的具体内涵,不同学者的概括有所不同,但核心内容集中于两个方面:实证精神和批判精神。

(一)实证精神

具体而言,实证精神包括两层含义。第一,任何观点和判断都要接受事实的检验。也就是说,运用科学方法提出观点、进行研究,必须以事实为基

[①] 托马斯·库恩:《科学革命的结构(第四版)》(金吾伦、胡新和译),北京大学出版社2012年版,第147—160页。

础,不能空口无凭。一般而言,多数研究人员能够做到根据事实检验提出观点和判断,但很多研究人员不能详细介绍检验过程,不能保证检验的可靠性。① 实证精神主要体现为尊重事实并尽可能确保研究过程透明和经验证据可靠。

在一篇博士学位论文中,该博士生要论述1954年苏联对奥地利政策的调整减弱了美国对苏联的安全压力。为此,他选用美国国家安全委员会NSC-164号文件,说明美国政策立场的调整源于苏联政策的变化。在匿名评审和答辩过程中,这一论据受到了评审专家的批评,原因是该生引用的NSC-164号文件是会议纪要而不是决策文件,说服力较弱。评审专家指出,要增强论证的说服力,应使用最终做出决策的文件,即NSC-164-1号文件。

第二,决不能伪造事实。使用科学方法的研究人员必须如实报告自己的检验过程和检验方法,不能通过伪造数据、篡改资料或捏造事实等手段使自己的理论通过所谓的事实检验。应该讲,尊重客观事实、坚持实事求是是实证精神最起码的要求。然而,在科学研究实践中,许多科研人员,甚至是功成名就的科学家,也未能经受住学术道德与科研诚信的考验。

1906年诺贝尔化学奖得主、法国化学家亨利·穆瓦桑(Henri Moissan)发现"人造金刚石"的研究就是较为典型的例子。当时,穆瓦桑特别想制造出人造金刚石,为此进行了许多实验,都没有得到预想的结果。于是,他的助手偷偷地在实验材料中放进了金刚石,使穆瓦桑得到了"人造金刚石"。后来,在没有重复检验的情况下,

---

① 近些年不少学者一直在推动提高社会科学研究过程的透明度。有关政治学领域的最新讨论,参见 Colin Elman, Diana Kapiszewski and Arthur Lupia, "Transparent Social Inquiry: Implications for Political Science," *Annual Review of Political Science*, Vol. 21, 2018, pp. 29-47.

穆瓦桑就发表了研究成果,但其结论没有得到任何其他科学家的证实,结果他的"人造金刚石"研究成为科学历史上的笑柄。①

(二) 批判精神

科学精神相信,通过科学方法获得的知识依然可能存在错误,因此任何已有的科学结论未来都可能被补充、修正,甚至被推翻。

自然科学:很久以来,许多科学家一直认为宇宙是物质的,因此所有的科学研究都从物质第一性的角度出发。但是,现代科学已经证明,物质世界还有一个"孪生兄弟",即反物质世界。反物质世界虽然与物质世界质量一样,但是其物理属性完全相反。物质与反物质相遇时,不是按照能量守恒定律转化成新的物质,而是立即同归于尽,全部消失。物理学将这种现象称为"湮灭"。②

社会科学:20世纪50年代,法国政治学家莫里斯·迪维尔热(Maurice Duverger)在考察政党现象时发现一个问题,即为什么有些国家实行多党制,有些国家却实行两党制。通过对选举制度与政党制度的相关性进行系统的经验分析,迪维尔热发现,"多数代表制倾向导致两党制,而比例代表制倾向产生多党制",这就是著名的迪维尔热定律(Duverger's Law)和迪维尔热假设(Duverger's Hypothesis)。自提出以来,迪维尔热定律及其假设受到学界的广泛讨论和普遍接受。然而,一些学者在对欧洲以外的政党研究中却发现存在"违背"迪维尔热定律及其假设的关键反例,如日本、印度等国家出现的一党独大体制,类似的反例也出现在东欧剧变之后的那些采取"混合选举制"的新生国家之中,对此,迪维尔热定律及其假设都无法给出令人满意的解释。如果说科学定律是具有强解释力并且揭示规律

---

① 孙小礼主编:《科学方法中的十大关系》,上海:学林出版社2004年版,第28—29页。
② 景明:《揭开反物质世界的面纱》,《新华月报》1998年第7期,第125页。

性的一般化概括,那么显然迪维尔热定律及其假设已经失去"科学定律"的资格,也业已失去昔日光彩夺目的"理论光环"。①

对已有知识的纠正,不仅说明已有的科学知识中有错误,而且证明这些被纠正的错误知识在被否定之前是被当作正确的知识使用的。证伪主义方法论的主要代表卡尔·波普尔(Karl R. Popper)认为,科学必然包含错误,因而需要接受经验的检验。这不是科学的缺点,而恰恰是科学的优点和它的力量所在,是科学之所以成为科学的本质特征;宗教认为自己的教义是放诸四海而皆准的真理,没有任何错误,因此它永远也不会发展。②法国学者埃德加·莫兰(Edgar Morin)在评论波普尔思想时写道:"什么是科学的进步?这就是错误被消除,被消除,再被消除。人们永远不能肯定已占有了真理,因为科学……通过消除虚假的信念、虚假的观念和错误而进展。"③因此,从事科学研究的人必须具有批判精神,既要勇于承认自己的错误,又要敢于指出他人的错误。

使用科学方法要有勇气承认错误,因为科学研究就是在不断地发现错误或缺陷的过程中前进的。科学方法要求研究人员从挫折中找出失败的原因,也就是要发现人主观认识上的错误和缺陷。例如,一个新产品达不到设计标准时,研究人员就要找出原因。不管是工序问题还是操作问题,也不管是管理问题还是材料问题,只有找出原因才能提高产品质量,才能达到设计标准。在国际关系研究中,如果结论与事实不相符、预测与结果不一致、政策建议实现不了政策目标,也需要找出导致问题的原因,这样才能避免日后犯同样的错误,从而提高研究成果的可靠性。

尽管从道理上讲,从事科学研究的人不应害怕承认自己的认识错误,但现实并非如此。对于许多研究人员,特别是不熟悉科学方法的人来说,承认自己以往的研究成果是错的或是不完善的是一件极困难的事,因为这等于对

---

① 斯坦因·库勒:《迪维尔热定律:多数选举制导致两党制》,载斯坦因·U. 拉尔森主编:《政治学理论与方法》(任晓等译),上海人民出版社 2006 年版,第 62—76 页。
② 陈璋等:《西方经济理论与实证方法论》,北京大学出版社 1993 年版,第 4 页。
③ 埃德加·莫兰:《复杂思想:自觉的科学》(陈一壮译),北京大学出版社 2001 年版,第 38 页。

自己工作成绩的否定。然而,只有勇于承认自己研究中存在错误或缺陷的人,才能在学术研究上取得更大的进步。

在承认和反思自身研究缺憾这一点上,美国学者罗伯特·基欧汉是我们学习的榜样之一。在他2000年写作的《霸权之后》中文版序言中,基欧汉主动承认自己的研究中有不少错误之处,并且谈了修改这些错误的意义。比如,基欧汉反思道:"《霸权之后》一书的书名多多少少容易引起人们的误解。当我在1981年到1984年写这本书的时候,我指望美国的经济和政治优势会像过去35年那样持续地衰落下去。但我并没有认为衰落会是直线下降的,我只是认为我们进入了一个后霸权的时代。美国经济实力的恢复,欧洲的相对停滞,以及日本在过去10年中所面临的经济萧条,加上苏联的解体,说明我那时的预测错了。在20世纪90年代,美国的霸权比过去要更加明显,其霸权从经济、政治和军事上讲,比冷战时期都更具主导能力。这样一来,我们事实上还没有看到可资检验国际制度在'霸权之后'是否会存续的例子来。我相信,事实表明,国际制度与它们创立时所发挥的价值一样,会继续存在下去。但对这项命题的检验只能留待日后进行。"①尽管基欧汉承认研究存在缺陷,但是学界并没有否定《霸权之后》的学术价值,反而是在基欧汉的研究与反思的基础上深化了有关国际制度的研究。

除了勇于承认自身错误之外,使用科学方法的研究人员更要敢于批判他人,指出他人研究中的错误和不足。否定是创新的前提,科学的进步正是源于对旧有知识的不断否定。绝大部分的既有知识是他人发现和积累下来的,因此,要贯彻科学方法、推动科学进步,仅仅有勇气承认自己的错误还不够,还必须敢于否定前人认识的错误和缺陷。爱因斯坦提出相对论,否定了牛顿

---

① 罗伯特·基欧汉:《霸权之后:世界政治经济中的合作与纷争(增订版)》(苏长和等译),上海人民出版社2016年版,第XVII—XVIII页。

运动定律在宇宙的普遍适用性,从而为现代物理学奠定了基础。

虽然批判他人对于科学研究更为关键,但与承认自身错误相比却更加难以做到,因为承认自己的错误主要是克服内在的心理障碍,而批判他人则可能关乎批评者的切身利益。在任何情况下,否定他人的研究成果都不免触及当事人的情面和利益,特别是否定学术权威的研究成果时,甚至可能会触及那些盲目崇拜甚至迷信学术权威人士的情面和利益。虽然现在的研究人员不会再面临哥白尼时代那种捍卫科学真理需要付出生命的危险,但不同程度的其他危险还是存在的,因此很多学者不愿意因坚持科学精神而给自己的生活和研究造成诸多麻烦。中国老一辈国际关系学者中有一句口头禅,即"不唯上,只唯实"。这句口头禅从侧面反映了坚持科学精神研究国际关系要面临种种压力,而承受这些压力是需要勇气的。

第三节 国际关系科学研究的局限性

作为社会科学的分支,国际关系研究与自然科学有相通之处,但也有着较为明显的差异,这些差异使得国际关系研究在应用科学方法的过程中会面临难以克服的局限性,突出表现在以下三个方面:规律适用范围有限、过度依赖理解以及难以有效控制变量。

一、规律适用范围有限

自然科学主要探索非人的事物之间的关系,尽量把人排除在外,其研究对象不能思考、不会说话。国际关系研究主要关注以人群为单位的政治组织之间的关系,而创造、维系这些关系的是人,比如负责最高决策的领导人、具体贯彻政策的外交官等。他们都具有主观意识,有思想,会说话。在自然科学研究中,研究者的认识并不能影响研究对象遵循的客观规律。例如,科学家对自由落体加速度定律的认识不会改变物体自由降落的速度。然而,国际关系研究对象的行为则会受到研究者认识的影响。

在国际关系领域,研究人员的认识可能改变其研究对象的行为准则。对外政策分析人士和决策者不断地从学者们已取得的研究成果中吸取经验,而这种经验会使他们的决策逻辑有别于以往决策者的逻辑。于是,以往的研究成果就变得不适用了。因此,国际关系研究所发现的许多规律只适用于一定时期,难以成为较为持久的规律。

冷战期间,各国认为军事实力是国家生存的根本,因此不断加大军事投入。冷战结束后,国际关系学者们总结了苏联解体的经验,认为经济发展是国家生存的根本。这种新的认识被冷战后的决策者们所接受,于是他们制定安全政策的逻辑与冷战时期相比就发生了变化,普遍优先考虑经济发展的安全,而将军事安全置于次优先的地位。20世纪90年代各国普遍削减国防开支的政策就是一个典型的例证。进入21世纪后,学者们对综合国力的认识又有了变化,认为经济、军事和政治实力同等重要。于是一些大国的决策者们逐渐接受这种认识,并开始重新重视军事和政治实力的建设。

此外,国家的国际行为会受到国际规范的约束,而人为制定的国际规范会随着历史的发展而变化,因此,不同国家的行为模式也会随之发生变化。

在联合国成立之前,不存在安理会讨论决定一国对外使用武力是否具有合法性的规范,因此一国采取对外军事行动时,基本不会考虑争取国际组织认可其行为的合法性。联合国安理会成立之后,各国对外使用武力时就要争取联合国安理会的同意,以增强其军事行动的合法性。冷战后,美国成为世界上唯一的军事超级大国,没有国家能从军事能力上阻止其对外用武,但在1999年科索沃战争前后、2001年阿富汗战争以及2003年伊拉克战争之前,美国还是力求争得安理会对其军事行动的认可。

二、过度依赖理解

国际关系研究人员和研究对象都是具有主观意识的人,这决定了国际关系研究可以采用自然科学无法使用的研究方法。马克斯·韦伯(Max Weber)认为,采用自然科学方法研究社会现象虽然合理但还不够,由于社会科学研究人员本身是研究对象的一部分,因此可以用直观理解或解释性理解(verstehen)的方法来研究。前者依靠对社会行动的直接观察来理解行动的意义,而后者则通过移情或体验的方式置身于相同或相似情境中来理解行动的意义。① 简单讲,就是研究人员要么立足于自身的立场和情境,要么置身于研究对象的立场和情境来理解研究对象的社会行动。由于国际关系研究可以采取这种"设身处地"的理解方法分析研究对象,于是也产生了过度相信甚至依赖直接观察、移情或体验方法的问题。

一是研究者以为研究对象与自己完全一样。由于研究者把研究对象看作自己,按照自己的认识逻辑来分析研究对象的行为动机,于是很容易得出与实际不相符的结论。例如,研究人员往往会按照自己处于决策者的位置时可能做出的决定来分析处在同一角色的政治家的决策逻辑。而实际上,对于同一事物的认识,一名研究人员与一位政治家会有很大区别,尤其是当一名研究人员与一位外国政治家比较时,两者因文化差异所产生的认识差距就会更大。

许多学者认为,在1962年古巴导弹危机中,约翰·肯尼迪(John Kennedy)之所以作出要求苏联停止在古巴部署导弹的决策,是因为他认为苏联是在试探他的决心。而后来的事实证明,作出这个决策的主要原因是肯尼迪得到情报,知道苏联已有意停止在古巴部署导弹的计划。②

---

① 参见 Kenneth D. Bailey, *Methods of Social Research*, 4th ed., London: Free Press, 2008, pp. 7-11.
② 罗杰·希尔斯曼等:《防务与外交决策中的政治——概念模式与官僚政治》(曹大鹏译),北京:商务印书馆2000年版,第13—14、133—134页。

与社会科学家相较而言,自然科学家难以用自身的经验、移情和体验来分析自然现象及其规律,于是犯主观认识错误的机会就会少一些。

二是研究者以为自己的认识逻辑就是所有研究人员的认识逻辑。现实生活中不同研究人员的认识逻辑是有差异的,但是社会科学研究人员往往忽视了这一点。他们易于将自己的认识逻辑作为普适性的认识逻辑,并假设研究对象的认识逻辑与自己的一样。实际上,在社会科学研究中,对于同一个研究对象,不同研究人员是以不同的认识逻辑来假设研究对象的逻辑的,因此不同研究人员所得到的分析结果经常不一致。自然科学家通常不采取这样的方法,而是用普遍接受的认识逻辑来分析自然现象及其规律,因此他们较为容易取得相同的研究成果和共识。

三是国际关系研究对象的理性原则是有差异的,这使得研究成果的普遍性要弱于自然科学。

朝鲜的政治制度并不是西方典型意义上的民主政权,其践行的国家安全的理性原则与西方有所不同。西方学者忽视了朝鲜政府的安全理性原则具有特殊性,以西方的安全理性认识朝鲜的核政策,得出了朝鲜政府采取了非理性安全政策的结论,这一结论显然不符合事实。2018年上半年朝鲜半岛局面的积极变化就是典型的例证。

尽管直观理解或解释性理解的方法具有优点,并且近年来在国际关系研究中的应用颇受重视①,但是这种研究方法的目的在于理解社会事件或行动的意义,而科学方法致力于对社会事件或行动做出因果解释。由于这两类研究方法服务于不同的研究目的,研究人员应该注意其各自的优点和局限性。

---

① Cecelia Lynch, *Interpreting International Politics*, New York: Routledge, 2014, pp. 1-8. 具体研究实例参见 Séverine Autesserre, *The Trouble with the Congo: Local Violence and the Failure of International Peacebuilding*, New York: Cambridge University Press, 2010。

同时,对于国际关系中反复出现的规律性现象,我们提倡尽量使用科学方法给出因果解释,避免直观理解或解释性理解可能带来的局限。

三、难以有效控制变量

国际关系的研究成果比较模糊,其精确性不及自然科学。比如,物理学可以告诉人们,水在一个标准大气压下温度升到100℃时将会变成气体,而国际关系学只能说打破力量均衡会引发军事冲突,并不能向人们提供表明力量均衡遭到破坏的精确标准。再如,医生可根据生理学知识预测妇女受孕后的预产期,而对外政策分析人士只能根据国际关系理论预测"9·11"后美国会对伊拉克进行军事打击,但预测不到何时发动攻击。

尽管精确性较低并不能否定国际关系知识的科学性[①],但我们还要回答这样一个问题,即为什么社会科学不能像自然科学那样精确地预测。其答案是,在自然科学研究中,研究人员可以进行受控实验(controlled experiment),通过确保其他条件不变(ceteris paribus)使实验组和控制组尽可能相似,进而有效控制与研究对象相关的混杂变量,由此观察到的结果差异可以归因于处理变量(treatment variable)。比如,我们想认识电阻与电流的关系,可在一个台灯的回路中串联一个电阻,于是灯泡发的光就暗淡一些;用一个电阻值更大的电阻取代它,灯泡的光就更加暗淡。由于在改变电阻值时研究人员可以控制电压等其他因素,因此人们可以确切地知道,电阻值越大所能通过的电流则越小。

由于研究对象的差异,受控实验法中的变量控制在社会科学中很难实现,即我们很难在国际关系研究中找到完全匹配的环境和现象来达到"控制"一切"混杂变量"的目的。

---

① 精确性是相对的,以数学中的圆周率为例,π是一个无限循环小数,不可能绝对精确,但人们绝不会认为π值取3.14时计算得出的圆面积是不科学的。事实上,π值取3.14是否精确取决于使用的目的。如果是木匠做家具,这已足够精确了;但是对于数学家的研究来讲,则可能属于不精确之列。2019年中国的国内生产总值超过14万亿美元,如果当年年初的预测与实际结果有1亿美元的误差,这个预测也是非常精确的了;而预测一家资产不足10万美元的小企业的年产值时,即使只有1万美元的误差也是相当不准确的。

欲研究美国总统对发动战争的作用,如果我们以2003年的伊拉克战争为对象,就无法找到第二个完全相同的事例,因为其他战争的内容、环境、时间、地点无法与2003年的战争完全相同,而且在不同时期美国国内的政治环境也不尽相同。研究人员无法在完全相同的条件下组织一次同等规模的军事行动,而只能以已发生的战争作为研究对象。

当然,受控实验法本身也存在缺陷,而目前随机受控实验(randomized controlled trials)已经成为科学方法的"黄金标准"。与受控实验法不同,随机受控实验是通过随机分配机制来实现变量控制,通过将研究对象随机分配到实验组和控制组,从而使混杂变量在实验组和控制组趋于平衡。不过,由于研究对象的差异和学术伦理等因素,随机受控实验在国际关系研究中也很难实现。①

由于难以进行随机受控实验,国际关系研究不能完全有效地控制变量,由此得出的结论也就无法像自然科学那样具有较为精确的预测力。因为变量控制越有效,研究所观察的变量关系就越少,所得到的关于变量之间的关系就越明确,而关系越明确,预测就越精确。例如,在自然科学中,数学是最精确的科学,其原因就是无论多么复杂的计算公式,数学计算的每一步可以确保只涉及两个变量。

本章集中介绍了科学研究方法的核心特征以及国际关系研究应用科学方法的主要程序,其中第一步就是提出科学研究问题。为此,接下来的第三章将从研究问题的含义入手,重点介绍选择研究问题的原则和方法。

---

① 这并不是说国际关系研究不应该或无法实现变量控制。实际上,在国际关系研究中,变量控制的实现思路和方法已经大为改观,当前,准实验设计开始在国际关系研究中受到重视,其在国际关系研究中的应用领域也在拓展。参见 William R. Shadish, Thomas D. Cook and Donald T. Campbell, *Experimental and Quasi-Experimental Designs for Generalized Causal Inference*, 2nd ed., Boston: Houghton Mifflin Company, 2001; Susan D. Hyde, "Experiments in International Relations: Lab, Survey, and Field," *Annual Review of Political Science*, Vol. 18, 2015, pp. 403-424。

思考题

1. 研究方法的本质是什么？
2. "科学"与"科学的"有何区别？科学方法的核心是什么？
3. 科学研究程序包括哪些主要环节？
4. 什么是科学精神？
5. 国际关系预测研究为何不如自然科学研究的精确度高？

第三章 选择研究问题

在研究人员中有一句俗语,即"找到一个好问题,研究工作就完成了一半"。近年来,我国国际关系学界强调从问题入手研究国际关系的呼声越来越高。这一方面表明我国学者开始意识到问题选择的重要性;另一方面也说明部分研究还没有研究问题,一些研究人员和青年学生对如何提出研究问题还缺乏较为明确的认识。因此,本章将从研究问题的含义和类型入手,重点讨论选择研究问题的原则和方法。

第一节 研究问题的含义

一、从研究困惑到研究问题

在《现代汉语词典》中,"问题"一词有五个定义:(1)要求回答或解释的题目;(2)须要研究讨论并加以解决的矛盾、疑难;(3)关键、重要之点;(4)事故或麻烦;(5)属性词,有问题的、非正常的、不符合要求的。[①] 中文里的"问

[①] 中国社会科学院语言研究所词典编辑室编:《现代汉语词典(第7版)》,北京:商务印书馆2016年版,第1375—1376页。

题"一词可以译为英文的"issue""problem""trouble"和"question"四个词。①那么,国际关系研究中的"问题",应取词典中哪个解释呢?

从科学研究的角度讲,问题源于研究人员的思维困惑(puzzle),即感到疑难,不知道答案的未解之谜。思维困惑出现一般具备三个条件:一是我们已经了解掌握了特定事实或信息;二是我们相信这些事实能够拼成完整的画面;三是我们尚未拼成完整的图画。换言之,当事物没有按照我们的预期发展时,思维困惑就出现了。② 说到生活中的例子,大家最为熟悉的可能就是猜灯谜了,在给定事实或信息("谜面")的情况下,我们要在特定的范围("谜目")里面猜想并确认合理的答案("谜底")。对于猜谜者来说,当猜出的谜底没有合理解开谜题时,困惑就产生了;而对于研究者而言,当既有答案无法有效解释经验现象时,研究困惑就出现了。

研究困惑1:19世纪以来,一些国际规范逐步弱化甚至消失,比如蓄奴、雇佣军等规范;另外一些国际规范则逐步兴起并强化,比如主权规范等。于是,令人难以理解的思维困惑就出现了:为什么同一时代有的国际规范趋于弱化,有的则逐步加强?如何解释国际规范发展趋势的差异呢?

研究困惑2:威斯特伐利亚体系形成以来,欧洲大陆体系中谋求主导地位的崛起大国都会遭遇体系制衡并最终丧失崛起势头甚至国家分裂解体,比如路易十四时期和拿破仑时期的法国、威廉一世和希特勒时期的德国等,而中国的战国体系历经竞争却形成了大一统的秦王朝。于是,人们不禁提出疑问:为什么欧洲大陆体系下不同国家会有相同的结果?为什么同样是没有中央权威的地区体系会出现不同的结果?

---

① 外语教学与研究出版社辞书部编:《现代汉英词典(新版)》,北京:外语教学与研究出版社2001年版,第965页。
② Dina A. Zinnes, "Three Puzzles in Search of a Researcher: Presidential Address," *International Studies Quarterly*, Vol. 24, No. 3, 1980, pp. 315-342.

研究困惑3：苏联解体后，美国成为国际体系中唯一的超级大国。按照均势理论，其他体系大国将逐步制衡居于主导地位的美国。可是，自1991年年底苏联解体以来，国际体系中并没有出现制衡美国的同盟，也没有体系大国与美国展开军备竞赛。也就是说，居于单极地位的美国未遭受体系大国制衡，这超越了均势理论的预期。于是，研究困惑就此出现：为什么苏联解体至今美国未遭遇体系制衡呢？

研究困惑4：新现实主义理论强调，体系实力结构决定着国家行为的大方向。但是，在系统结构不变的情况下，国家有时候发生冲突，有时候进行合作。显然，如果只用体系结构作为解释变量是说不通的。于是，研究人员提出：体系结构是否总是与国家行为有着显著的、有意义的相关关系？如果不是，那么是什么其他因素影响国家在无政府状态下的有规律行为？

从上述例子中我们可以进一步体会到，研究困惑往往是依托经验事实形成的，即经验事实呈现出令人费解的差异，比如类似现象的不同结果或是不同现象的相似结果等，进而激发起研究人员的兴趣，尝试去探寻背后的原因和机制。如果在探索过程中，研究人员发现既有答案确实无法令人满意地解答相关困惑，那么研究问题就应运而生了。

从这个意义上讲，研究问题（research question）是指国际关系研究所要回答或解释的题目，也就是词典界定"问题"一词时给出的第一个意思。进一步说，研究问题不是一个值得讨论的话题（issue），不是一个需要解决的难题（problem），也不是事故或麻烦（trouble），更不是关键点（key factor）。如果以Q表示研究问题，以F表示所追求的知识，以C表示现有的知识，那么研究问题可以表述为$Q=F-C$。

"今天我来谈一下战争问题。"这句话里的"问题"是"issue"，即话题。

"战争给人类社会带来许多问题。"这句话里的"问题"是"problem",即难题。

"国会在总统对外战争决策方面经常扮演问题制造者的角色。"这句话里的"问题"是"trouble",即麻烦。

"朝核六方会谈的核心问题是朝美都不让步。"这句话里的问题是"key factor",即关键点。

"布什为何发动伊拉克战争的问题仍不清楚。"这里的"问题"是"question",也就是要进行研究的"问题"。

二、研究主题与研究问题

与研究问题相关的一个概念是研究主题(research topic)。研究主题是国际关系研究中的现象领域或广泛的问题区域,是相关研究问题的集合,包含大量研究问题。① 所以,有学者把研究主题和研究问题分别比作拼图和拼图碎片,借以揭示两者之间的关系。②

卡尔·多伊奇(Karl W. Deutsch)提出的国际关系研究中的12个基本问题就是研究主题,包括:(1)国家与世界;(2)跨国进程与国家间的相互依存;(3)战争与和平;(4)力量与弱点;(5)国际政治与国际社会;(6)世界人口与粮食、资源和环境;(7)繁荣与贫困;(8)自由与压迫;(9)知觉与错觉;(10)积极与消极;(11)革命与稳定;(12)特性与转变。③

每个基本问题都包含众多的研究问题。如在"战争与和平"这一相对抽象的研究主题下,可以有"决定国家间和平与战争的因素

---

① 有学者把研究主题称为基本问题。参见唐·埃思里奇:《应用经济学研究方法论》(朱钢译),北京:经济科学出版社1998年版,第116页。
② 同上书,第117页。
③ 卡尔·多伊奇:《国际关系分析》(周启朋等译),北京:世界知识出版社1992年版,第12—17页。

是什么?""战争何时及为何会爆发?""为何有些战争持续时间长,有些持续时间短?""如何结束战争?""如何维持和平?"等更加具体的研究问题。对这些问题的科学解答有助于深化人们对战争与和平这一领域现象的认识。

在选择研究问题的过程中,研究人员要处理好研究主题和研究问题之间的关系。一方面,不能仅仅停留在研究主题的层次,使整个研究没有真正需要回答和解释的问题。要防止研究只有主题而没有问题的一个简单办法是,研究人员可尝试使用一个或几个疑问句表达自己要研究什么。如果能够明确提出疑问,就说明研究问题已经找到了;如果只能找到短语或陈述句,无法用疑问句表达所要研究的问题,那就表明研究还停留在研究主题的层次,具体的研究问题还有待进一步明确。

"我的毕业论文要做英国与欧洲一体化。"此句表明作者无法用疑问句说明研究目标,只能用"英国与欧洲一体化"这样的短语来概括研究内容,说明论文还没有提出明确的研究问题,仍停留在研究主题的层次。

"我毕业论文研究的是2016年英国公投脱欧的原因。"这里论文已经有了明确的研究问题,因此可以用疑问句将研究内容表述为:"为什么2016年英国会就是否脱离欧盟举行公投?"显然,该研究问题是从属于"英国与欧洲一体化"这一研究主题的。

另一方面,不能将研究主题和研究问题割裂开来,因为选择具体的研究问题往往都是从相关的研究主题着手,逐步细化和修正得到的。① 一般地,可以立足比较的分析视野,通过明确研究主体、聚焦时空范围等策略来将抽象的研究主题细化为具体的研究问题。

---

① 相关例子还可参见 Karl Gustafsson and Linus Hagstrom, "What is the Point? Teaching Graduate Students How to Construct Political Science Research Puzzles," *European Political Science*, Vol. 17, No. 4, 2018, pp. 643-648。

在选择博士学位毕业论文的研究问题时,有博士生首先明确研究主题为大国崛起,后来细化为1816年以来的大国崛起。在这一过程中,这位同学发现崛起国会遭遇崛起困境,即随着实力的增长和体系影响力的扩大,崛起国会遭到其他国家,特别是体系主导国和周边国家的牵制和制衡。于是,崛起国不得不面临一个两难选择:既要将逐步增长的实力转化为影响力,又要把安全压力控制在可承受的范围内。然而,历史实践表明,不同国家缓解崛起困境的结果并不相同。于是,这位同学最终将研究问题确定为:为什么崛起国缓解崛起困境的努力结果不同?

从上述讨论中,我们可以体会到从研究主题出发寻找研究问题的关键是,发现经验困惑,进而在明确研究困惑的过程中逐步确定研究问题,最终完成从研究主题到研究困惑再到研究问题的转化。正所谓,因"困"而"惑",由"惑"生"问"。总而言之,研究困惑是研究主题到研究问题的桥梁和纽带,是我们确定研究问题的关键所在。

三、研究问题的类型

在明确了研究问题的含义之后,读者不禁要问:国际关系研究存在哪些类型的问题?哪一类问题是国际关系研究所应关心的呢?这是很好的问题,因为回答这些问题有助于我们认识国际关系研究与国际新闻的区别,以及国际关系研究与国际关系史研究的区别。

新闻记者或新闻评论员都知道,一篇新闻报道或评论必须回答五个W问题,即谁(who)、在何地(where)、何时(when)、是什么(what)[1]以及为什么(why)。如果一篇新闻报道或评论能回答出这五个问题,就基本上能够满足读者的需要了。史学研究对五个W也很感兴趣,但史学家不是对这五个W做简单的回答,而是用史学研究的特殊方法对五个W进行考证。史学家十分

---

[1] 事实上,谁(who)、在何地(where)、何时(when)也可以归入是什么(what)这一类型。

关注历史经验,特别是历史人物的经验,于是历史人物是如何(how)创造历史的,即"怎么办"的问题,也成为史学家要研究的问题。我国实行改革开放以来,国际关系史学家做了大量的研究,希望发现历史上中外政治家是如何使他们的国家繁荣强大的,以便为中国的民族复兴提供可以借鉴的历史经验。

政治学家研究国际关系时也会关心五个 W 和 how 的问题,但他们的研究主要集中在"是什么"(what)和"为什么"(why)两类问题上,即描述国际关系现象的事实,发现并解释国际关系现象背后的规律。① 当然,在实际研究中,研究人员需要就两类问题都做出回答。不过在具体的选题过程中,研究人员要明确把解决哪一类问题作为核心的研究目标。

(一)"是什么"——描述性研究问题

有些人以为,回答"是什么"的问题比较容易,因为只要将国际关系现象描述清楚就可以了。然而描述并不是件容易的事。众所周知,爱情是文学的永恒主题,其原因之一是人们永远也无法清楚地描述爱情到底是什么。而国际关系是一个十分复杂的系统,要对如此复杂的系统或是系统中某一部分的状态和性质进行准确描述并不是件容易的事。

> 国际关系研究的一个永恒主题是战争与和平的关系,这也是一个说不清楚的问题。有人说,战争是和平的间歇;有人说,和平是战争的间歇;有人说,战争是人的本性;也有人说,战争是获取利益的罪恶手段。

举这个例子的目的不是说国际关系现象无法描述,而是想说明清晰准确地描述国际关系现象需要专业知识和专业技能,涉及对所描述现象的概念化、操作化和测量等诸多环节,每个环节都有相应的原则和要求。换言之,不借助科学方法,准确回答"是什么"的问题会非常困难。

---

① 政策研究的目的在于提出更加有效可行的政策,因此,政策研究的选题多是"怎么办"类型的问题。

对"是什么"问题的回答,可以确定事物的状态和属性,推断出事物的本质,而且可以为回答"为什么"类型的研究问题奠定基础,因为只有知道了"是什么",才有可能对"为什么"的问题做出回答。这如同医生为病人治病首先要确定病人得了什么病,在此基础上才能寻找导致疾病的原因。当然,对于学术研究而言,描述并非易事,就像有时候想要诊断病人究竟得了什么病也不是轻而易举的事情。

实际上,由于不确定性因素的存在,我们不可能完全掌握"是什么"的总体信息,即使是借助科学方法也只能说是便于掌握更多的部分信息,因而我们需要在尽可能获得更多的部分信息的基础上推断出"是什么"的总体面貌,这就是描述性推断。① 在这里,"是什么"的总体面貌是"间接推断"出来的,而不是"直接观察"得到的,就好比"咳嗽"是可观察的,而要判断究竟是感冒还是肺炎,还要借助于其他可观察的或推断出的信息。因此,这里要强调的是,尽管描述不是进行解释,但描述也能实现推断。描述性推断有赖于不同的描述方法提供不同的信息,但描述不是目的,目的是实现推断。这里仍以医生看病的例子来说,中医讲究"望闻问切",这四种不同的方法都旨在获得病情信息,即便加上西医讲究的"仪器设备"也是如此,中西医结合的诊断方法首先是希望获得更多的病情信息,然后根据病情信息更加准确地诊断疾病,进而推断出疾病的病理,找出病人生病的病因和治病的办法。

20世纪90年代初,我国国际关系学界曾就"冷战后的国际格局是什么"这一问题进行过大量研究。研究结果主要有三种意见:一超多强的格局、单极格局和多极格局。这种对同一客观国际格局的描述差别,不仅说明将国际格局描述清楚并得到大家认可有多么不容易,同时也给研究为什么形成这样的格局带来了困难。国际格局对国际安全的影响至关重要,如果人们对国际格局的主观认识与国

---

① 从观察到的、已知的部分信息获得未观察到的、未知的总体信息,就是描述性推断。参见 Gary King, et al., *Designing Social Inquiry: Scientific Inference in Qualitative Research*, Princeton: Princeton University Press, 1994, pp. 34—74。

际格局客观状态有较大差距,那么人们就不可能正确了解冷战后的国际格局对国际安全的正面影响和负面影响哪个更大一些,也就不可能说明为什么会有这种影响了。

知道病情不是看病的目的,看病是为了了解病因病理并找到治病办法。就像在学术研究中,描述现象也不是研究目的本身,目的是对经验困惑做出合理有效的因果解释。研究人员不仅要通过描述已知现象来推断未知现象,而且要在描述的基础上进一步解释现象背后的规律,这就是下面讲到的"为什么"的研究问题所关注的重点。

(二)"为什么"——解释性研究问题

国际关系现象复杂多变,但是许多现象又具有相似性,因此,无论是回答国际关系具体事件的原因,还是认识国际关系中的规律,都需要研究"为什么"的问题。有人以为"为什么"的问题都是理论问题,其实不然,它也可以是政策研究的问题。比如,战争根源是理论问题,而美国对华全面接触政策出台的原因就是政策性问题。

对一个"为什么"的问题做出科学合理有效的回答,需要科学方法和专业知识。例如,汽车修理工都知道汽车闸片磨损后,刹车就不灵了,但他解释不了出现这种现象的原因。只有掌握了物理学中有关摩擦的理论后才可能对闸片磨损会影响汽车刹车效果的原因做出解释。有的科学家甚至可以用数学方法,计算出闸片磨损程度与刹车效果之间的数学关系。

国际关系现象的变与不变都是由众多因素综合作用导致的,因此要解释一个"为什么"的问题,就必须对许多相关因素之间的逻辑关系进行科学的观察和分析。了解国际关系中的不同现象间是否有相关关系已经不太容易了,而要科学地解释这些现象的逻辑关系更需要借助科学方法和相关理论。

冷战后,美国不断对一些中小国家进行军事打击,其中的原因是什么呢?如果仅仅说,"因为美国是霸权主义国家",这个解释只是说明了美国的霸权政策与进行海外军事行动有关系。这种答案只是汽车修理工的水平。一名专业的国际关系学者则可能根据结构主义理论对此做出如下解释：苏联解体使美国失去了外部军事制约。在没有外部军事制约的情况下，使用军事手段的成本下降，政治收益上升，因此美国倾向采取军事手段解决其与弱国之间的利益矛盾。这个解释就从汽车修理工的水平上升到汽车设计工程师的水平。

上例说明，发现美国霸权与军事打击之间的相关关系，并不等同于确立了二者之间存在因果关系。给出美国是霸权主义国家的解释并不需要什么专业知识，而要做出结构主义的科学解释则需要具备国际关系理论知识和科学研究方法，这样才能给出合理有效的因果解释。也就是说，国际关系研究人员在回答"为什么"的问题时，首先要基于事实和理论找到相关的解释因素，但不能停留在相关分析阶段，接下来还要基于因果设计和科学方法来确立解释因素之间的因果关系和机制。对于"为什么"的问题，国际关系研究人员既要找到恰当的解释因素还要明确合理的因果机制，这样就能做到既"知其然"又"知其所以然"。

提出一个"为什么"的问题是有前提的。一个小孩可能问："为什么皮球会跳？"当大人告诉他"因为你拍球，所以球会跳"时，他会追问："为什么我一拍球，球就会跳？"当大人再告诉他"因为地球对皮球有反作用力"时，他会继续追问："为什么地球会产生反作用力？"这时多数大人会被问得哑口无言。从这个事例中我们会发现，在所有"为什么"的答案前面，再加上一个"为什么"，马上就会形成一个新的"为什么"的问题。专业研究人员在深究几个"为什么"问题的同时，应该在已有知识的基础上，提出有意义的"为什么"问题，而不能像小孩一样，任意地选择一个"为什么"的问题。

追寻"为什么"问题的答案有助于我们思考"怎么办"的问题。有人认为"怎么办"的问题都是政策研究问题，其实这是一种误解。尽管"怎么办"的问题常常反映出政策制定的研究偏好，但是实际上"怎么办"的问题既可以是政策问题，也可以是理论问题。比如，如何实现战后和平就是一个传统的理论问题。二战后，如何实现区域一体化也是国际关系理论研究关注的问题。

提出一个"怎么办"的问题并不难,难的是如何将这个问题控制在研究人员的解答能力范围之内。对于国际关系研究的新手来讲,选择一个"怎么办"的问题等于是向自己提出了挑战。因为在回答一个"怎么办"的问题之前,先得回答"是什么"或"为什么"的问题,研究此类问题的工作量和难度都很大。在现实的国际政治中,有价值的"怎么办"的问题基本上都难以找到答案。因此,国际关系的初学者要慎重选择"怎么办"的问题进行研究,以免研究工作无果而终。

国际关系研究鼓励提出并回答"为什么"的问题,对于喜欢选择"怎么办"问题的初学者来说,一个可能的办法是学会将一个"怎么办"的问题转化为一个"为什么"的问题。举例来说,如果初学者想要回答"如何实现战后和平?"的理论问题,那么可以试着观察那些经历过战乱的国家,尤其是经历过同一次战乱的几个国家。如果发现这些国家的和平状态不一样,那么就可以提出"为什么同样经历战乱,有些国家实现持久和平,有些国家却没有实现和平,甚至短暂和平后又陷入战乱?"的理论问题,这是一个典型的"为什么"的问题,它是在前述"怎么办"的问题基础上转化而来的。实现"为什么"的问题向"怎么办"问题的转化,一个可行的做法是,学会换个角度来思考和明确研究对象,并对其中涉及的国际关系现象进行比较,从中发现现象之间的相似点或相异点,进而提出解释性的研究问题。

第二节 选择研究问题的原则

理论上讲,研究问题是无穷无尽的,提出问题应是比较容易的事。一个小学生也可以提出无数科学家都解释不清楚的问题。例如,为什么有的星球是圆的,有的是椭圆的?为什么人的身体有血液?为什么战争有时发生,有时不发生?为什么有的人要独立,有的人要统一?然而,在科学研究中,研究问题必须有意义,必须符合研究问题的标准,因此,提出一个真正值得研究的问题实际上是一件非常困难的事。这就是为什么博士研究生要反复与导师讨论学位论文的选题。经过多年的研究实践,人们一般认为,一个值得研究的问题必须同时符合三个原则:一是明确真实,二是有意义,三是能回答。

一、明确真实

选择研究问题要关注特定现象的性质、形成的条件或原因。在这一过程中,研究人员需要把客观事物、现象和关系抽象为概念,然后才能用语言表达出来。**概念**是对事物、现象和关系的抽象,不过不同概念的抽象程度并不相同。在国际关系研究中,有些概念的抽象程度较低、较为直观,如外交谈判、弹道导弹等,有些概念则更为抽象,如综合国力、国家认同和国际格局等。通常而言,国际关系理论研究中使用的概念抽象程度较高,概念的具体含义相对模糊。

定义模糊会导致研究人员对同一概念的理解不尽相同。例如,有的研究人员认为,战后资本主义国家的大调整带来了资本主义制度的复兴。不过,由于没有说明大调整的含义,其他研究人员对大调整是指制度性调整还是政策性调整根本无法达成一致意见。① 因此,选择研究问题时,研究人员首先要明确界定研究对象,否则相关研究根本无法有效推进。

  要探讨冷战后中国伙伴关系升级的条件,首先要清晰说明中国伙伴关系升级的含义和具体判断标准。有研究人员提出,伙伴关系升级是指在原有伙伴关系的基础上,双方就深化、扩大政治或安全合作形成共识。测量伙伴关系升级的思路则是:比较两国建立伙伴关系和后续联合声明中的相关表述,进而判断双方政治或安全合作是否深化、扩大。

  具体而言:(1)判断政治或安全合作深化的具体方法是,有关政治合作的描述由"同意或期待加强合作;交换意见;加强磋商与协

---

① 张睿壮:《重估中国外交所处之国际环境——和平与发展并非当代世界主题》,《战略与管理》2001年第1期,第24页。

调"变为"进一步深化合作;对现有政治合作表示满意/高度赞扬;政治合作是伙伴关系重要组成部分;政治互信不断深化;继续保持密切合作"等。(2)判断政治或安全合作扩大的具体方法是,有关政治或安全合作的描述由仅涉及双边关系扩大到其他国际事务和国际组织的合作,或由双方在联合国的合作扩大到地区组织和事务。①

明确界定研究对象有助于确保研究问题客观真实。研究人员自己可以根据概念定义和测量方法,重复确认研究问题是否确实符合经验事实,与此同时,其他学者同行也可以根据相同的定义和方法帮助核查确认相关研究问题是否真实存在。② 还以伙伴关系升级的研究为例,明确升级标准可以更为准确地确定不同伙伴关系是否升级、升级的时间和类型等,确保研究对象符合经验事实。否则,围绕不存在的现象提出研究问题会使选题完全失去意义。

二、有意义

除了明确真实之外,研究问题还要有意义。研究意义包括理论意义和现实意义两个维度。理论意义是指研究问题的解答有助于推进知识的积累。具体而言,研究问题的理论意义主要体现在以下三个方面。

第一,能够有效挑战学术共同体现有普遍认识的研究问题具有理论意义。

国际体系处于无政府状态是国际关系主流理论共同认可的核心假定之一。不过,有学者从美国与其邻国和盟国的关系入手,提出国际关系中存在等级体系,并较为系统地探讨了美国等级体系的特征及其形成原因,推进了有关国际秩序和美国单极体系的知识积

---

① 孙学峰、丁鲁:《伙伴国类型与中国伙伴关系升级》,《世界经济与政治》2017年第2期,第62—63页。

② 从这个意义上讲,选题阶段研究人员就应充分掌握概念定义、操作化和测量的基本原则和方法,具体可参见本书第六章。考虑到教材整体结构,我们将概念操作化和测量安排在了第六章,但在实际教学和学习过程中,选择研究问题阶段就应逐步渗透相关基础知识,以确保研究问题的质量。

累,等级制研究也逐步成为近些年国际关系理论较为重要的知识增长点。①

第二,有助于终结学界既有争论的研究问题具有理论意义。

冷战期间,有关冷战起源的研究大致有三种解释②:

一是传统派。其核心观点是冷战主要源于苏联奉行扩张战略,试图打破雅尔塔体系,而苏联的扩张又是其战略文化和不安全感的自然反映。也就是说,苏联要对冷战的爆发承担主要责任。

二是修正派。其核心观点与传统派完全相反,认为美国要对冷战的爆发承担主要责任。这派学者认为,作为最为强大的资本主义国家,美国战后的核心利益就是扩大市场和资本主义的影响。社会主义苏联及其建立起的经济互助委员会成为美国资本主义扩张的最大障碍,于是美国对苏联采取了遏制战略,冷战由此形成。

三是后修正派。其核心观点是冷战的爆发不能单独归咎于苏联或美国,根源在于二战结束后的国际结构。二战后出现了美苏两个超级大国,同时老牌帝国的崩溃留下大量权力真空地带。在无政府的国际体系下,两个超级大国必然陷入安全困境,争夺势力范围、填补权力真空、展开军备竞赛,冷战由此而来。

冷战结束后,苏联和东欧国家的档案解密,为研究这一问题提供了新的条件,于是学者们开始重新研究冷战原因这一问题。最新的研究结论基本上肯定了传统派的观点,即苏联的扩张战略是冷战爆发的主要根源。

---

① David A. Lake, *Hierarchy in International Relations*, Ithaca: Cornell University Press, 2009; Janice Bially Mattern and Ayse Zarakol, "Hierarchies in World Politics," *International Organization*, Vol. 70, No. 3, 2016, pp. 623—654;华佳凡、孙学峰:《国际关系等级理论的发展趋势》,《国际观察》2019年第6期,第44—68页。

② 参见小约瑟夫·奈、戴维·韦尔奇:《理解全球冲突与合作:理论与历史(第十版)》(张小明译),上海人民出版社2018年版,第5章。

第三,有助于推进知识系统化的研究问题具有理论意义。

领导人能够影响国家实力地位的变化,对这一观点国际关系学界并不陌生,但一直缺乏较为系统的研究。近十年来,学者们围绕领导类型与大国崛起提出了许多具体的研究问题。如领导类型如何影响国家实力变化？领导类型如何影响国际规范演化？等等。这些问题的研究和解答增强了有关领导类型与国家兴衰的知识的系统性,在理论上沟通了个体、国家和体系三个分析层次,形成了道义现实主义理论。①

研究问题的现实意义主要是指,对研究问题的解答能够为国际关系中的现实问题(problem)提供合理的解决办法,进而有助于人们理解或预测可能会带来伤害或益处的国际关系现象,提高生活水平和生活质量。② 比如,世界大战的成因、发展中国家贫困的形成机制等问题。需要说明的是,当前国际体系中,主权国家依然是最为重要的国际行为体,而其行为动力依然是国家利益。因此,许多国际关系研究成果的现实意义往往具有明显的国别性,即在既定时间内特定研究问题的解决更有利于某些国家,有助于改善这些国家人民的生活质量。例如,有关消除恐怖主义的研究成果对于受到恐怖主义严重影响的国家更具现实意义,而对于那些主要受分离主义困扰的国家而言,研究分离主义问题的现实意义要远大于研究恐怖主义问题的。

明确研究问题现实意义的国别性质,有助于我们选择对中国更具有现实意义的研究问题,推动中国国际关系研究的发展。

霸权体系如何维持稳定是国际关系研究中的重要研究问题之一。20世纪八九十年代,美国学者研究的主要问题是:霸权为什么

---

① Yan Xuetong, *Leadership and the Rise of Great Powers*, Princeton: Princeton University Press, 2019.

② Gary King, et al., *Designing Social Inquiry: Scientific Inference in Qualitative Research*, Princeton: Princeton University Press, 1994, p. 15.

衰弱？如何防止霸权衰弱？霸权衰弱后怎样才能继续维持国际合作？等等。在大量引进和介绍美国相关成果的同时，我国国际关系学界对相关问题也进行了有益的研究和探索。然而，自20世纪90年代中期起，对于中国更具现实意义的问题不是如何防止霸权衰弱，而是大国如何顺利崛起。因此，从1995年起我国学者开始关注、研究这一问题。目前，这一问题已成为中国国际关系研究人员普遍重视的研究问题之一。

就研究问题现实意义和理论意义之间的关系而言，有些研究人员认为两者相互排斥，很难兼顾，就像自然科学研究中的应用研究和基础研究一样。而相当一部分研究人员则认为，在社会科学研究中，两者的对立并不存在，基础研究最终会带来巨大的应用效果。[1] 这里我们同意后一种观点，认为两种意义并不互斥，只是在研究实践中，两种意义的重要性很难做到完全平衡，总要有所侧重。对于博士论文选题而言，突出理论意义对培养和提升博士生学术研究能力具有不可或缺的重要意义。当然，如果一个研究问题同时具有重大的理论意义和现实意义，那就再理想不过了。

三、能回答

即使经过艰苦努力找到了明确真实且有意义的问题，也不等于就找到了一个有可能回答的问题。国际关系研究不是无源之水、无本之木，而是要以现有知识为基础。因此，我们能够回答超越已有知识不多的问题，但无力回答远远超越现有知识基础的问题。（见图3.1）也就是说，在人类实践或知识水平发展的特定阶段，许多问题是找不到答案的。例如，从理论上讲，建立世界政府是抑制国际战争最有效的方法，于是，从20世纪初就有人开始研究如何在以民族国家为主体的国际社会里建立一个拥有中央权威的世界政府，以控制国际战争，但是至今都没有找到答案。这种研究被认为类似物理学中的永动机研究。

---

[1] Gary King, et al., *Designing Social Inquiry: Scientific Inference in Qualitative Research*, Princeton: Princeton University Press, 1994, pp. 17–18.

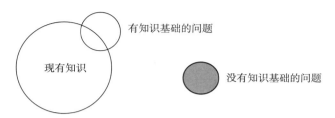

图 3.1　研究问题的知识基础

除了知识基础不足之外,研究条件的限制也会使研究人员无力回答特定的研究问题。客观条件限制包括研究时间不够、研究经费不足、研究资料欠缺等。在国际关系研究中,许多课题的研究需要获得政府文献或大量经费。如果这些条件无法满足,那么对相关问题的研究也就无法展开。例如,当一国没有政府档案解密制度时,围绕该国对外决策机制很难取得有意义的研究成果。再如,根据自媒体信息预测,冲突爆发是冷战后国际关系研究中一个很有价值的研究问题,但这项研究需要海量数据,显然不适合无法获取相关数据的个人和研究团队。

主观条件限制包括研究者的知识结构不合理、研究经验不足、研究技术的应用能力较弱等。例如,如果研究人员不具备相应的心理学知识,就难以研究与"领导人学习能力对国际冲突的影响"相关的问题。鉴于本书讨论的是国际关系研究方法,因此有一点需要特别强调,即研究选题与研究方法的选择关系紧密。许多问题的解答对研究方法均有一定的要求。如果研究人员未掌握解答所选问题的研究方法,那么无论这个选题的理论或现实意义多么重大,对于该研究人员都是没有意义的,因为他无法研究这一课题。例如,围绕军事基地部署对恐怖主义袭击的效应问题进行研究,需要进行统计分析。如果研究人员不具备统计学的基础知识,那么就无法从事这一问题的研究。

本章讨论了国际关系研究的第一步——选择研究问题。要找到有意义且能回答的真实问题,一方面我们要围绕经验事实提出研究困惑,另一方面要梳理既有文献,明确研究脉络和前沿。下一章我们将探讨如何高效完成文献回顾。

思考题

1. 科学研究中的"问题"一词的含义是什么?
2. 国际关系研究中的研究问题主要有哪几类?
3. 选择研究问题的三个核心原则是什么?
4. 研究问题的理论意义指什么?

第四章
文献回顾

通过第三章的讨论,我们不难发现,研究问题只能在研究中发现,寻找研究问题本身就是科学研究工作的一部分。只有经过对具体问题的充分研究,才可能提出值得研究的问题。根据多数研究人员的经验,越是容易提出的问题,越是难以取得研究成果;相反,越是好不容易找到的问题,越可能取得突破性的研究成果。根据笔者的研究经验,在正常情况下,找到一个既有意义又可能取得研究成果的问题,一般需要约六个月的研究。在这段时间里,研究人员的主要任务就是通过系统的文献回顾,逐步明确并最终确定研究问题。

第一节 什么是文献回顾

第三章的讨论表明,提出研究问题要以质疑既有研究成果的结论为基础。因此,要找到一个值得研究的问题,研究人员必须对相关研究领域的既有研究成果进行系统的梳理和分析。通常人们把系统地寻找、识别、分析相关研究性文献的工作,称作文献回顾(literature review)。[1]

---

[1] 风笑天:《社会研究方法(第四版)》,北京:中国人民大学出版社2013年版,第52页。

第四章 文献回顾

对于科学研究而言,文献回顾是不可或缺的环节,有着不可替代的重要作用。首先,文献回顾有助于发现前沿性问题。在回顾、分析既有文献的过程中,研究人员能够了解相关问题的研究进展。既有研究成果的优长之处可以作为未来研究的基础,而其不足之处则可能成为未来研究的方向,研究人员据此更有可能提出前沿问题,同时可以清楚地了解自己的研究问题在理论发展脉络中所处的位置和可能做出的贡献。

制度自由主义理论关注的核心问题是何种因素能够促进国家之间的合作。20世纪80年代,通过文献回顾,研究人员发现,既有的新现实主义理论能够解释没有共同利益难以合作以及借助权力迫使对方合作两类现象,但对于国家具有足够共同利益却难以合作的现象缺乏解释力。于是,将研究问题确定为说明何种因素能够促进这类合作的实现,就是找到了国际合作研究的前沿问题。经过细致的研究,制度自由主义学者发现,国际制度有助于这类合作的实现,由此建立了制度自由主义的合作理论。

其次,文献回顾可以避免重复研究。通过对某一研究问题既有文献的系统回顾,研究人员能够了解相关问题领域的研究进展,明确哪些问题已经有了较为成熟的研究成果。如果研究人员还没有充分的证据质疑或否定既有成果对相应问题的回答,那么最好不要选择这些问题作为研究目标,否则,将有重复研究的危险,进而使研究失去意义。①

在国际制度研究中,制度自由主义学派借鉴制度经济学的基本原理,已经比较清晰地说明了国际制度是如何促进国家间合作的,

---

① 比如,胡适曾经花大力气完成了一个考据,做完之后颇为得意,还把论文交给陈寅恪看。陈寅恪看了之后说,这个问题清朝人已经解决了,而且还多几个证据,也就是说胡适的选题白做了。参见郑也夫:《与本科生谈:论文与治学》,济南:山东人民出版社2008年版,第73页。

尤其是国际经济领域的合作。具体而言，国际制度可以降低合作成本、惩罚违规行为，并逐步使国家在制度框架下定义或重新定义本国的国家利益，更加重视长期利益，进而促进国际合作的实现。当我们通过文献回顾了解到上述研究成果，而又不能提出否定这些原理的证据时，就不宜选择国际制度与国际合作的关系为研究问题，以避免没有意义的重复研究。

经过多年的积累和探索，国际关系研究人员已经就大国的定义、测量标准、1816年以来不同时期具有大国地位的国家等方面达成了共识。通过文献回顾，研究人员就会了解相关的研究成果和共识，如果没有充分理由证明这些标准不合理，直接使用既有的定义和标准即可，就没有必要再进行重复性研究了。

最后，文献回顾有助于防止选择无法回答的问题。文献回顾能够帮助研究人员了解，在既有研究知识的基础上，哪些问题暂时还不具备研究条件，或是超越了本人或研究团队目前的研究能力。否则，一旦选择这些问题，很可能无果而终，不仅浪费时间精力和物力财力，而且会严重挫伤做研究的兴趣和积极性。对于要在一定时间内完成学位论文的博士生而言，更要避免类似情况的发生。实际上，一个好的文献回顾，不但可以避免选择无法回答的问题，而且有助于明确研究问题，使研究的对象、范围和分析层次更加清晰，从而形成一个能回答的具体研究问题。

建构主义理论强调，国家的共有文化塑造国家身份和利益，进而决定国家行为，同时国家的实践建构了国家的共有文化。也就是说，共有文化与国家行为相互作用、相互建构。但是，这种相互建构的理论难以进行实证检验，因此，坚持科学方法的建构主义者一般强调单向建构作用，即体系文化对国家身份、利益的建构作用，在此基础上，才能进行实证研究。如果一位力图检验建构主义理论的研究人员,通过文献回顾了解到上述研究进展,他就不会选择检验文化与行为相互建构的研究问题。从目前学界的研究积累来看,建构的互动问题研究无法实施,也得不到有意义的答案。有学者认为,检验双向建构关系,就好像解 $x+y=1$ 这样的方程式,一个等式、两个未知数,永远得不到确切的答案。

第二节 文献回顾的步骤

通常而言,文献回顾包括三个步骤:查找文献、选择文献和批判文献。三个环节相互连接,其中最为关键的是批判文献。

一、查找文献

研究性文献主要包括著作、论文(包括期刊论文、学位论文和预印论文)以及研究报告等。

(一)查找著作

查找著作的方式大致有三种:利用图书馆、下载电子图书和利用私人藏书。

1. 利用图书馆

利用传统图书馆检索文献,首先要熟悉图书编目方式和检索办法,以提高检索效率。如可能,最好利用索书号检索,查阅相关类别的所有图书。这样做虽然工作量较大,但遗漏所需图书的可能性较小。其次,要充分利用网上检索和馆际互借功能。目前,国内主要大学图书馆和公共图书馆都具有网上检索功能,使用起来十分方便。利用网上检索,研究人员可以迅速了解到特定图书馆的藏书情况,找到研究需要但自己学校或研究机构图书馆尚未收藏的图书,从而起到拾遗补阙的作用。有些学校的图书馆还能够提供馆际互借服务,研究人员可以极低的成本借阅到其他图书馆的藏书。

2. 下载电子图书

电子图书有收费和免费两种。国内较有影响力的收费电子图书数据库包括超星电子图书、书生之家电子图书等,英文的电子图书数据库则包括 SpringerLink、ProQuest Ebook Central① 等。此外,很多大学出版社和商业出版社也都推出了各自的电子图书数据库。② 免费图书则是机构或研究人员挂到网上的图书资料,如谷歌图书等。③ 同传统图书馆相比,电子图书的优势在于免去了借阅奔波之苦,其缺陷是有的图书只能在线阅读,甚至只能阅读部分章节内容。此外,如果所在学校或机构的图书馆没有订阅,个人使用收费电子图书馆的费用也较高。

3. 利用私人藏书

这种方式往往为人们所忽略,但有时却能发挥重要的补充作用,特别在查找年代较为久远的著作或外文新书方面,更有着不可替代的作用。因为在图书馆藏书中这两类图书最容易缺失,而个人藏书往往能够弥补这一缺憾。

(二)查阅论文

查阅论文的方式有两种,即利用印刷版和下载电子版。随着计算机网络的发展,如今利用网络和数据库检索、下载电子版论文已经成为查找论文的主要方式。目前,国内主要大学一般都购买了中国知网(CNKI)、Project MUSE、JSTOR 和 EBSCO 等电子期刊数据库,基本涵盖了国际关系及相关专业的中英文期刊。高校教师、研究人员和学生一般都可以免费使用。查阅学位论文基本依靠网络数据库:国内学位论文可查阅国家图书馆馆藏博士论文与

---

① Ebook Central 电子书集成平台整合了原 EBL、MyiLibrary 及 Ebrary 电子图书资源,目前有来自 500 多家学术、商业和专业出版社的权威图书和文献,涉及自然科学、人文社科等多个领域,收藏图书已超过 130 万册。此外,该平台还包括培生教育出版集团(Pearson Education Group)的千余种电子教材。参见 http://lib.tsinghua.edu.cn/database/ebray.htm,访问日期:2020 年 11 月 30 日。

② 比如,清华大学图书馆订阅的电子图书数据库包括:社会科学文献出版社皮书数据库和列国志数据库,以及哈佛大学出版社、剑桥大学出版社、牛津大学出版社等机构的电子图书数据库。

③ 在美国兰德公司网站也可以下载其研究人员所著的部分图书,具体可登录 http://www.rand.org/pubs/,访问日期:2020 年 11 月 30 日。

博士后研究报告数字化资源库①和中国知网的学位论文库;国外学位论文可通过 ProQuest 学位论文全文数据库检索,部分国内学校图书馆接受读者推荐可购买所需的学位论文。②

除了期刊论文和学位论文,还有常被忽视的预印论文(preprints)也很重要。预印论文是研究人员尚未正式发表但是自愿在个人主页、学术资源平台等发布的研究性工作论文(working paper),目的之一是便于同行评议和学术交流。目前国际关系领域的工作论文一般可以从相关领域学者的个人主页上下载获取,或者从 SSRN、IDEAS、ResearchGate 等网站下载获取。预印论文是了解学术研究前沿、融入学术共同体的不错平台,但是研究人员应该在严格遵循学术伦理和规范的情况下合理利用相关资源。

(三) 查阅研究报告

查阅研究报告可以借助研究智库,尤其是与自身研究领域相关的智库网站。高校智库是具有专业性、独立性的学术研究机构,国内外的党政军智库、高校智库和企业智库等经常会公开发布专题性的研究报告,这些研究性政策报告往往是开展研究的重要参考资源。此外,布鲁金斯学会、斯德哥尔摩国际和平研究所、兰德公司等都是颇具影响力的研究智库,在其官方网站都可以开放获取主题广泛的研究报告。研究人员可结合自身研究兴趣或研究方向利用相关智库并查阅研究报告。

查阅文献有三点需要特别注意。第一,查阅文献不能局限于过刊数据库和图书馆的文献范围。出于版权保护的考虑,论文过刊数据库收入的论文有时会滞后三个月到一年的时间,而从新书出版到图书馆可以借阅也往往需要几个月甚至更长的时间。因此,如果仅仅依靠这些渠道,很可能遗漏最新文献。通常的补救办法是,订阅期刊、出版社的最新文献提醒邮件(E-mail

---

① 要了解详细情况,可登录 http://read.nlc.cn/allSearch/searchList?searchType = 65&showType = 1&pageNo = 1,访问日期:2020 年 11 月 30 日。

② 参见 http://www.lib.tsinghua.edu.cn/database/proquest-diss.htm,访问日期:2020 年 11 月 30 日。

Alert)①,定期关注学术期刊所属出版社的期刊数据库或纸版期刊,经常到学术著作集中的书店、售书网站查看是否有相关的新书出版等。

第二,报纸杂志中的文章、电视评论或网络评论等不属于文献回顾的范围。虽然研究人员可以从这些材料中得到有关观点或相关数据,但这些大众媒体收集材料的方法、论证观点的方法以及观点表达的方式,与国际关系的学术研究成果存在着性质上的不同,不属于研究性文献,因此,学术研究不宜将此类资料作为文献回顾的内容。相应地,研究人员应该更多地考虑回顾符合科学研究程序、经过同行评议的学术论文。

第三,当查阅到的文献很少时,不应该忽视文献查阅方式和方法问题。首先,要确保学会并掌握常用的资源检索技巧,包括布尔逻辑检索等检索方法。其次,有时候需要更换文献检索的关键词,比如有关军事基地的研究文献,关键词不宜局限于常见的"军事基地"(military bases),而应考虑检索"军事设施"(military installations/facilities)、"军事存在"(military presence)、"军事前哨"(military outpost)、"军事准入"(military access)等关键词的相关文献。最后,学会利用既有文献的注释和参考文献,顺藤摸瓜地回溯式查询与研究主题相关的文献。如果文献的确很少,就需要考虑要么搜集一手资料,要么更换研究主题,以确保研究工作可以顺利推进。

二、选择文献

对于绝大多数的研究问题,研究人员都可以找到相当数量的相关文献。要阅读全部文献既不可能,也没有必要,因为许多文献的成果已成为共识或被否定。在初步查找的基础上,研究人员应确定重点阅读的文献。确定重点文献的标准是:文献与所研究的问题直接相关且具有权威性。②

---

① 例如,牛津大学出版社的注册网页可访问 https://academic.oup.com/my-Account/Register/,访问日期:2020年11月30日。
② 可参见风笑天:《社会研究方法(第四版)》,北京:中国人民大学出版社2013年版,第54—55页;袁方主编:《社会研究方法教程(重排本)》,北京大学出版社2013年版,第514—515页。

(一) 选择直接相关文献

与研究问题直接相关的文献,包括在研究问题、理论框架、概念操作化、检验方法、案例选择等某个或某些方面相似的文献。文献相关程度越高,越便于研究人员了解拟选择问题的研究现状,确定选题意义。在直接相关的文献中,应特别关注最新发表的文献。这些文献既包含对研究脉络的最新梳理和批判,又在此基础上提出了新的见解,代表着相关研究问题的最新进展,因此值得特别关注。① 换言之,选择文献要"厚今薄古",即首先从最新的相关文献入手,然后逐步覆盖全部相关文献,这样更符合研究不断取得进展的自然发展规律。如果采用相反的次序,即从时间久远的文献开始,很可能忽略后续研究对已有文献的修正和完善,从而导致研究选题因重复已有研究而失去意义。

安全困境是解释无政府体系下国家难以实现安全合作的经典机制,其核心逻辑是以安全为目标的国家无法确定其他国家的意图,最终导致国家竞相提升实力并引发安全竞争和冲突。2018年有学者发表论文,提出了不同于安全困境的解释模型,其核心是,在提升实力应对安全竞争的过程中,国家对利益现状的接受水平会发生相应变化,进而引发并深化国家间的安全竞争。② 如果我们进行文献回顾时仅关注分析安全困境的经典文献而忽略了这一最新论文,很可能导致研究因重复既有发现而失去学理意义。

选择直接相关的文献还可以避免"三大主义"式的文献回顾。所谓"三大主义"式的文献回顾是指,研究的文献回顾仅仅是介绍现实主义、自由主义和

---

① Annual Reviews 电子数据库提供了包括社会科学在内的综述文献,能够反映某一研究主题的知识基础、发展脉络和前沿趋势,研究人员可以借助 Annual Reviews 了解和跟踪与研究方向相关的综述性文章。

② James D. Fearon, "Cooperation, Conflict, and the Costs of Anarchy," *International Organization*, Vol. 72, No. 3, 2018, pp. 523-559.

建构主义对自己所研究问题的基本原理解释,而没有分析批判与研究问题直接相关的文献。① 坦率地讲,这种文献回顾只是装饰,对研究具体问题没有任何帮助,有些甚至是在研究完成后加上去的。当然,有的同学可能会强调,所选择的研究问题没有直接相关的研究。如果确实如此,那么研究这一问题就不必做文献回顾。然而,随之而来的问题就是:如果前人的知识与要研究的问题毫不相关,那么这一问题又是从何而来的呢?

(二)选择权威文献

判断文献权威与否的主要方法是了解相关文献的引用率。引用越多,则越权威,越应关注。如果无法详细了解引用率,则可通过出版单位或发表刊物的权威性判断。一般而言,期刊质量越高,其发表的论文质量就越有保障。当然,这也有一定局限性,因为并非高质量期刊中的所有论文都具有一流水平。此外,还可以根据作者的知名度判断文献的权威性,但这种方法局限性也较大,因为知名学者的研究成果也是参差不齐的。因此,要综合使用几种方法判断文献的权威性。

还需说明的是,在选择权威文献的过程中,要亲自阅读核心文献,而不要仅仅依靠他人对这些文献的评介或综述,这样可以避免他人对文献的误解影响自己的研究。自改革开放以来,国内引进介绍了大量国外同行的国际关系理论研究成果。这些介绍性文献为推动我国国际关系整体研究水平做出了重要贡献。但是,由于主、客观条件的限制,这些成果中不可避免地存在着误解原作的地方。因此,如果相关文献有中文译本,要借鉴利用这些成果的研究人员需阅读完整的译著,如果有不同的译本一定要对核心观点和内容进行比较阅读。如果有条件的话,最好能阅读相关文献的外文原文,以便准确理解原文的意思。

---

① 详细讨论可参见周方银、王子昌:《三大主义式论文可以休矣——论国际关系理论的运用与综合》,《国际政治科学》2009 年第 1 期,第 79—98 页;不同观点可参见汪卫华:《三大主义式论文争论的方法问题》,《国际政治科学》2009 年第 4 期,第 118—125 页。

有博士生写学位论文时要分析批判《世界政治中的长周期》(*Long Cycle in World Politics*)一书。最初该生只是阅读了其他学者介绍该书的文章并引述了此文转述的原书核心观点。后经其他学者指点阅读该书原文后,该生发现介绍性文章转述的部分观点与作者原意存在偏差,个别引文页码也不准确。如果该生没有阅读原著并纠正相应不准确的地方,其文献回顾的质量必将受到较为严重的影响。

这里还想向读者介绍一下选择文献的两个小窍门,以提高工作效率,较快地找到与研究直接相关的高质量文献。一是没有注释或注释很少的文献可以不读。高质量的研究文献都会有大量来源广泛的注释,以支撑其学术观点。没有注释的文献一般不是研究文献。注释很少或来源集中于几篇文献或几位作者的文献通常都是科学程度不高的文献。二是目录系统性不强的文献可以不读。研究人员选择文献时,需要的是与研究问题直接相关的专门文献,此时已不必再阅读概论性著作。概论性著作内容的系统性不强,对专题研究的帮助不会太大。

在挑选过程中可先读结论,再读导言,最后读中间章节。[①] 研究文献的最后一章/节都是结论部分,通读这一章/节可以了解著作的核心思想。如果觉得有所收获,读者可以再读导言部分,了解该论著的全貌,包括研究问题的背景、研究方法、章节安排等。如果读者认为该文献与自己的研究问题直接相关,可再详细阅读其中的相关章节。一般来讲,读者略读一下结论部分,就能决定是否需要再读下去了。

三、批判文献

确定重点回顾的文献后,研究人员要对相关研究文献的关键部分进行批

[①] 其他相关建议还可参见劳伦斯·纽曼:《理解社会研究:批判性思维的利器》(胡军生、王伟平译),北京:人民邮电出版社2015年版,第41页。

判性阅读。这里所说的关键部分,主要包括:问题论证、理论框架、概念操作化、案例选择、检验方法、数据质量等。所谓的批判性阅读是指,研究人员对这些文献上述关键部分做出清晰理性的评价[①],既包括它们的优点长处,也包括缺陷和不足。后者一般是文献回顾的重点,因为只有发现既有研究的不足,才能确定拟选择研究问题的意义以及未来研究改进和完善的方向。

一般而言,人们比较容易接受报纸、杂志、书籍和自媒体上发表的结论。一个较为普遍的现象是,许多人的饮食结构会跟着报刊和自媒体上关于饮食健康的文章而变化。例如,当有媒体报道说味精不利于健康时,许多人就不吃味精了;后来有文章说味精有利于大脑发育,许多人又开始吃味精了。对于研究人员而言,既有文献中的结论和观点,既不能盲目相信,也不宜轻易否定。

怀疑精神并不是胡乱猜疑,更不是毫无根据地怀疑一切,必须做到有理有据,同时要遵循一定的方法合理提出质疑。因此,除了具备批判意识和怀疑精神等基本素质之外,重要的是掌握逻辑推理与论证的基本知识,掌握批判文献的基本方法,这样才能更好地完成文献批判的任务。通常而言,研究人员可以从经验事实、概念操作化、论证逻辑和检验方法四个方面入手进行文献批判(这里重点介绍四个主要方面,更加详细具体的文献批判思路和方向,可参见表4.1)。

表4.1 学术论文批判性阅读指南

论文结构	阅读提示
问题论证	作者提出的核心问题是什么?作者是如何在理论上或经验上对核心问题进行论证的?
理论框架	针对核心问题,作者提出的研究假设是什么?由核心假设推论获得的辅助假设有哪些?研究假设的经验蕴涵是什么?

[①] 格雷戈里·巴沙姆等:《批判性思维(原书第5版)》,北京:外语教学与研究出版社2019年版,第7页。

(续表)

论文结构	阅读提示
概念操作化	作者对提出的概念是如何界定的?基本概念之间的关系为何?作者是如何对概念进行操作化的?测量概念的维度和指标分别是什么?各维度或指标,以及维度与指标之间的加总方式(aggregation)是什么?
研究设计	作者的研究设计或因果设计如何?作者采用什么研究方法来检验假设?作者收集和分析数据的方式如何?
论证评估	作者提出的论点是如何彼此连接的?支持这些论点的证据是否有可采性,或有多大的证明力?作者是如何连接论据与论点的?如何评析其逻辑推理?
研究结论	作者的解释是否有新意?与既有解释相比,优劣何在?如何评估研究结论的不确定性?作者获得的结论在什么意义上具有可证伪性?针对作者的这项研究,我们能发现哪些新的知识增长点、哪些新的研究问题?

首先,考察既有研究论点是否与经验事实相吻合,这往往是文献批判最初的切入点。

经典的马克思主义战争根源理论在解释以阶级斗争为背景的战争,特别是在解释19世纪到20世纪中期的国际战争时具有较强的说服力,但是对第二次世界大战后爆发的战争,这一理论并不能做出较为有效的解释。比如,这种理论认定私有制和剥削阶级是现代意义上的战争根源,可是许多当代国际和国内战争并不是阶级对抗的结果。再如,这种理论提出建立生产资料公有制就可以消灭战争,但是,一些建立了公有制的社会主义国家之间依然爆发了军事冲突或战争。面对上述理论与经验事实之间的矛盾,学者们开始重新思考战争爆发的根源,试图解释理论与现实之间的不一致,并取得了一定的进展。①

---

① 参见王缉思:《关于战争与和平理论的思考》,载资中筠主编:《国际政治理论探索在中国》,上海人民出版社1998年版,第320—332页。

需要说明的是,个别例子不符合既有结论虽然可能给理论解释有效性带来一定冲击,但并不能从根本上动摇既有理论解释,因为社会科学理论不大可能做到具有百分之百的解释效力。一般而言,只有大量反例,特别是关键性反例,才能给既有理论解释带来更为根本性的冲击。所谓关键性反例是指,最可能支持理论解释的案例也不符合理论预期。

相互依赖和平理论认为,国家间经济相互依赖水平越高,国际冲突爆发的可能性越低。不过,一战之前德国和英国的贸易依赖水平较高,但并没有阻止两国之间爆发战争。冷战时期,美国和苏联的双边贸易依赖水平很低,但两国之间并没有爆发战争。英德关系和美苏关系都是一战前和冷战时期国际关系中最为重要的双边关系,其贸易相互依赖水平分别处于高低两个极端,是相互依赖和平理论的两个关键案例,但其实际结果并不符合理论解释预期,因此对这一理论的解释有效性构成了比较明显的挑战。

其次,考察既有研究的概念界定是否清晰,概念操作化是否合理可行。

有学者认为,冷战后东亚地区和平得以维持的原因是该地区大陆和海洋国家形成了均势,即以中国为代表的大陆国家与以美国为代表的海洋国家之间的实力均衡带来了东亚的和平。但是,持此观点的学者并没有说明如何界定以及如何测量中美的实力对比。[①] 如果依照双方全部实力资源测量,冷战后中美的实力显然不在同一个等级,根本无法形成均势。如果认为中国的全部实力与美国可分配在东亚地区的实力形成均势,问题则是如何界定和评估美国用于东亚地区的实力资源。对此,持此观点的学者更没有做出明确的界定和说明。

---

① Robert S. Ross, "The Geography of the Peace: East Asia in the Twenty-First Century," *International Security*, Vol. 23, No. 4, 1999, pp. 81-118.

再次,考察既有研究的论点是否矛盾,论证逻辑是否合理有效。

权力转移理论认为,崛起大国与主导国之间的实力差距逐渐缩小,双方之间爆发战争的可能性随之增大。一部分学者认为,在核时代,权力转移理论的逻辑依然适用。也就是说,当崛起国和主导国都是核国家并且两国实力趋于平衡时,两国之间不但要爆发战争,而且要爆发核战争,而核战争是由不满现状的崛起国发动的。

仔细推敲,我们可以发现上述推理存在着自相矛盾的地方。权力转移理论承认崛起国和主导国都是理性行为体。如果崛起国可以通过核战争改变现状谋求最大利益,主导国在核心利益面临巨大威胁时也会采用同样的手段。如果具有实质理性的主导国担心核战争的破坏力难以控制,会彻底破坏体系现状,从而极大地损害其核心利益,所以不会发动核战争,那么具有实质理性的崛起国发动核战争,冒本国遭到严重破坏,甚至世界不复存在的危险,就缺乏合理性了。改变现状是崛起国的核心利益,但选择一个可能毁灭本国的手段去实现自己的权力利益,这个崛起国就不再是具有实质理性的行为体了。由此可见,权力转移理论的理论假设违背了其理论假定,逻辑上难以成立。[①]

最后,考察既有研究的研究设计是否恰当,包括具体方法运用是否规范、案例选择是否合理、资料搜集是否恰当以及经验证据是否合理。

有研究人员提出,中国的核战略并非其宣称的不首先使用核武器。为了论证这一观点,该学者引用了大量中国人民解放军研究人

---

① 孙学峰:《大国崛起与体系战争:对两种理论解释的质疑》,《国际关系学院学报》2004年第5期,第1—3页。

员的文章和中低级军官的访谈记录,强调这些研究人员和军官普遍否认不首先使用核武器原则,并以此作为经验证据,支持自己的判断。① 不难发现,这位学者使用的论据效力很低,基本没有说服力,原因在于:一国的核战略是由国家最高决策层制定的,研究人员和中低级军官的认识和判断对一国核战略的影响力极为有限。因此,以不具决策影响力人士的观点作为一国核战略的论据难以支持其所要论证的观点。

通过批判文献找到既有研究的不足,目的是引出自己要研究的问题,因此,这些批评必须与研究人员所研究的问题直接相关。如果研究人员无力弥补他人研究的不足和缺陷,这种批评就变得十分苍白。为了批评而批评的态度不值得提倡,对寻找一个问题的答案也没有多大帮助。通常来说,文献批判与写作需要把握三个基本原则:第一,客观评价。不宜全盘否定既有研究成果,而应发掘、肯定并利用既有成果的优点和启示。第二,准确表达。阐明既有研究成果的理论逻辑机制,避免出现误解、歪曲甚至过度延伸既有研究结论的情形。第三,理性批判。展示反驳立论的经验事实证据,避免过于笼统的、缺乏根据的甚至诉诸人身攻击的批判。这三个原则还告诉我们,文献批判需要做到述评结合,避免罗列堆砌文献题目和内容,陷入述而不评、破而不立的恶性循环。总而言之,文献回顾在某种程度上是一个批判性思考的过程。科学研究提倡进行建设性批评,以推动学术交流和知识积累。

文献回顾是我们从事国际关系研究最为基础的工作。没有这一环节,研究人员根本无法找到一个有意义的研究问题。本章所要强调的并不是文献回顾的重要意义,而是如何提高文献回顾工作的效率。我们常看到有些人阅读了大量文献却一无所获,而有些人读的不多却能发现有意义的研究问题。

---

① Alastair Iain Johnston, "China's New 'Old Thinking': The Concept of Limited Deterrence," *International Security*, Vol. 20. No. 3, 1995/1996, pp. 5-42.

要提高文献回顾的效率,需要掌握相应的方法和技巧,同时要在研究过程中不断完善文献回顾,为确定研究问题和建立分析框架奠定扎实基础。

思考题

1. 文献回顾的基本步骤有哪些?
2. 为什么"三大主义"式的文献回顾没有意义?
3. 文献批判的基本原则有哪些?

第五章
构建因果解释

在确定研究问题的过程中,研究人员实际上已经开始初步考虑如何回答这一问题了,否则可能会选择一个有意义但自己却无法回答的研究问题。随着科学研究的不断推进,为了更好地回答一个真实的研究问题,研究人员需要构建逻辑自洽且具有经验解释力的理论。国际关系实证研究致力于回答"为什么"类型的研究问题,因此,本章主要讨论如何构建因果解释[1]和提出因果假设。

---

[1] 本书选用"因果解释"(causal explanation)主要基于以下三方面的考虑:一是因果解释不同于诠释性理解(interpretive understanding),二是因果解释不同于因果概推(causal generalization),三是因果解释不完全等同于因果推断(causal inference)。诠释性理解旨在通过理解行动者的意义脉络来明确因果适当性,因果概推主要关注特定解释能否以及在多大程度上可以推广到其他情境,而因果推断试图确立哪些因素是原因或结果以及因果关系的方向和大小,因果解释则进一步说明这种因果关系为何存在或如何产生。本章主要关注因果解释,但也会涉及因果推断。相关讨论参见马克斯·韦伯:《社会学的基本概念》(顾忠华译),桂林:广西师范大学出版社 2005 年版,第 18—51 页;阿尔弗雷德·许茨:《社会世界的意义构成》(霍桂恒译),北京师范大学出版社 2017 年版,第 339—359 页;David Waldner, "Transforming Inferences into Explanations: Lessons from the Study of Mass Extinctions," in Richard N. Lebow and Mark I. Lichbach, eds., *Theory and Evidence in Comparative Politics and International Relations*, New York: Palgrave Macmillan, 2007, pp. 145-175; David Waldner, "Process Tracing and Causal Mechanisms," in Harold Kincaid, ed., *The Oxford Handbook of the Philosophy of Social Science*, Oxford: Oxford University Press, 2012, pp. 65-84; Phyllis Illari and Federica Russo, *Causality: Philosophical Theory Meets Scientific Practice*, Oxford: Oxford University Press, 2014, pp. 3-6。

第一节　明确因果关系

在社会科学方法论的框架下,国际关系实证研究追求基于因果关系的可靠知识,国际关系理论往往也是以因果陈述的形式表达的。因此,准确理解因果关系并合理做出因果推断,一直是国际关系研究设计和理论建构的核心内容。也就是说,只有理解并掌握了因果推断的原理和方法,才能做好研究设计、实现理论建构。

一、因果关系的含义

因果关系的含义一直存有争议,社会科学领域更是未能就因果关系的定义形成高度共识。较为一致的认识主要体现在研究人员讨论因果关系时通常会追溯到休谟对原因的经典定义。在《人类理智研究》一书中,休谟将"**原因**"定义为:"是一种有另一种对象随之而来的对象,并且在所有类似于第一种对象的地方,都有类似于第二种的对象随之而来。换句话说,如果第一个对象不存在,第二个对象也一定不存在。"①

休谟的定义直接启发了后来理解因果关系的两种不同路径,即规律性路径和反事实路径。**规律性**(regularity)路径强调原因与结果之间的恒常接续(constant conjunction),即结果在时空上紧随原因之后,并且原因与结果关系的变化呈现出某种规律性。这种规律性在案例分析中往往体现为**决定性**(deterministic)因果陈述,即原因的出现必然导致结果的出现。而在统计分析中,这种规律性通常体现为**概然性**(probabilistic)因果陈述,即原因的变化会提高或降低结果变化的概率。②

---

① 休谟:《人类理智研究》(吕大吉译),北京:商务印书馆1999年版,第68页。
② 不少学者从本体论层面入手讨论概然性和决定性的因果关系,参见 Helen Beebee, Christopher Hitchcock and Peter Menzies, eds., *The Oxford Handbook of Causation*, New York: Oxford University Press, 2012。规律性因果集中表现为定律(law),包括覆盖律(covering-law)和概率性定律,参见卡尔·G.亨普尔:《自然科学的哲学》(张华夏译),北京:中国人民大学出版社2006年版,第5章。

案例分析:有学者考察了 1955—1979 年中东地区的联盟(alliances and alignments),试图回答国家为什么结盟这一核心问题。该学者发现,威胁程度与国家结盟存在共变(covariance)关系。在 86 个结盟实践中,其中 80 个源于直接应对外部威胁。在 80 个应对外部威胁的结盟实践中,其中 70 个直接应对最危险的国家,而选择追随外部威胁的结盟实践最多只占 12.5%(10/80)。因此,该学者认为外部威胁是国家结盟最为常见的原因(the most frequent cause)。①

统计分析:有学者发现,1946—2006 年,美国卷入了 241 次国际危机,其中军事安全类危机 153 次(占 63.5%),作为直接当事国的危机 61 次(占 25.3%),但使用武力的危机仅为 29 次(占 12%)。这是否意味着即使面临军事安全威胁,美国也会谨慎或克制使用武力呢?为了回答这一问题,两位学者使用相关性分析和 Logistic 回归检验了实力差距、威胁程度、经济利益等因素对美国使用武力的影响。统计结果显示,实力差距具有统计显著性($p<0.001$),回归系数为正(0.056),这说明国际危机中美国的对手与美国的实力差距越大,美国总统使用武力解决国际危机的概率就越高。②

反事实(counterfactual)路径强调结果对原因的反事实依赖,即原因的存在引起结果的出现,而原因的缺失则会导致结果的消失。在定性研究中,反事实因果和必要条件有着难以分割的内在联系。③ 尽管条件不完全是原因,但当我们说原因是结果的**必要条件**时,意思是指"当结果出现时,原因都会出

---

① Stephen M. Walt, *The Origins of Alliances*, Ithaca: Cornell University Press, 1987, Chapter 5.
② 陈冲、刘丰:《美国使用武力的决定因素(1946—2006)》,《国际政治科学》2010 年第 2 期,第 63—89 页。值得注意的是,回归分析的本质是相关性分析,无法确立真正的因果关系,更难以发现"其中的因果机制及其作用方式",参见本章后续讨论。
③ 对必要条件的阐释和应用,详见 Gary Goertz and Harvey Starr, *Necessary Conditions: Theory, Methodology, and Applications*, Lanham: Rowman & Littlefield Publishers, Inc., 2003; Gary Goertz and Jack S. Levy, eds., *Explaining War and Peace: Case Studies and Necessary Condition Counterfactuals*, New York: Routledge, 2007。

现"。由此也发展出了 INUS(Insufficient but Necessary part of an Unnecessary but Sufficient condition)理论,即原因是某个充分不必要条件中的必要不充分部分。①

崛起国利用既有国际规范证明和展示自身某个改变现状的行为的正当性,从而规避制衡的策略,称为合法化策略。有学者发现,崛起国合法化策略规避制衡有赖于两个因素:一是崛起国力图合法化的行为不会威胁目标国的核心安全利益;二是崛起国合法化策略所依据的规范和规则得到潜在制衡国国内决策者所依托的政治力量的支持。研究进一步发现,合法化策略成功规避体系制衡的必要条件是其合法化行为不挑战潜在制衡国的核心安全利益,否则难以有效规避制衡。②

近年来,通过反事实路径构建因果关系逐渐得到学者们的重视和认可。在案例分析中,反事实分析是在最低限度改写历史的基础上,设想一个与实际发生情况相反的情形,其中原因的改变会对既定结果产生影响。③ 在统计分析中,以反事实来定义因果关系并据此建立的**潜在结果模型**已成为因果推断的理论基础。④ 通过分析和纠偏原因的分配机制,可以借助观测数据构建合理的反事实,进而做出因果推断。

指标权力是全球治理中的新现象。为了识别指标权力的影响

---

① J. L. Mackie, "Causes and Conditions," *American Philosophical Quarterly*, Vol. 2, No. 4, 1965, pp. 245-264.
② 杨原、孙学峰:《崛起国合法化策略与制衡规避》,《国际政治科学》2010 年第 3 期,第 1—31 页。
③ Gary Goertz and James Mahoney, *A Tale of Two Cultures*: *Qualitative and Quantitative Research in the Social Sciences*, Princeton: Princeton University Press, 2012, pp. 115-126. 具体案例分析的研究实例,参见 Philip E. Tetlock and Aaron Belkin, eds., *Counterfactual Thought Experiments in World Politics*: *Logical, Methodological, and Psychological Perspectives*, Princeton: Princeton University Press, 1996。
④ Guido W. Imbens and Donald B. Rubin, *Causal Inference for Statistics*, *Social, and Biomedical Sciences*: *An Introduction*, New York: Cambridge University Press, 2015, pp. 23-30.

究竟来自指标本身还是指标背后的传统权力,有学者以世界银行独立评估小组(Independent Evaluation Group,IEG)的外援评估和世行的外援决策作为案例,并借助反事实路径进行了严格的因果推断,从而准确识别了指标权力的因果效应。研究发现,IEG 评级与世行决策之间没有直接或间接的因果联系,指标背后的权力和政策因素同时作用于 IEG 评级和世行决策,使得两者之间呈现出虚假相关。也就是说,指标权力源于其背后的权力和政策因素而非指标本身。①

尽管对因果关系的理解存在差异,但上述两种路径关注的都是原因与结果之间的外在联系,而对原因影响结果的内在逻辑并未给予充分重视。② 为此,因果机制逐渐成为理解因果关系的第三种路径,并且日益受到研究人员的重视。**因果机制**路径重点关注原因促进或阻碍结果发生的生成机制及其过程。也就是说,我们不再满足于原因对结果是否有影响以及有多大影响,而是更加关心原因究竟是如何导致结果的。

为何冷战时期北约能够维持基本稳定并最终发展为安全共同体,而华约则一直不够稳定并最终解体?通过比较分析,有学者指出联盟内和解是北约延续而华约解体的关键机制。和解机制的实体是加害国与受害国,其参与的活动是加害国道歉与受害国谅解。和解机制主要包括两个核心环节,即国家之间出现严重暴力冲突后实现浅和解,以及通过受害国与加害国进一步互动逐步由浅和解实现深和解。不过,和解机制发挥作用还要受到联盟管理体制的影响。具体而言,北约和华约联盟管理体制不同,和解机制在北约体

---

① 庞珣:《全球治理中"指标权力"的选择性失效——基于援助评级指标的因果推论》,《世界经济与政治》2017 年第 11 期,第 130—155 页。
② 有关因果关系依赖(dependence)和生成(production)两种路径的讨论,参见 Ned Hall, "Two Concepts of Causation," in John Collins, Ned Hall and L. A. Paul, eds., *Causation and Counterfactuals*, Cambridge: MIT Press, 2004, pp. 225-276。

制中充分发挥了作用,最终使北约发展成安全共同体,而和解机制在华约体制中则受到了抑制,最终使华约走向解体。①

通过以上讨论,我们不难发现,无论关注规律性因果、反事实因果还是机制性因果,探求因果关系时研究人员都希望搞清楚具体的原因或结果是什么、原因为何导致结果以及原因如何导致结果等基本问题。在此过程中,有时研究人员会采取**执因索果**(effects-of-causes)的路径,即试图明确特定原因对结果是否有以及有多大的因果效应;有时研究人员也会采取**执果索因**(causes-of-effects)的路径,即试图明确引起特定结果的原因以及连接原因与结果的生成机制及其过程。不管采取何种路径,研究人员都应具备方法论自觉意识,明确因果关系的类型、特征以及相应的因果推断方法。

二、图解因果关系

在第一部分中,我们结合具体实例讨论了因果关系的不同含义。不过,由于因果关系本身较为抽象,可能不少读者暂时还无法准确理解因果关系。为此,本部分尝试通过变量语言和因果图等更为简约直观的方式展示因果关系,介绍因果推断的基本原则和方法。

(一)从概念到变量

在国际关系研究中,我们通常把实体、行为和关系等具体对象抽象为概念,并通过明确若干必要的属性来说明概念的意义。② 为了确定国际关系现象之间是否存在因果关系,我们通常要观察和测量相应概念属性的变化,进而更为清晰地识别和检验经验现象之间的关系。根据相关属性在研究过程中是否发生变化,概念可分为常量(constant)和变量(variable)。

---

① 周亦奇、唐世平:《"半负面案例比较法"与机制辨别——北约与华约的命运为何不同》,《世界经济与政治》2018年第12期,第32—59页。

② Giovanni Sartori, "Guidelines for Concepts Analysis," in David Collier and John Gerring, eds., *Concepts and Method in Social Science: The Tradition of Giovanni Sartori*, New York: Routledge, 2009, pp. 97-150; Gary Goertz and James Mahoney, *A Tale of Two Cultures: Qualitative and Quantitative Research in the Social Sciences*, Princeton: Princeton University Press, 2012, pp. 127-138.

常量指的是仅包含一类属性,在研究过程中取值固定不变的概念。**变量**则是包括多个属性,在研究过程中具有一个以上不同取值的概念。不过,需要说明的是,某个概念是否为变量需要在特定的研究情境中加以判断。例如,地理环境在短时段里一般被视为常量,但在长时段里可以是变量。[①] 有时为了研究之便,我们往往需要将某些变量加以控制而设定为常量。比如,为了明确国际制度对国际合作的影响,研究人员可将国际格局的变化加以控制,如只考察两极格局下国际制度对国际合作的影响。于是国际格局就成为这一研究过程中取值未变的常量。

依据在因果关系中所处的位置,变量可分为自变量和因变量。[②] **自变量**(independent variable)是指自身变化能够引起其他变量变化的变量,**因变量**(dependent variable)则是指会随着其他变量变化而发生变化的变量。一个变量是自变量还是因变量完全取决于研究问题,而不是事物或概念本身。

在现实政治生活中,国际规范和国家行为是相互影响的。不过,在研究两者之间的因果关系时,我们却必须将其分离,否则将落入鸡生蛋和蛋生鸡的无意义争论之中。具体而言,如果我们关注国际规范对国家遵约行为的影响,国家遵约行为就是因变量;如果我们研究国家遵约行为对国际规范的影响,国际规范就成了因变量。

(二)图解变量关系

变量刻画的是事物变化的规律性或事物之间的数量关系,主要包括相关关系和因果关系。具体而言,相关关系是指一个变量的变化与另一个变量的变化相关联,而因果关系则是指一个变量的变化会引起另一个变量的变化。

---

① 这里借用了法国年鉴学派的相关术语,参见费尔南·布罗代尔:《历史学和社会科学:长时段》,载费尔南·布罗代尔:《论历史》(刘北成、周立红译),北京大学出版社 2008 年版,第 27—60 页。

② 这里我们没有使用"原因变量"或"结果变量",主要考虑是在没有确切证明变量之间的相关关系是因果关系时,我们还不能把引起变化的变量称为"原因",而把被引起变化的变量称为"结果"。此外,"自变量"一词本身更能突出变量之间相互独立及其效应线性可加的前提假定。

可见,相关关系是无方向的,而因果关系则具有明显的方向性。如果以自变量(X)表示原因,因变量(Y)表示结果,因果关系就可以表达为:自变量 X 的出现导致因变量 Y 的出现;如果自变量 X 不出现,则因变量 Y 也不会出现。

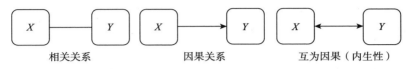

图 5.1 变量关系类型

注:如果能够确认原因出现在结果之前,就不会存在所谓的逆向因果或互为因果。因此,可将互为因果视作识别因果关系时需克服的内生性(endogeneity)问题。

在构建因果解释的过程中,有一类变量会居于自变量和因变量之间,可称之为**中介变量**(mediator)M。中介变量反映了自变量影响因变量的传递路径,其中自变量变化导致中介变量变化,然后中介变量的变化再导致因变量的变化。由此,在评估因果作用时,我们既可以评估自变量 X 对因变量 Y 的直接作用,也可以评估自变量 X 通过中介变量 M 对因变量 Y 产生的间接作用。(见图5.2)在国际关系研究实践中,后者往往更为常见。

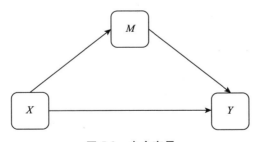

图 5.2 中介变量

第二次世界大战后,美国与西欧国家面临共同战略威胁(自变量),产生了共同的战略利益(中介变量),因此结成了军事同盟(因变量)。

在说明自变量如何影响因变量时,我们要注意避免混淆中介变量与因果机制。**因果机制**(causal mechanism,CM)是指一系列紧密关联的实体(及其属性)和活动,它们之间前后接续的生成性过程能够产生导致结果的规律性变化。① 具体而言,因果机制是由不同部分连锁构成的体系,而其中的每个部分都由参与活动的实体构成,而不是(一个或一连串的)中介变量。②因此,因果机制解释的核心在于发现连接自变量与因变量的生成机制及其过程(见图5.3),而不是相应的自变量或中介变量。例如,铁制品暴露在潮湿空气中会生锈,引起铁生锈的不是铁制品含铁量的多少或空气中含氧量的高低,而是铁与氧结合产生氧化反应这一生成机制及其过程。与中介变量的传递作用不同,因果机制具有生成作用,比如铁的氧化反应生成了铁锈这一不同于铁的新物质。

图 5.3　因果机制

民主和平论认为,民主国家之间很少或不会发生战争,其中的一个因果机制为国内结构制约,即自由派利益集团(实体)奉行自由主义价值理念,反对政府滥用战争权力(属性),因而会联合施压或游说政府不要发动战争(活动);而政府(实体)能否胜选执政有赖于自由派利益集团的支持(属性),因而倾向回应自由派利益集团的诉求(活动)。利益集团的国际互动、利益集团与政府的国内互动(两

---

① Peter Machamer, Lindley Darden and Carl F. Craver, "Thinking about Mechanisms," *Philosophy of Science*, Vol. 67, No. 1, 2000, pp. 2-6; Peter Machamer, "Activities and Causation: The Metaphysics and Epistemology of Mechanisms," *International Studies in the Philosophy of Science*, Vol. 18, No. 1, 2004, pp. 27-39.

② Peter Hedstrom and Petri Ylikoski, "Causal Mechanisms in the Social Sciences," *Annual Review of Sociology*, Vol. 36, No. 1, 2010, pp. 49-67; Derek Beach and Rasmus Brun Pedersen, *Process-Tracing Methods: Foundations and Guidelines*, Ann Arbor: University of Michigan Press, 2013, pp. 33-40. 有关将因果机制理解为中介变量的研究做法,参见 Kosuke Imai, et al., "Experimental Designs for Identifying Causal Mechanisms," *Journal of the Royal Statistical Society: Series A (Statistics in Society)*, Vol. 176, No. 1, 2013, pp. 5-51; Nicholas Weller and Jeb Barnes, "Pathway Analysis and the Search for Causal Mechanisms," *Sociological Methods & Research*, Vol. 45, No. 3, 2016, pp. 424-457。

类实体及其活动的结合)对政府决策产生了制约效应,进而使得民主国家之间很少爆发战争。①

在构建因果解释的过程中,可能还存在一类既影响自变量又影响因变量的变量,即**混杂变量**(confounder)C。混杂变量是自变量和因变量的共同原因(见图5.4),因此,若未对混杂变量加以控制,就会使对因果关系的识别存在偏差。②

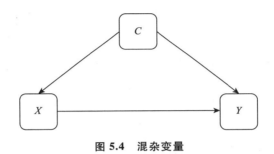

图 5.4 混杂变量

核大国在盟国部署核武器(自变量),可以防止其盟国与潜在挑战国发生武装冲突(因变量)。但是,核大国与潜在挑战国的实力对比(混杂变量)既会影响核大国是否决定在盟国部署核武器,又会影响潜在挑战国是否采取武力攻击其盟国。因此,核大国与潜在挑战国的实力对比会对识别延伸核威慑的因果作用产生干扰。

在构建因果解释的过程中,可能还会出现既受自变量影响又受因变量影响的变量,即**撞子变量**(collider)D,它是自变量和因变量的共同结果。换句话说,如果一个变量是撞子变量,那么自变量的变化和因变量的变化都会引起

---

① Derek Beach and Rasmus Brun Pedersen, *Process-Tracing Methods: Foundations and Guidelines*, Ann Arbor: University of Michigan Press, 2013, pp. 36—40. 引用时有修改。

② 需要注意的是,那些自身变化仅引起自变量变化的变量,或者自身变化仅引起因变量变化的变量,都不是严格意义上的混杂变量。尤其是把后者作为混杂变量将会导致不必要的变量控制。对混杂变量更广义的界定及其控制后果,可参见第七章的变量控制部分。

其变化,两个条件必须同时满足,缺一不可。① (见图5.5)

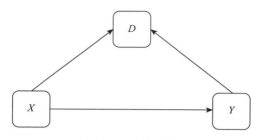

图 5.5 撞子变量

有学者试图探究环境问题(自变量)与军事基地部署(因变量)的因果关系。在此项研究中,环境问题有可能引发当地社区的社会抗议,而军事基地涉及的司法管辖权问题也可能引发社会抗议,因此社会抗议在某种程度上可视为撞子变量。

在因果分析的实践中,上面介绍的中介变量、混杂变量和撞子变量都是相对于特定的因果关系识别而言的,这些变量的不同组合构成了因果解释中涉及的基本关系。为了更为清晰地展现这些基本关系,我们可尝试构建并使用**因果图**(causal diagram)。在因果图中,节点位置代表可观察的变量,箭头则表示节点之间的时序和因果。也就是说,两个变量之间存在箭头就意味着变量间存在因果关系,没有箭头则意味着变量间不存在因果关系。② 实际研

---

① 那些仅受因变量变化影响的变量,或者仅受自变量影响但不会影响因变量的变量,都不是撞子变量。撞子变量本身不会影响因果关系的识别,不过如果研究人员对其施加控制,则会产生有偏差的因果估计。对撞子变量更广义的界定及其控制后果,可参见第七章的变量控制部分。

② 因果图也称为定向非循环图(directed acyclic graphs, DAGs),其背后涉及诸如忠实性(faithfulness)等较强的假定,省略了未知变量和残差项等,参见 J. Pearl, et al., *Causal Inference in Statistics: A Primer*, Chichester: John Wiley & Sons, 2016, pp.35-48; M. A. Hernán and J. M. Robins, *Causal Inference: What If*, Boca Raton: Chapman & Hall/CRC, 2020, pp.69-78. 本书只是借用因果图的基本思想来指导定性研究,并且着重区分了因果图和因果机制图,同时希望说明常见的流程图、理论框架图、逻辑示意图等都不是因果图,详见本章和第七章的相关论述。还可参见 David Waldner, "What are Mechanisms and What are They Good For?" *Qualitative & Multi-Method Research*, Vol.8, No.2, 2010, pp.30-34; David Waldner, "Process Tracing and Qualitative Causal Inference," *Security Studies*, Vol.24, No.2, 2015, pp.239-250。

究中的因果图可能会是上述基本关系的叠加,不仅会涉及多条路径,而且同一路径也会涉及不止一类变量,因此图示呈现的因果关系可能会比较复杂。(见图 5.6)研究人员需根据既有理论和数据考虑究竟应将哪些变量和基本关系纳入因果图,以展开忠于现实且清晰合理的因果分析。

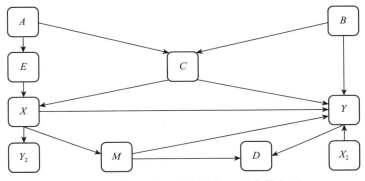

图 5.6　因果图示例(自变量为 X,因变量为 Y)

需要指出的是,我们提倡以上述可视化的方式将特定因果思考过程展现出来,并不意味着因果关系是看得见的。实际上,因果关系无法依靠观察直接获得,而是基于数据和假定推断出来的。从这个意义上讲,因果图能够有效帮助研究人员识别因果关系及可能存在的混杂变量,有效评估因果推断中的潜在偏差,并指导研究人员选择合理的变量控制策略,从而进行更加合理可靠的因果推断。

第二节　构建因果解释

构建因果解释是国际关系科学理论的核心所在,有助于我们深入理解国际关系中的因果规律及其机制原理。为此,本节将集中介绍有效构建因果解释的基本原则和方法,重点阐述因果解释的逻辑自洽性[①],第三节则集中关注如何提出因果假设。

[①] 有关理论逻辑自洽与经验解释力的详细讨论,参见陈小鼎:《结构现实主义的理论评估及其发展》,北京:中国社会科学出版社 2013 年版,第 3 章。

一、构建因果解释的原则

根据上文对因果关系含义的讨论,我们可以引申出构建因果解释时需要遵循的原则,即时序性、相关性以及构建反事实和/或追踪因果机制。**时序性**是指自变量在时间顺序上必须先于因变量。明确时序有助于我们避免陷入因果倒置的逻辑谬误。

> 1648 年《威斯特伐利亚和约》提出主权规范时,世界上只有少数几个国家是民族国家。也就是说,是先有主权规范然后民族国家才普及的。因此,民族国家的普及不能成为主权规范产生的原因。相反,主权规范的出现有可能是民族国家普及的原因。

相关性是指自变量与因变量之间存在可观察的共变关系。换言之,没有变化就没有相关性。在分析变量之间的相关性时,我们不仅需要明确相关关系的性质、方向和紧密程度①,而且要考虑以下五种可能出现的情况:一是由因果关系造成的相关。二是测量误差使原本存在的相关关系变得不相关。三是偶然因素导致的相关。四是由混杂变量造成的**虚假相关**。例如,夏天冰激凌的销量与河中溺死的人数直接呈现正相关,但实际上两者之间并没有因果关系,夏季气温上升同时导致两者上升,进而使两者之间呈现虚假相关②。五是由控制撞子变量导致的虚假相关,其根源往往是样本选择偏差。(详见第七章)例如,才华与颜值都有助于演员获得事业成功。如果只选择著名演员作为研究对象,本来不相关的才华与颜值二者可能呈现负相关。因此,在确保因果时序和排除系统性测量误差的基础上,建立因果关系必须排除偶然相关和虚假相关。

---

① 如果进行统计分析,自变量与因变量之间应有较高的相关系数。然而,如果变量之间并非线性相关,那么相关性强不意味着相关系数高,而相关系数为零也不意味着不存在任何相关性。相关讨论可参见萨曼莎·克莱因伯格:《别拿相关当因果!因果关系简易入门》(郑亚亚译),北京:人民邮电出版社 2018 年版,第 48—58 页。

② 关于虚假相关的讨论和例证,还可参见 Tyler Vigen, *Spurious Correlations*, New York: Hachette Books, 2015。

为什么第一次世界大战后民主国家之间很少发生军事冲突？既有解释强调民主体制的约束作用，有学者对这一"民主和平论"的观点进行了批判，认为"民主和平论"的既有研究存在样本选择偏差和遗漏变量问题。也就是说，仅仅确认民主体制与国家间冲突二者在统计上显著相关远远不够，还必须考虑可能同时影响民主体制和国家间冲突的第三变量。

相关研究仅聚焦于一战后的民主国家而忽视了此前的民主国家，结果导致遗漏了国际政治结构性变化这一关键因素。事实上，霸权领导、大国间权力转移和联盟关系等一系列结构性变化既能影响一国的政体类型，也影响着国家间的冲突行为，从而成为政体类型影响国家间冲突的混杂变量。为此，在回归分析中，有学者加入了安全等级变量（通过是否与大国结成防卫联盟来测量），结果显示民主体制与国家间冲突之间原本稳健的相关性变得不再具有统计学意义上的显著性。稳健性检验结果进一步显示，民主与和平之间的相关关系是虚假相关而非因果关系，其中真正发挥作用的是大国建立的安全等级，而等级秩序安排既塑造附属国的政体类型，又约束了这些国家卷入军事冲突，结果造成了两者之间的虚假相关。①

不过，只考虑时序性和相关性并不能确保推断出真正的因果关系。例如，白天与黑夜之间具有高度相关性，并且总是前后相继出现，但显然不能认为白天是黑夜的原因，或者白天是黑夜的结果。更为重要的是，在研究实践中，我们无法穷尽所有可能导致虚假相关的因素，即便努力排除虚假相关也很难获得真正的因果关系。那么问题来了：当我们发现相关关系时，在何种情况下可以确信找到了因果关系呢？

对此，学者们提出两种路径，即反事实路径和因果机制路径。前者认为

---

① Patrick J. McDonald, "Great Powers, Hierarchy, and Endogenous Regimes: Rethinking the Domestic Causes of Peace," *International Organization*, Vol. 69, No. 3, 2015, pp. 557-588.

没有提供反事实依赖性的说明就无法推断真正的因果关系,后者则认为没有提供生成机制及其过程的说明就无法推断真正的因果关系。也就是说,在满足时序性和相关性的基础上,若要构建因果解释至少还要遵循两个关键原则中的一个,即构建反事实和/或追踪因果机制。

构建反事实是要假定一个与实际发生的事实相反的情形。如果观察到的事实是"当自变量存在时,因变量就会出现",相应的反事实则是"如果自变量不存在,那么因变量就不会出现"。当且仅当反事实成立时,才能确认自变量是因变量的原因。如果反事实不成立,即"即便自变量不存在,因变量也会出现",那么就很难认为因变量是自变量的结果。由此可见,反事实推理的基本思路是,通过反事实与事实之间的比较来确定引起因变量变化的正是自变量的变化,而非自变量之外的其他变量。例如,若要断定孩童获救是因为司马光持石破瓮,我们就必须有足够的信心相信,如果司马光没有持石破瓮,那么孩童就不会获救。①

有研究认为,伊拉克拥有大规模杀伤性武器是小布什发动伊拉克战争的原因。如果这一因果陈述成立,那么相应的反事实就必须成立,即如果伊拉克没有大规模杀伤性武器,小布什就不会发动伊拉克战争。不过,不同证据来源显示,小布什在做出战争决策时并不能确定伊拉克是否拥有大规模杀伤性武器,战后也没有找到伊拉克存在大规模杀伤性武器的确切证据。也就是说,上述反事实并不成立,强调大规模杀伤性武器的重要性实际上是争取合法性支持的政治说辞,小布什发动伊拉克战争应另有其因。

为了确认具有相关性的变量之间存在因果关系,我们还可以追踪自变量变化引起因变量变化的传导过程和生成机制,即**追踪因果机制**。如果没有说

---

① 具体事例参见《宋史·列传第九十五》的记载,原文如下:"光生七岁,凛然如成人,……群儿戏于庭,一儿登瓮,足跌没水中,众皆弃去,光持石击瓮破之,水迸,儿得活。"

明因果机制及其作用过程,对变量间相关关系做出的因果解释就很容易成为黑箱式解释,无法确切说明自变量是如何引起因变量变化的,因此也就无法排除其他因素导致因变量变化的可能。例如,若要断定孩童获救是因为司马光持石破瓮,我们可以详细说明力的合成作用机制,即司马光持石击瓮,石击的外力超过水瓮的应力而使水瓮破裂,水在重力作用下从缺口流尽,孩童脱离了落瓮水淹的危险而获救。如果没有说明这一生成机制及其作用过程,我们就不能排除孩童爬瓮自救等因素对其获救的影响。

  有学者发现,少数族群聚居核心领地拥有石油资源与族群战争之间存在较强的正相关性。为确认两者之间存在因果关系,作者借助比较案例和过程追踪验证了四种相互联系的因果机制,即当在少数族群聚居的核心领地发现石油后:(1)由多数族群控制的中央政府将垄断石油收入,使得少数族群和多数族群间收入差距扩大;(2)石油资源开发吸引大量外来族群人口涌入,结果导致少数族群聚居区环境遭到破坏,但少数族群并不能获得相应的财政或环保补偿;(3)在上述内部殖民化和利益分配效应作用下,少数族群的相对剥夺感加剧,对多数族群控制的中央政府的怨恨升级;(4)相对剥夺感和怨恨升级激活了少数族群精英的政治动员,少数族群开始集聚暴力资源以反抗多数族群控制的中央政府,谋求真正的族群独立和自治。所有这些机制大大增加了族群战争爆发的可能性,促使族群冲突演化为族群战争。①

  综上所述,一个经得住逻辑和事实检验的因果解释,需要同时满足两个基础原则和至少一个关键原则,即要么遵循时序性、相关性和构建反事实三个原则,要么满足时序性、相关性和追踪因果机制三个原则。因此,在构建因

---

① Tang Shiping, Yihan Xiong and Hui Li, "Does Oil Cause Ethnic War? Comparing Evidence from Process-tracing with Quantitative Results," *Security Studies*, Vol. 26, No. 3, 2017, pp. 359-390.

果解释时,研究人员不应停留在或满足于确定时序性和相关性,而应进一步通过构建反事实或追踪因果机制来做出因果推断。如果把构建因果解释看作盖房子,时序性和相关性就相当于地基,构建反事实或追踪因果机制就相当于顶梁柱,有了稳固的地基和坚实的顶梁柱,盖起来的房子才能经得住时间的考验和风雨的洗礼。

尽管构建反事实或追踪因果机制对于因果解释至关重要,但实际操作中都会遭遇不少困难和挑战。就追踪因果机制而言,我们其实并不能在现实世界中直接观察到发挥作用的因果机制。例如,司马光持石击瓮触发的力的合成作用机制就无法直接观察。既然如此,我们又如何证明因果机制的存在呢?批判实在论认为,科学研究旨在探究潜伏在经验和事件背后的生成机制,尽管这些机制无法直接观察,但是它们却真实存在着并且影响着经验和事件。通过对可观察的经验和事件进行分解(decomposition)和回溯(retroduction),我们可以推断出实在域里的因果机制以及这些因果机制是如何发挥作用的。①

就构建反事实而言,我们更无法在现实世界中真正观察到反事实。例如,我们根本无法观察到司马光没有持石破瓮时孩童是否获救的反事实结果。事实上,对于任何给定的对象来说,我们都不可能通过历史重演来使自变量在同一对象上取不同的值,因而也就无法直接获得自变量对于单个对象的因果效应,这就是**因果推断的根本难题**。② 如表 5.1 所示,因果推断的理想做法是,可以用同一对象的事实结果减去反事实结果,以此获得因果效应。然而,因果推断的根本难题在于,我们无法观察到孩童甲或孩童乙相应的反

---

① Roy Bhaskar, *A Realist Theory of Science*, London: Routledge, 2008, pp. 1–9; Roy Bhaskar, *Scientific Realism and Human Emancipation*, London: Routledge, 2009, pp. 46–47, 71–75.

② 有关因果推断的根本难题及其科学解与统计解,可参见 Paul W. Holland, "Statistics and Causal Inference," *Journal of the American Statistical Association*, Vol. 81, No. 396, 1986, pp. 945–960。有学者认为,"潜在结果"比"反事实结果"表达的含义更为准确。不过,考虑到学者们的使用习惯,本书仍选择采用了"反事实结果"这一概念。参见 Donald B. Rubin, "Causal Inference Using Potential Outcomes: Design, Modeling, Decisions," *Journal of the American Statistical Association*, Vol. 100, No. 469, 2005, p. 325.

事实结果,即无法获得 $B_甲$ 或 $C_乙$ 的数据,因而无法直接获得 $\Delta_甲 = A_甲 - B_甲$ 或 $\Delta_乙 = C_乙 - D_乙$ 这样的对于单个对象的因果效应。

表 5.1 因果推断的根本难题

	持石破瓮的结果	未持石破瓮的结果	因果效应 Δ	
			理想但不可行的做法	实际但可质疑的做法
持石破瓮	$A_甲$:孩童甲的事实结果(获救)	$B_甲$:孩童甲的反事实结果(?)	$\Delta_甲 = A_甲 - B_甲$	
未持石破瓮	$C_乙$:孩童乙的反事实结果(?)	$D_乙$:孩童乙的事实结果(未获救)	$\Delta_乙 = C_乙 - D_乙$	
				$\Delta = A_甲 - D_乙$

不过,因果推断的根本难题并不意味着反事实因果推断就不可取或不可行。值得尝试的方法是,我们可以寻找"目标对象"的"替代对象"。除了研究关注的自变量取值不同外,两者的其他各方面完全相同。这样我们就可以用这个"替代对象"的"事实结果"来替换"目标对象"的"反事实结果",进而通过比较两个相同对象的"事实结果"来确定特定自变量所产生的因果效应。如表 5.1 所示,如果孩童乙和孩童甲没有差异,我们就可以用未持石破瓮时孩童乙的事实结果 $D_乙$ 来替代持石破瓮时孩童甲的反事实结果 $B_甲$。这样一来,我们就可以认为持石破瓮对于孩童甲的因果效应 $\Delta_甲 = A_甲 - B_甲$ 近似等于 $A_甲 - D_乙$。可见,能否找到构成反事实比较的最佳替代对象是构建合理反事实的关键所在。

然而,在现实世界中,我们很难找到两个完全相同的对象,于是新的问题又出现了,即如何证明以一个对象的事实结果代替另一个对象的反事实结果足够可信。我们认为,如果两个对象在因果意义上具有可比性,那么仍然可以进行反事实因果推断。**因果意义上的可比性**(causal comparability)是指两个对象可以不完全相同,但这些差异对结果的影响并不显著。如此一来,除了感兴趣的自变量之外,两者在影响结果的其他维度或变量上具有最大相似性,因而两者在因果意义上具有可比较的相似性。① 如图5.7所示,在观察到的孩童甲和孩童乙两个对象中,如果瓮中水量、孩童身高和外人救援等可能影响"孩童是否获救"的变量取值大致相似甚至相同,那么我们就更有把握相信孩童甲和孩童乙就"孩童是否获救"而言具有因果意义上的可比性。但是,同样情况下,就"孩童是否生病"而言,孩童甲和孩童乙不一定具有因果意义上的可比性,这需要根据具体的理论和经验来加以识别和判定。

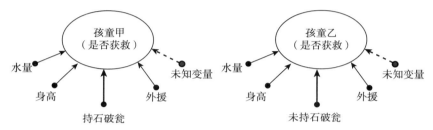

图 5.7 因果意义上的可比性

那么,如何才能实现因果意义上的可比性呢?当样本数量充足时,随机分配是获得两组同质性对象最为可靠的办法。不过,观察性数据往往不具随机性,因而观察性研究②需要假定**单元同质性**(unit homogeneity)。这一假定要求隶属于总体的每个单元在除自变量之外的其他所有方面都相同,并且自变量对于每个单元的因果效应也是稳定的。③违反这一假定就会产生因果异质性问题,容易导致错误的因果推断。④例如,除了"持石破瓮与否",如果孩童

---

① R. W. Runhardt, "Causal Comparability, Causal Generalizations, and Epistemic Homogeneity," *Philosophy of the Social Sciences*, Vol. 47, No. 3, 2017, pp. 183-208;反事实的哲学基础是可能世界(possible worlds)具有可比较的相似性,现实世界是可能世界的其中之一。参见 David K. Lewis, *Counterfactuals*, Oxford: Blackwell, 1973, pp. 48-52, 84-95。在其他方法论文献中,因果意义上的可比性假定还可称作:可忽略性(ignorability)、控制条件下的无混杂性(conditional unconfoundedness)、可识别假定(identifying assumption)、因果意义上的不可区分性(causal indistinguishability)、可交换性(exchangeability)、基于可观察变量选择(selections on observables),以及下文论述的单元同质性或条件独立性假定等。

② 关于实验性研究与观察性研究的区别,可参见 Paul R. Rosenbaum, *Observation and Experiment: An Introduction to Causal Inference*, Cambridge: Harvard University Press, 2017, pp. 65-99。

③ Henry E. Brady and David Collier, eds., *Rethinking Social Inquiry: Diverse Tools, Shared Standards*, 2nd ed., Lanham: Rowman and Littlefield, 2010, pp. 40-43。

④ 当同样的自变量通过不同因果机制导致了同样的结果,或者通过不同因果机制导致了不同的结果时,机制异质性问题就出现了,参见 Derek Beach and Rasmus Brun Pedersen, *Process-Tracing Methods: Foundations and Guidelines*, 2nd ed., Ann Arbor: University of Michigan Press, 2019, pp. 77-81。

甲和孩童乙的身高存在显著差异（如甲高于瓮,而乙高不及瓮）,那么孩童甲就可能爬瓮自救,从而干扰"持石破瓮导致孩童获救"的因果推断。我们比较熟悉的其他条件不变假定有时就暗含单元同质性假定。① 例如,假定其他变量恒定不变,即大人没有及时来救援、瓮中有足量的雨水、落水孩童无法自救等条件均没有发生改变,孩童甲或孩童乙在"持石破瓮"这一取值相同的变量作用下应该都能呈现"孩童获救"这一相同的结果。换言之,由于信息不完全,我们只能将自变量与已知的其他变量隔离开来,在确保其他变量恒定不变的情况下识别自变量的因果效应。

不难发现,单元同质性是非常强的假定,在观察性研究中往往难以满足。在此情况下,我们需要诉诸**条件独立性**(conditional independence)假定。在实验性研究中,借助随机分配实现的实验控制可以确保自变量赋值过程完全独立于因变量。在观察性研究中,往往存在某些可观察或不可观察的混杂变量,既影响自变量的赋值过程又影响因变量取值,致使二者不独立,这时候就需要施加控制。条件独立性假定要求在控制混杂变量的条件下,自变量的赋值过程独立于因变量,即因变量取值不会影响自变量取值,否则就会出现内生性问题。② 例如,从孩童甲"获救"无法推知是否有人持石破瓮。在观察性研究中,我们往往要借助统计控制或者比较控制来实现因果意义上的可比性。③遗憾的是,条件独立性假定在观察性研究中也难以满足,尤其是遗漏了某些理应加以控制的变量时,这一假定更难实现。尽管如此,研究人员仍可利用既有理论和经验数据尽可能合理地说明这些假定及其可能给因果推断带来的不确定性。④

---

① Paul W. Holland, "Probabilistic Causation Without Probability," in Paul Humphreys, ed., *Patrick Suppes: Scientific Philosopher*, Heidelberg: Springer, 1994, p. 267.
② Henry E. Brady and David Collier, eds., *Rethinking Social Inquiry: Diverse Tools, Shared Standards*, 2nd ed., Lanham: Rowman and Littlefield, 2010, pp. 44-49, 70-76, 172-177.
③ Arend Lijphart, "The Comparable-Cases Strategy in Comparative Research," *Comparative Politics Studies*, Vol. 8, No. 2, 1975, pp. 158-177.
④ Gary King, et al., *Designing Social Inquiry: Scientific Inference in Qualitative Research*, Princeton: Princeton University Press, 1994, p. 91.

二、构建因果解释的方法

遵循一定的原则和假定,研究人员可以借助特定的方法来构建合理的反事实,从而克服或缓解因果推断的根本难题。鉴于统计方法和实验方法在其他著作中均有更为全面详细的介绍①,本部分将重点阐述如何在案例研究中构建合理的反事实以及如何追踪可靠的因果机制。需要说明的是,无论是构建反事实还是追踪因果机制,构建因果解释时均要满足以下两个共通的前提:一是研究人员已经找到明确真实的研究问题,即清晰准确地测量研究问题所涉及的因变量,尤其是明确因变量的变化范围和极值(参见第三章);二是研究人员能够根据因果关系的要义确立并清晰界定自变量,特别注意不宜出现复合(compound)变量。②

有学者提出非均势核威慑是冷战后东亚维持和平的核心原因。这里有待解释的是东亚和平,作者给出的定义为:"和平"是指没有战争的状态,而非绝对没有军事摩擦的状态。其中"战争"是指有一定规模的军事暴力行为,而不是小规模的军事摩擦。非均势核威慑则是解释结果的自变量,作者给出的定义是:"非均势"是指地区实力对比格局呈现非均衡态势,主要是指双方或多方总体军事实力不在同一等级;"核威慑"则是指双方具有有效威慑对方的战略核武器或核保护伞。不难看出,非均势核威慑这一变量具有潜在的可操纵

---

① 中文著作可参见胡安宁:《社会科学因果推断的理论基础》,北京:社会科学文献出版社2015年版;苏毓淞:《倾向值匹配法的概述与应用:从统计关联到因果推论》,重庆大学出版社2017年版;任莉颖:《用问卷做实验:调查-实验法的概论与操作》,重庆大学出版社2018年版;胡安宁:《应用统计因果推论》,上海:复旦大学出版社2020年版。外文著作繁多,此处不做赘述。

② 关于复合变量的问题及其解决办法,参见 Thad Dunning, *Natural Experiments in the Social Sciences: A Design-Based Approach*, Cambridge: Cambridge University Press, 2012, pp. 300–302; Gary King, et al., *Designing Social Inquiry: Scientific Inference in Qualitative Research*, Princeton: Princeton University Press, 1994, pp. 188–189, 193–195。

性,可以有不同取值,但这个自变量杂糅了实力对比和核武器两个变量,实际上成了一个复合变量,这使得我们难以判断究竟是实力对比还是核武器维持了东亚和平。

(一)构建反事实

案例研究是基于观察性数据的非实验性研究。由于面临变量太多而案例太少的挑战,案例研究能否做出以及如何做出因果推断一直饱受质疑和争议。这些质疑和争议来源于三个方面:一是案例研究长期依赖分析性归纳。虽然密尔方法的引入推动案例研究转向受控比较[1],但也带来难以有效应对的困扰(如概然性、交互效应、遗漏变量等)[2]。二是以频率论统计来指导和评判案例研究,认为案例研究存在"自由度缺失"、独立性缺乏等问题。[3]三是以往案例研究侧重基于变量相关性来探求规律性因果,但仅发现相关性并不能准确推断因果关系。不过,以反事实或机制来定义因果关系改变了对案例研究的传统认识,研究人员得以逐步摆脱相关性研究,开始注重在案例研究设

---

[1] Adam Przeworski and Henry Teune, *The Logic of Comparative Social Inquiry*, New York: John Wiley & Sons, 1970; Arend Lijphart, "Comparative Politics and the Comparative Method," *American Political Science Review*, Vol. 65, No. 3, 1971, pp. 682-693; Arend Lijphart, "The Comparable-Cases Strategy in Comparative Research," *Comparative Politics Studies*, Vol. 8, No. 2, 1975, pp. 158-177. 实际上,密尔在表述其探求因果关系的五条规则时,谨慎地使用"仅有一个"(only one)、"独自地"(alone)、"除一个外,其他所有"(every…in common save one)、"任何"(any)等限定词,并认为运用其方法需满足严苛条件,反对将这些方法移用于非实验性研究。参见 John Stuart Mill, *A System of Logic, Ratiocinative and Inductive*, 8th ed., New York: Harper & Brothers, Publishers, 1882, pp. 278-291.

[2] Stanley Lieberson, "Small *N*'s and Big Conclusions: An Examination of the Reasoning in Comparative Studies Based on a Small Number of Cases," *Social Forces*, Vol. 70, No. 2, 1991, pp. 307-320; Stanley Lieberson, "More on the Uneasy Case for Using Mill-Type Methods in Small-*N* Comparative Studies," *Social Forces*, Vol. 72, No. 4, 1994, pp. 1225-1237; Jasjeet S. Sekhon, "Quality Meets Quantity: Case Studies, Conditional Probability and Counterfactuals," *Perspectives on Politics*, Vol. 2, No. 2, 2004, pp. 281-293.

[3] 这类批评实际上误解了案例研究自身特有的因果推断逻辑,参见 Gary King, et al., *Designing Social Inquiry: Scientific Inference in Qualitative Research*, Princeton: Princeton University Press, 1994, pp. 208-230; Alexander L. George and Andrew Bennett, *Case Studies and Theory Development in the Social Sciences*, Cambridge: MIT Press, 2005, pp. 28-34; James Mahoney, "Mechanisms, Bayesianism, and Process Tracing," *New Political Economy*, Vol. 21, No. 5, 2016, pp. 493-499.

计中构建反事实和追踪因果机制,以此重构并发展了运用案例进行因果推断的方法。(见表5.2)

表 5.2 案例研究中常见的因果推断方法①

	单个案例	两个或多个案例
规律性因果	案例内比较;相符性分析	共变法;求同法
反事实因果	(比较)反事实分析	求异法或最相似案例法;受控比较;合成控制法
因果机制	(贝叶斯)过程追踪	比较过程追踪

以反事实定义因果关系从研究设计上推动了通过案例研究进行因果推断的革新。② 当案例数量较小时,反事实框架的启示是,不应随意挑选两个原因或结果存在差异的案例进行研究,而应寻找在可能影响因果关系的因素上最为相似的成对案例,或者借助匹配法来挑选与特定个案相匹配的案例,由此获得的案例才能作为理想的反事实案例。③当案例只有一个时,可考虑使用"思想实验"式的反事实分析,即设想一个经验上不存在但可能发生的反事实案例,并借此推断特定个案中的因果关系。具体而言,其核心思路是:给定一个真实案例("控制组"),假设某个作为潜在原因的变量不存在或者取值变化,分析这个给定案例的结果是否依然会出现或者将发生怎样的变化("实验

---

① 此处没有涉及以下案例研究方法:(1)现象学、建构主义等非实证主义取向的案例方法,如深描、叙事和拓展个案法等;(2)将因果机制理解为中介变量或序列/过程的案例方法,如路径分析或比较历史分析等;(3)虽涉及反事实分析但本质上强调因果复杂性和组态效应的定性比较分析。关于表5.2中案例研究与因果推断方法的详细介绍,参见 Ingo Rohlfing, *Case Studies and Causal Inference: An Integrative Framework*, Basingstoke: Palgrave Macmillan, 2012; Joachim Blatter and Markus Haverland, *Designing Case Studies: Explanatory Approaches in Small-N Research*, Basingstoke: Palgrave Macmillan, 2012。

② 相关讨论参见 Jason Seawright, *Multi-Method Social Science: Combining Qualitative and Quantitative Tools*, Cambridge: Cambridge University Press, 2016, pp. 192–207; Gary Goertz, *Multimethod Research, Causal Mechanisms, and Case Studies: An Integrated Approach*, Princeton: Princeton University Press, 2017, pp. 245–269。

③ John Gerring, *Case Study Research: Principles and Practices*, 2nd ed., New York: Cambridge University Press, 2007, pp. 130–144; Richard A. Nielsen, "Case Selection via Matching," *Sociological Methods & Research*, Vol. 45, No. 3, 2016, pp. 569–597.

组")(见图 5.8)。不难发现,构建反事实案例至少要满足三个标准,即清晰、可比较以及可检验。①

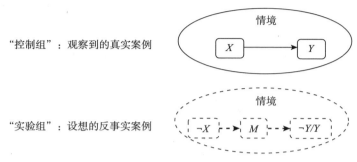

图 5.8　案例研究中的"思想实验"——反事实分析

第一,清晰。明确说明真实案例中哪个自变量可能发生变化,从而具备构建反事实案例的可能性。具体而言,在设想的反事实案例中,研究人员必须明确说明自变量的取值变化、相应引起的因变量变化以及自变量变化导致因变量变化的因果链。在研究实践中,一个清晰的反事实陈述往往体现为自变量或因变量的精确性(precision)高,而提高变量精确性的主要方法包括明确概念外延、阐明事件特征以及列举具体事例等。不过,反事实陈述的精确性越高,其合理性(plausibility)可能越低。研究人员需要根据研究问题、目标和数据寻找两者之间的最佳平衡点。

2000 年 11 月,小布什战胜戈尔当选美国总统。2003 年 3 月,小布什发动了推翻萨达姆政权的伊拉克战争。在这个真实案例中,我们关心的是小布什当选总统对美国发动伊拉克战争的影响。相应的反事实案例可以有两个:一是"如果戈尔当选总统,美国就不会发

---

① 此处主要参考以下论著的相关内容:Richard Ned Lebow, *Forbidden Fruit*: *Counterfactuals and International Relations*, Princeton: Princeton University Press, 2010, Chapter 2; Jack S. Levy, "Counterfactuals, Causal Inference, and Historical Analysis," *Security Studies*, Vol. 24, No. 3, 2015, pp. 378-402; James Mahoney and Rodrigo Barrenechea, "The Logic of Counterfactual Analysis in Case-study Explanation," *The British Journal of Sociology*, Vol. 70, No. 1, 2017, pp. 306-338。

动伊拉克战争";二是"如果戈尔当选总统,美国仍然会发动伊拉克战争"。在第二个反事实案例中,可能的因果链条是:如果戈尔当选总统,戈尔会任命鹰派的国家安全团队,"9·11"后美国仍会对伊拉克采取强势外交,督促联合国核查小组进驻伊拉克,有关大规模杀伤性武器的情报错误仍会出现,错误情报误导戈尔及其国家安全团队,美国仍会争取国内民众和盟友支持以发动伊拉克战争。①

第二,可比较。遵循"最小重写规则"尽可能减少对真实案例的修改,确保反事实案例和真实案例具有因果意义上的可比性。换言之,除自变量发生变化之外,反事实案例与真实案例在其他可能影响因果关系的变量方面应尽可能保持一致。为此,研究人员往往选择处在关键节点的小事件或偶然事件作为构造反事实案例的切入点。② 不过,由于真实案例中变量关系紧密,即便是小事件或偶然事件的改变,或多或少也会引起其他相关变量的变化。因此,研究人员需明确说明这些潜在变化对反事实案例和真实案例的可比性造成的影响。

在小布什发动伊拉克战争这一真实案例中,处在关键节点的小事件是 2000 年美国总统选举中小布什和戈尔谁能获胜当选。为此,有学者考虑的反事实是"如果戈尔当选总统,美国就不会发动伊拉克战争",以试图证明哪位候选人当选总统会直接影响美国是否发动伊拉克战争。不难发现,这一变化对真实案例修改相对较少,因为小布什和戈尔都参加了 2000 年美国总统大选,并且两人在选举人团票和选民票得票率上非常接近,所以设想戈尔当选总统是非常现

---

① 本章有关伊拉克战争的反事实案例,均参考 Frank P. Harvey, *Explaining the Iraq War: Counterfactual Theory, Logic and Evidence*, Cambridge: Cambridge University Press, 2011; Frank P. Harvey, "'What If' History Matters? Comparative Counterfactual Analysis and Policy Relevance," *Security Studies*, Vol. 24, No. 3, 2015, pp. 413-424。

② Giovanni Capoccia and Kelemen R. Daniel, "The Study of Critical Junctures: Theory, Narrative, and Counterfactuals in Historical Institutionalism," *World Politics*, Vol. 59, No. 3, 2007, pp. 341-369。

实的。如果我们设想美国国会垄断对外战争权的反事实案例,则对小布什发动伊拉克战争的真实案例修改较大,因为要改写美国宪法甚至美国总统与国会战争权之争的历史。不过,尽管设想戈尔当选美国总统的反事实案例符合最小重写原则,研究人员仍要考虑由此带来的相关变化及其影响,如选择不同国家安全顾问或执政团队的影响等。

第三,可检验。尽管反事实案例是在可能世界中构建的,但反事实分析仍要求进行严谨的经验分析,而不能仅仅停留在单纯的逻辑推理层面。为此,研究人员需根据反事实案例中的因果解释,推导出可供经验事实检验的假设,有时还要考虑竞争性解释。也就是说,研究人员应尽可能立足经验事实来检验反事实案例的合理性,经验证据的数量和质量都会影响反事实分析的有效性。

为了检验"如果戈尔当选总统,美国仍然会发动伊拉克战争"的反事实陈述,有学者详细阐述了反事实案例中戈尔当选美国总统与美国发动伊拉克战争之间的因果链条。在此基础上,还广泛考察了相关经验事实依据,包括戈尔及其可能执政团队成员的演讲和声明、戈尔可能任命的安全顾问和情报官员的政策立场,反映戈尔个性、政治信念和决策风格的事实依据等。更为重要的是,这些学者还创造性地使用比较分析同时检验了两种竞争的反事实解释,以确定哪个更为合理。研究表明,无论小布什还是戈尔当选美国总统,美国所面临的结构压力都将导致美国发动伊拉克战争。

(二)构建因果机制

除了构建反事实之外,明确因果机制也是案例研究做出因果推断的重要途径,尤其在以下两种情况下更为必要,即不清楚个案中的特定结果为何发生,或者无法确定跨案例的变量之间的共变关系是否为因果关系。前文指出,**因果机制**是指一系列紧密关联的实体(及其属性)和活动,它们之间前后接续的生成性过程能够有规律地促使原因产生结果。其中,具备某种属性的实体对于特定活动而言是必要的,而特定活动只有在实体具备某种属性时才可能发生,实体的活动能够转换能量、传递信息或产生因果力,并因此成为机制生成的要素。[1] 正如此前指出的,因果机制既不是(一个或一连串的)中介变量,也不是经验事件的排列组合[2],其关注的核心在于连接原因与结果的生成机制及其过程。

因此,基于机制的因果解释需说明因果机制发生的情境、因果链条的联结逻辑,以及因果过程前后接续的生成性(productive continuity),即前一个实体的活动如何有规律地引起后一个实体的活动,由此联结构成的因果机制驱动或是抑制结果的出现。当前研究实践中,发现和确立因果机制较为普遍的做法是运用基于批判实在论的**回溯法**和基于贝叶斯逻辑的**过程追踪法**[3]。具体而言,确定因果机制通常包括三个步骤,即明确触发机制的情境或条件、确定实体及其活动以及说明各个实体及其活动之间的联结逻辑。

---

[1] 对因果机制更为详尽的阐释,参见 Carl F. Craver and Lindley Darden, *In Search of Mechanisms: Discoveries across the Life Sciences*, Chicago: University of Chicago Press, 2013, Chapter 2; Stuart Glennan, *The New Mechanical Philosophy*, Oxford: Oxford University Press, 2017, Chapter 2; Marie I. Kaiser, "The Components and Boundaries of Mechanisms," in Stuart Glennan and Phyllis McKay Illari, eds., *The Routledge Handbook of Mechanisms and Mechanical Philosophy*, London: Routledge, 2018, pp. 116-130。

[2] 以逻辑等式表示,因果机制=部分$_1$→部分$_2$→…→部分$_n$=实体$_1$*活动$_1$→实体$_2$*活动$_2$→…→实体$_n$*活动$_n$,或者 $CM = E_1 * A_1 \rightarrow E_2 * A_2 \rightarrow \cdots \rightarrow E_n * A_n$,其中,星号(*)表示逻辑与关系,箭头(→)表示连续生成。参见 Derek Beach and Rasmus Brun Pedersen, *Process-Tracing Methods: Foundations and Guidelines*, 2nd ed., Ann Arbor: University of Michigan Press, 2019, p. 70。把因果机制理解为经验事件的排序或过程,可参见 C. Tilly, "Mechanisms in Political Processes," *Annual Review of Political Science*, Vol. 4, 2001, pp. 21-41; Doug McAdam, Sidney Tarrow and Charles Tilly, "Methods for Measuring Mechanisms of Contention," *Qualitative Sociology*, Vol. 31, No. 4, 2008, pp. 307-331。

[3] 关于贝叶斯过程追踪法(Bayesian process tracing)的介绍,参见 Derek Beach and Rasmus Brun Pedersen, *Causal Case Study Methods: Foundations and Guidelines for Comparing, Matching and Tracing*, Ann Arbor: University of Michigan Press, 2016, pp. 182-224; James Mahoney, "Mechanisms, Bayesianism, and Process tracing," *New Political Economy*, Vol. 21, No. 5, 2016, pp. 493-499; Tasha Fairfield and Andrew E. Charman, "Explicit Bayesian Analysis for Process Tracing: Guidelines, Opportunities, and Caveats," *Political Analysis*, Vol. 25, No. 3, 2017, pp. 363-364。

第一,明确触发机制的情境或条件。情境本身不是因果机制的一部分,也不能解释结果为何发生,但因果机制发挥作用无法脱离特定的情境。[①](见图5.9)一旦相应情境缺失,因果机制可能会失灵甚至无法解释相应结果为何发生。例如,汽车移动主要源于动力机制,而提供动力的发动机要在常温常压环境下运行。在低温低压环境中,由于缺乏燃烧反应所需的足够氧气,发动机会因动力不足而无法驱动汽车。尽管如此,人们通常不会认为常温常压环境是汽车移动的原因,这些因素只是作为动力机制生效的情境或条件。

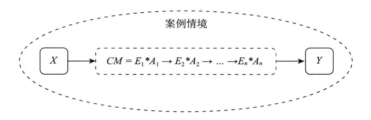

图 5.9 案例情境与因果机制

有学者发现,利益分配和权力竞争与 A 国在 B 国投资项目成败相关。为了进一步确立可能存在的因果机制,两位学者经过探索提出,当地社区的社会抗议对投资项目实施产生影响主要依赖两个机制,即破坏机制和说服机制;而反对派政治合作发挥作用主要通过杠杆效应(leverage)和联系(linkage)效应。上述两组因果机制能够发挥作用都有赖于 B 国民主化这一政治情境。具体而言,B 国军政府向民选政府移交权力后,民选政府对社会抗议的回应性和容忍度增加,反对派参与和影响决策的机会增大,为政治与社会联盟的分化组合创造了条件。

---

① Tulia G. Falleti and Julia F. Lynch, "Context and Causal Mechanisms in Political Analysis," *Comparative Political Studies*, Vol. 42, No. 9, 2009, pp. 1143–1166.

第二,确定实体及其活动。实体及其活动对于因果机制而言缺一不可。例如,对于汽车驱动机制而言,操作或制动系统并不是不可或缺的部分,发动机和传动系统才是必要的部分,其中发动机提供动力、传动轴传递动力,这些实体活动相对稳健并规律性地产生变化(传动轴以一定速度自转),驱动着车轮持续旋转、汽车持续移动。因此,研究人员需要借助相关理论文献或案例知识,明确因果机制具体由哪些部分构成,每个部分涉及哪些实体和活动,这些实体的活动是否产生以及产生何种规律性变化。① 在这一过程中,研究人员既要防止遗漏重要的实体和活动,也要避免增添不必要的实体和活动。

有学者发现,A 国在 B 国投资项目扎根于当地政治社会的权力与利益网络之中,涉及党派、社会组织、跨国公司、媒体、社区居民等利益相关方。借鉴社会抗争和政党竞争理论并结合投资案例的具体细节,学者们最终确定项目公司与当地社区、执政党与反对派两组实体及其活动作为因果机制的关键部分,而其中一个实体活动的序列体现在:项目公司不分享投资利益,当地社区抗议投资项目,执政党争取反对派合作,反对派支持投资项目,投资项目最终得以完成建设。

第三,说明各个实体及其活动之间的联结逻辑。因果机制不是实体和活动的简单叠加或任意排列,因此,明确因果机制的关键在于揭示因果机制的内在联系方式。例如,汽车移动不可能源于孤立的发动机和车轮,而是有赖于传动轴将发动机、分动器与驱动桥连接起来。这样一来,发动机提供的动力才能借助分动器进行分配,并通过中间的传动轴传递给驱动桥,驱动桥再将动力传输给车轮,车轮获得驱动力而旋转使得汽车移动。因此,要明确因

---

① Phyllis Illari and Jon Williamson, "What is a Mechanism? Thinking about Mechanisms across the Sciences," *European Journal for Philosophy of Sciences*, Vol. 2, No. 1, 2012, pp. 119-135.

果机制,研究人员需清晰说明不同实体的活动是如何在时间、空间以及因果意义上得以组织和联系起来的,在因果机制图中则表现为具体说明箭头代表的关系性质、强度和方向。①

　　有学者发现,利益分配会影响 A 国在 B 国投资项目实施结果。通过案例过程追踪进一步发现,相关影响不仅源自因果机制与情境的互动,而且与因果机制内实体活动如何组织联系密切相连。具体而言,因果机制分为项目公司与当地社区互动以及执政党与反对派互动两大连锁部分:(1)当项目公司分享投资利益,当地社区给予社会许可时,这部分实体的活动足以保证投资项目顺利实施。(2)当项目公司不分享投资利益,当地社区发起社会抗议时,这部分实体的活动在不同情境(反对派是否合作)下会触发其他实体的活动:①若执政党无法争取反对派合作甚至遭遇反对派对抗,这部分实体的活动会起到"催化"作用,进一步强化社会抗议的破坏和说服机制,导致投资项目难以顺利实施;②若执政党争取到反对派合作,执政党与反对派的良性互动会对社会抗议起到"抑制"作用,特别是反对派合作带来的可信承诺更有助于抵消社会抗议的破坏和说服作用,投资项目因此可顺利实施。(具体因果机制图参见图 5.10)

需要说明的是,在解释同一经验现象时,研究者提出的因果机制既可以涉及宏观机制,也可以涉及微观机制。例如,就汽车移动而言,宏观层面的机制涉及发动机、传动轴和驱动桥之间的联系作用,而微观层面的机制是发动机内部的燃烧反应。此外,构建基于因果机制的解释时,还有两点不可忽视:

---

① 具体来讲,不同实体的活动可能存在建构性或因果性、决定性或概然性、必要性或充分性、"逻辑与"或"逻辑或"等多种联结逻辑。相关讨论可参见 Gary Goertz, *Social Science Concepts*: *A User's Guide*, Princeton: Princeton University Press, 2006, pp. 53 – 65; Rosa Runhardt, "Tracing the Productive Continuity of Social Mechanisms," *Qualitative & Multi-Method Research*, Vol. 14, No. 1/2, 2016, pp. 22–28.

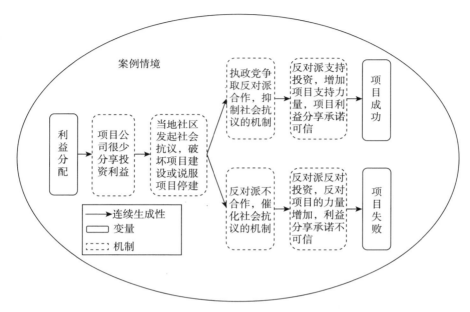

图 5.10　因果机制图——A 国在 B 国投资项目成败的逻辑

第一,因果机制不能还原为变量。对于变量,我们要问的是:"其有哪些取值或其是如何变化的?"而对于机制,我们要问的是:"其是否被激活以及是如何运行的?"孤立的实体或活动可成为变量,但只有实体与活动相结合才是机制。[1] 例如,汽油和氧气是变量,二者结合产生的燃烧反应是机制,含氧量的多少或汽油纯度的高低会影响燃烧反应的速度快慢,但不会决定燃烧反应机制是否存在。第二,因果机制的运作蕴含过程,但仅涉及时序的过程并不等同于因果机制。[2]例如,"旋钮点火,松离合,踩油门,汽车启动"这一解释说明了时序过程,但并不涉及因果机制,因而也就不能把类似的过程分析当作基于机制的因果解释。

---

[1]　Phyllis Illari and Federica Russo, *Causality*: *Philosophical Theory Meets Scientific Practice*, Oxford: Oxford University Press, 2014, pp. 132-133.

[2]　Tulia G. Falleti and James Mahoney, "The Comparative Sequential Method," in James Mahoney and Kathleen Thelen, eds., *Advances in Comparative-Historical Analysis*, Cambridge: Cambridge University Press, 2015, pp. 211-239.

第三节　提出因果假设

国际关系研究提出因果解释的目的在于构建解释现象及其规律的理论。抽象层面的理论可以借助概念和命题表示①，在操作层面则需提出明确变量间关系的因果假设。因果假设是连接因果解释或理论与经验事实的桥梁(见图5.11)，关乎因果解释或理论的经验解释力，即因果解释或理论能够推导出多少可供检验的假设，以及这些假设能否获得经验事实支持。②

图5.11　理论、因果解释、因果假设与经验事实的关系

一、研究假设的含义

研究假设是研究问题尚未得到检验的预想答案，或者可以界定为有待确证或反驳的对事实或事物性质以及相互关系的暂时性断言。③ 从操作层面来看，研究假设就是对两个变量间关系性质的推断性陈述，获得经验事实支持的研究假设才能成为研究结论。

---

①　乔纳森·H.特纳:《社会学理论的结构(第七版)》(邱泽奇、张茂元等译)，北京:华夏出版社2006年版，第5—18页。
②　陈小鼎:《结构现实主义的理论评估及其发展》，北京:中国社会科学出版社2013年版，第53页。
③　唐·埃思里奇:《应用经济学研究方法论(第二版)》(朱钢译)，北京:经济科学出版社2007年版，第61页。

根据相互依赖和平理论可以提出两个研究假设。

研究假设1：如果两国经济相互依赖水平高，那么两国之间发生战争的可能性会更小。

研究假设2：如果两国经济相互依赖水平高，那么两国之间发生战争的可能性会更大。

检验方法：大样本统计分析（略）

研究结论：统计分析表明，在平均意义上，两国的经济相互依赖水平越高，两国越不可能发生战争。研究假设1得到确证，而研究假设2没有得到确证。

需要说明的是，研究假设（hypothesis）不是**研究假定**（assumption）。假设是研究问题尚未得到检验的答案，而假定则是研究人员设定为真的前提，在研究过程中不再质疑其真伪。研究假定是逻辑推理和理论建构的基础，因而其基本要求是：首先，假定要保持内在的逻辑自洽；其次，假定一旦确立，无须再进行经验检验，但这并不意味着假定就不应受到质疑。[1] 正如有科学家指出的："所谓科学研究者，如黑夜入深室以手探物，亦若盲人论象。若不加假定，则探索殊难措手。若尽信假定，则不免堕入歧途。"[2]因此，研究人员应合理对待假定在科学研究中的作用，使之更好地服务于理论建构。

在《权力与相互依赖》一书中，基欧汉和奈对现实主义基本假定提出质疑，进而确定了复合相互依赖理论的三个基本假定：（1）各社会之间存在多渠道联系；（2）国家间议题没有等级之分，军事安全并非始终是首要议题；（3）军事力量起着次要作用。然后根据这些假定提出了解释国际机制变迁的新模式。在《霸权之后》一书中，基欧

---

[1] 对假定提出质疑或挑战往往是理论建构和理论发展的一条可能路径，如国际关系学界对无政府状态假定的质疑或挑战推动了等级制理论的构建，对理性假定的质疑或挑战催生了国际政治的关系理论。

[2] 李四光：《清水涧页岩之层位》，《地质论评》1937年第2卷第4期，第318页。

汉转而承认无政府状态是国际体系的基本特征、国家是单一的理性行为体等假定。这些变化为构建制度自由主义理论,以更为简约科学地解释国际合作奠定了基础。因此,学者接受、质疑、挑战甚至推翻特定假定并无一定之规,核心目标是促进理论创新。①

与研究假定不同,在科学研究中,研究假设必须能够接受经验事实的检验。有学者提出,研究假设需满足五个要求:(1)概念明确而具体;(2)经验上是可检验的(testable);(3)适用范围有所界定;(4)与有效观测技术相联系;(5)与一般理论相关联。② 在这五项要求中,经验上可检验是研究假设最为核心的特征,其他四项要求或多或少都与经验检验相关,目的都是确保最终得出的研究结论在经验上具有可证伪性。研究假设的可证伪性,要求研究人员能够阐明假设具有出错的可能性。为此,研究假设须满足以下条件:(1)假设适用范围明确;(2)涉及自变量或因变量的操作化与测量清晰;(3)假设的经验蕴涵具体多样;(4)假设本身不存在套套逻辑(tautology)和辩证逻辑。

"力量均衡是国际和平的基础"这一研究假设,是基于对一战前欧洲和平的认识提出来的。这个研究假设可依据国际关系现实变化进行检验。例如,冷战时期,美苏军事力量处于均衡状态,国际和平得以保持,这一经验事实支持了上面的研究假设;但是冷战后,美苏军事力量处于失衡状态,国际和平仍得到了保持,这一经验事实否定了上面的研究假设。不论检验结果确证还是否证了研究假设,都说明这一研究假设在经验上是可检验的。

---

① Robert O. Keohane and Joseph S. Nye, Jr., *Power and Interdependence*, 4th ed., New York: Pearson, 2011; Robert O. Keohane, *After Hegemony: Cooperation and Discord in the World Political Economy*, Princeton: Princeton University Press, 1984.

② 袁方主编:《社会研究方法教程(重排本)》,北京大学出版社 2013 年版,第 92 页;Janet B. Johnson, H. T. Reynolds and Jason D. Mycoff, *Political Science Research Methods*, 8th ed., Toronto: CQ Press, 2016, pp. 111-116。

既然经验上的**可检验性**(testability)是研究假设的核心特征,那么,什么样的研究假设是不可检验的呢? 我们知道,研究假设是明确而具体的经验陈述。因此,以下两类研究假设通常不可检验:概念模糊不清或充满歧义;涉及价值判断而非事实判断。涉及事实判断的研究假设之所以能被经验检验,是因为其以规律合理性为前提,而人们对客观规律有共识,因此以客观规律为检验标准判断假设是否与经验一致较为容易。涉及价值判断的规范假设常常以价值合理性为前提,而不同人的价值标准往往不一致,导致人们难以用统一的标准检验规范假设。

概念模糊不清的假设不可检验。"国家伟大是国际和平的基础"这一假设难以用经验事实检验,因为"国家伟大"的概念较为模糊。国家可因其凭借军事优势征服他国被认为伟大,也可以因在军事劣势下进行反侵略斗争被认为伟大。富国因创造了多于他国的财富被认为伟大,穷国则可因其与贫困作斗争而被认为伟大。

涉及价值判断的假设不可检验。"爱好和平是正义的,因此国家应该维护世界和平"这个假设中爱好和平是价值标准,不同文化背景的人对此理解并不一样,因此每个国家都可以说自己的行为是维护和平的。如2003年美国发动伊拉克战争说是为了和平,欧洲国家反对美国打击伊拉克也说是为了维护世界和平。

因果假设是科学假设的一种类型,具体指的是关于事物之间因果关系的暂时性断言。从操作层面来看,因果假设是对两个变量间因果关系的推断性陈述,其常见的标志词有"导致""引起""如果……,那么……"等。除了满足研究假设的五项基本要求之外,研究人员在提出因果假设时还需满足以下两项特殊要求:(1)明确因果假设的变量。一个因果假设通常只包含一个自变量与一个因变量。一因多果的假设表明研究问题不够明确,而一果多因的假设容易混淆真正的原因。(2)明确因果假设的方向性。与相关关系不同,因果关系是有明确方向的,即原因发生在结果之前。因此,研究人员要清晰陈述自变量与因变量的方向性,避免提出互为因果的假设。①

  一果多因的假设:霸权国的实力和权威会影响国际稳定。

  一因多果的假设:霸权国实力既会影响国际政治稳定,也会影响国际经济发展。

  方向模糊的因果假设:霸权国实力与大国间武装冲突存在因果联系。

  方向明确的因果假设:霸权国相对实力越强,大国间武装冲突频数就越低。

  关于因果机制的假设不仅需满足因果假设的要求,同时应聚焦于自变量导致因变量的机制及其过程,尝试回答"因果机制究竟如何运作"这一基本问题,其特殊的标志词是以名词(nouns)表征的实体和以动词(verbs)表征的活动,而非具有不同取值的变量。② 具体而言,在提出关于因果机制的假设时,研究人员需详细阐述有待检验的因果机制,主要包括:(1)在何种情境或条件下机制会被触发;(2)可能包含哪些实体及其活动;(3)这些不同的实体及其活动如何组织和联系起来,从而有规律地产生相应的结果。

  石油资源是否会影响族群冲突?有学者认为,石油的族群地理分布能够引起或加剧族群冲突。在确立这一因果假设之后,两位学者进一步提出了关于因果机制的核心假设,即"在其他条件不变的情况下,当少数族群聚居区的核心领地发现石油时,这一少数族群将会倾向反抗由多数族群主导的中央政府,而中央政府则会强化对

---

① 有学者提出,一个好的因果假设应满足自变量具有可操纵性、因果路径清晰明确等五项要求,参见 John Gerring and Dino Christenson, *Applied Social Science Methodology*: *An Introductory Guide*, Cambridge: Cambridge University Press, 2017, pp. 89–95; William R. Shadish, Thomas D. Cook and Donald T. Campbell, *Experimental and Quasi-experimental Designs for Generalized Causal Inference*, 2nd ed., Boston: Houghton Mifflin Company, 2001, pp. 7–9。

② 相关讨论,可参见 Derek Beach and Rasmus Brun Pedersen, *Process-Tracing Methods*: *Foundations and Guidelines*, 2nd ed., Ann Arbor: University of Michigan Press, 2019, Chapter 3。

少数族群的控制,由此导致族群冲突的升级"①。

为什么美苏两国在20世纪50年代积极分享核技术,但在60年代却转向推动防止核扩散?有学者认为,美苏两国的竞争性等级体系能够解释两国在核技术议题上的行为和政策转向。具体来讲,竞争性利益使得两个等级体系中的主导国倾向分享核技术,而共同利益则使得两个等级体系中的主导国倾向核不扩散。为了检验利益与核合作之间的因果关系,两位学者进一步提出了关于因果机制的核心假设:(1)羞辱或竞价机制:"当两个等级体系中的主导国存在竞争性利益时,其中一方的主导国会在附属国面前羞辱另一方的主导国,或者双方主导国会在附属国面前竞相开价,由此带来的等级体系间的议价会有利于附属国,附属国更容易获得核技术。"(2)等级间合作机制:"当两个等级体系中的主导国存在共同利益时,两方主导国会合作以规避附属国可能带来的风险,或者限制附属国可能获得的收益,由此带来的等级体系间的议价将不利于附属国,附属国更难以获得核技术。"②

二、建立因果假设

在明确因果假设的基本要求后,研究人员需根据既有理论和数据提出可检验的因果假设。在国际关系研究中,研究人员提出因果假设并非毫无章法③,一般而言,有三种基本方法可供选择,即经验归纳法、逻辑演绎法和溯因分析法。

---

① 熊易寒、唐世平:《石油的族群地理分布与族群冲突升级》,《世界经济与政治》2015年第10期,第87—88页。

② Jeff D. Colgan and Nicholas L. Miller, "Rival Hierarchies and the Origins of Nuclear Technology Sharing," *International Studies Quarterly*, Vol. 63, No. 2, 2019, pp. 310-321.

③ 就假设而言,科学方法基本上涉及提出假设和检验假设两大环节。有观点认为,提出假设需要有伟大的才智,离不开创造性想象,甚至要靠直觉、本能和猜测。本书并不否定这些非逻辑因素的作用,但此处更强调运用一定的逻辑和推理方法来提出假设。参见卡尔·G.亨普尔:《自然科学的哲学》(张华夏译),北京:中国人民大学出版社2006年版,第21—24页。

（一）经验归纳法

经验归纳法是指研究人员通过观察经验现象获得相关经验数据，在此基础上借助归纳推理提出可检验的因果假设。**经验归纳法**的基本操作步骤是：观察经验事实、归纳经验模式和提出因果假设。

观察经验事实：冷战时期中国与苏联、印度、越南因边界争端爆发武装冲突，与缅甸、巴基斯坦、尼泊尔等国家虽有边界争端但没有爆发武装冲突。

归纳经验模式：苏联、印度和越南等国不满现状、谋求权力，与中国发生武装冲突；缅甸、巴基斯坦、尼泊尔等国满足现状、追求安全，未与中国发生武装冲突。

提出因果假设：如果邻国是改变现状国家，那么双方之间更可能爆发战争；如果邻国是维持现状国家，那么双方之间不大可能爆发战争。

这些因果假设是否成立有待其他经验事实的检验。不过，需要强调的是，不能仅仅使用提出假设的经验事实检验假设，否则会削弱研究假设的可靠性和说服力。

经验归纳法主要借助完全归纳法和不完全归纳法两种推理形式。前者是在考察所有经验事实的基础上提出一般性研究假设；后者则是在考察部分经验事实的基础上提出一般性研究假设，具体又分为简单枚举法、类比归纳法和科学归纳法等方法。简单枚举法和科学归纳法的推理形式可参见图 5.12。[1]

---

[1] 每一种归纳法都有其推理形式和得以成立的严格要求，具体可参见江天骥：《逻辑经验主义的认识论 当代西方科学哲学 归纳逻辑导论》，武汉大学出版社 2012 年版，第 363—400 页。

S_1 是(或不是)P	S_1 是(或不是)P
S_2 是(或不是)P	S_2 是(或不是)P
……	……
S_n 是(或不是)P	S_n 是(或不是)P
($S_1,S_2,\cdots,S_n$ 是 S 类的部分对象,并且没有发现反例)	($S_1,S_2,\cdots,S_n$ 是 S 类的部分对象,并且与 P 有必然联系)
所以,所有 S 都是(或不是)P	所以,所有 S 都是(或不是)P
简单枚举法的推理形式	**科学归纳法的推理形式**

图 5.12　简单枚举法和科学归纳法推理形式对比

利用经验归纳法提出因果假设,需观察了解相关经验事实,具体途径主要包括两类:一是查阅文献,二是实地考察。查阅文献主要是根据历史档案、统计资料等电子或印刷出版物,了解相关经验事实并加以归纳,进而提出合理的因果假设。在国际关系学术共同体的努力下,历史档案和定量研究数据库不断更新和完善[①],研究人员须及时追踪了解并充分利用与自己研究相关的数据库,同时可根据需要建立适合自己研究问题的数据集,为提升研究质量奠定更为扎实的经验事实基础。

实地考察主要是进行调研访谈,了解相关事实并加以归纳,进而提出合理的因果假设。访谈的主要对象包括政策制定人士、相关领域专家学者以及事件亲身经历者等。

2016 年 7 月 8 日,韩美两国正式宣布在驻韩美军基地部署"萨德"反导系统。韩国国防部表示,部署"萨德"的目的在于防范朝鲜核武器、大规模杀伤性武器(WMD)以及弹道导弹威胁。为了了解韩国部署"萨德"的真正动因,研究人员可就此实地访谈韩国国内党派和利益集团的相关人员。当发现韩国国内执政党和反对派、军工集团和商业集团对部署"萨德"持不同意见时,研究人员可提出这样的

---

① 具体可参见本书第四章的相关内容。

因果假设:维持执政党的执政地位是韩国政府最终决定部署"萨德"的决定性因素。

此外,还可以将上述两种方法结合起来,归纳相关事实,提出合理的因果假设。

有国外学者试图研究改革开放后中国实力增长对其使用武力解决国际冲突倾向的影响。在阅读学术文献后,他发现,美国学界普遍认为实力增长会使中国更倾向使用武力解决国际冲突;在阅读了中国政府的有关文献后,他又发现,中国政府认为改革开放政策使中国逐步融入国际社会,这将削弱中国使用武力解决国际冲突的意愿。在此基础上,这位学者专门到北京和上海与中国学者座谈。他发现,中国学者与美国学界和中国官方的认识都不一样,他们特别强调国际冲突性质的影响。于是,这位学者提出假设,即中国使用武力解决国际冲突的倾向性,取决于国际冲突的性质而非实力增长或改革开放政策本身。①

在国际关系研究实践中,提出因果假设大多离不开观察反复出现的经验事实,进而尝试归纳出具有一般性的经验模式。不过,需要注意的是,与演绎推理不同,归纳推理是一种或然性推理,归纳推理的可靠性并非由推论依据或结论所决定,而是取决于推论依据对结论的支持力度。② 因此,使用经验归纳法时应尽可能掌握更多的经验事实,从而提高归纳强度,确保归纳出的一般性因果假设更具可信性。

(二) 逻辑演绎法

逻辑演绎法是指将一般性假定或理论作为前提,通过演绎推理提出可检

---

① Alastair Iain Johnston, "China's Militarized Interstate Dispute Behavior 1949-1992: A First Cut at the Data," *The China Quarterly*, Vol. 153, 1998, pp. 1-6, p. 29.
② 江天骥:《逻辑经验主义的认识论 当代西方科学哲学 归纳逻辑导论》,武汉大学出版社 2012 年版,第 339—343 页。

验的因果假设。**逻辑演绎法**的基本操作步骤是：确定前提、演绎推理和提出因果假设。

  确定前提：(1) 国际体系处于无政府状态；
      (2) 大国具备一定的进攻能力；
      (3) 大国永远无法确定其他国家的意图；
      (4) 生存是大国的首要目标；
      (5) 国家是理性行为体。
  演绎推理：(1) 大国彼此畏惧；
      (2) 大国寻求自助；
      (3) 大国追求权力最大化。
  提出因果假设：在无政府体系中大国之间将发生激烈的安全竞争。①

  常见的逻辑演绎法就是三段论推理（见图5.13），即以两个包含共同项的命题为前提推导出一个新的命题作为结论。实际运用中，三段论存在省略式或其他变体，但都可以还原为基本的推理形式。利用逻辑演绎方法提出因果假设的主要优势在于，"由前提的真可以逻辑地得出结论的真"。② 当然，这只能确保演绎得到的研究假设在形式上是正确的，内容上是否正确还有待经验事实的检验。

$$\frac{\text{所有 } M \text{ 是 } P，}{\text{所有 } S \text{ 是 } M；}$$
$$\text{所以，所有 } S \text{ 是 } P。$$

图 5.13 三段论的推理形式

---

① 约翰·米尔斯海默：《大国政治的悲剧（修订版）》（王义桅、唐小松译），上海人民出版社 2014 年版，第 34—35 页。
② 保证演绎推理的有效性必须同时满足"推理的前提是真实的"和"推理的形式是正确的"两个条件。参见江天骥：《逻辑经验主义的认识论 当代西方科学哲学 归纳逻辑导论》，武汉大学出版社 2012 年版，第 336—339 页。

逻辑演绎法通常是以一般性的公理或定理为前提来进行演绎推理的。尽管国际关系学很少有像自然科学那样普遍的公理或定理,但是国际关系理论不同范式内部都共享着一些有关人性、政治或社会实在等的基本假定。① 这些假定或明确或隐含,但对构建国际关系理论至关重要。因此,运用逻辑演绎法提出因果假设需熟悉社会科学的基础范式及其内在假定②,不同的假定组合往往会推导出不同的因果假设。例如,在上述行文中,如果把前提(3)改为大国一定程度上可以确定他国意图,即使其他四个假定不变也无法推出大国必然发生激烈安全竞争的假设。事实上,国际关系理论中的进攻性现实主义和防御性现实主义理论的核心区别就在于对国家意图的假定不一致。

(三) 溯因分析法

美国实用主义哲学家查尔斯·皮尔斯(Charles S. Peirce)认为,科学发现的逻辑既不是归纳推理,也不是演绎推理,而是能够引入新观念的溯因推理(abductive reasoning)。溯因推理的核心在于从已观察到的意外事实或结果出发,回溯性地构建并评估最有可能导致意外事实或结果发生的因果假设。简言之,**溯因就是对意外事实形成解释性假设的探究过程**。③ 需要强调的是,这

---

① 这方面的一个例证,可参见 John J. Mearsheimer, *The Great Delusion*: *Liberal Dreams and International Realities*, New Heaven: Yale University Press, 2018, Chapter 2。
② Tang Shiping, "Foundational Paradigms of Social Sciences," *Philosophy of the Social Sciences*, Vol. 41, No. 2, 2011, pp. 211–249.
③ Charles S. Peirce, "Three Types of Reasoning," in Charles Hartshorne, et al., eds., *The Collected Papers of Charles Sanders Peirce*, Volumes V: *Pragmatism and Pragmaticism*, Cambridge: Harvard University Press, 1935, pp. 105–107. 皮尔斯在同等意义上交替使用 hypothesis(假设)、hypothetic inference(假设推理)、abduction(溯因)和 retroduction(回溯)等词语,诚如本节下文所述,有些实在论者在解读皮尔斯的观点时认为,溯因侧重以一套新观念来理解经验现象,而回溯则注重从经验现象逆推出超验的条件、机制和结构以解释经验现象。皮尔斯明确阐述了溯因推理的基本形式,参见 Charles S. Peirce, "Pragmatism as the Logic of Abduction," in Nathan Houser, et al., eds., *The Essential Peirce*: *Selected Philosophical Writings*, *Volume 2 (1893–1913)*, Bloomington: Indiana University Press, 1998, p. 231。皮尔斯对溯因推理形式的其他阐释,参见 F. Bellucci and Ahti-Veikko Pietarinen, "Charles Sanders Peirce: Logic," *Internet Encyclopedia of Philosophy*, 2015, https://www.iep.utm.edu/peir-log/#H3,访问日期:2020年11月30日。

里所指的意外事实是既有理论和背景知识无法做出完满解释的事实,而不是偶然或随机产生的事实。(见图5.14)

> 观察到意外事实 E,
> 如果 H 为真,那么 E 就是理所当然的;
> _____
> 因此,有理由猜想(suspect) H 为真。

图 5.14 溯因分析法的推理形式

溯因分析法的基本操作步骤是:发现意外事实(surprising facts)、进行溯因推理和提出因果假设。在这一过程中,针对相同的意外事实,研究人员可以提出多个不同的因果假设,并基于"经济性"原则选择最值得进一步探究的假设。[①]

B国某项目遭遇当地社区持续且激烈的社会抗议,一年内多次停工复工。某日,在政府镇压抗议的当天,反对派领袖赶往该项目附近社区,发表集会演讲,呼吁民众依法协商并和平解决项目问题。B国政府宣布成立有关该项目的调查委员会,调查结果支持投资项目。为什么持续的社会抗争没有迫使该项目无限期搁置?为什么向来注重民意的B国某政党不顾社会反对而支持投资项目?面对这些新发现的意外事实,有个学生初步以感觉判断提出假设,认为社会抗议的规模和强度会影响投资项目的建设实施。但这一典型的社会抗争理论视角难以有效解释政党的合作行为,导师在了解这些意外事实后指出,邻里间的持续纠纷通常会引发冲突,但是若有第三方居中调解则不必然导致邻里冲突,这就好比处于摩擦状态的汽车零件,及时添加润滑剂往往可以减缓磨损。受此启发,这个学

_____

① 阿托卡·阿丽色达:《溯因推理:从逻辑探究发现与解释》(魏屹东、宋禄华译),北京:科学出版社2016年版,第21—28,139—142页;Daniel J. McKaughan, "From Ugly Duckling to Swan: C. S. Peirce, Abduction, and the Pursuit of Scientific Theories," *Transactions of the Charles S. Peirce Society: A Quarterly Journal in American Philosophy*, Vol. 44, No. 3, 2008, pp. 446-468.

生再次深入案例细节并重读政党政治理论,最终提出一个新的因果假设,即如果执政党能够争取到反对派的合作,那么即使是引发社会抗议的投资项目也仍然能够完成建设。

不难发现,矛盾、不一致和反常是溯因推理的触发器①,而发现矛盾、不一致和反常离不开与研究相关的理论和方法②。因此,运用溯因分析法提出因果假设时,研究人员必须熟悉并掌握一定的既有理论和背景知识,进而收集、整理和分析相关经验事实,并在此基础上穿梭于理论与经验之间寻找存在矛盾、不一致或反常的事实,最后借助类比或隐喻③提出最有可能解释意外事实的因果假设。

就物种起源的解释,达尔文之前的主流看法是神创论。不过,他在南美洲考察时发现大量神创论无法解释的意外事实,包括相似的物种类型在南美大陆西海岸自南向北逐渐更替,加拉帕戈斯群岛(Galapagos Islands)与南美大陆的物种(如雀鸟、海龟等)具有相似性,同一物种在形态和习性上存在差异且呈现适应现象,等等。对此,达尔文持续不断地观察和分析这些意外事实,包括请鸟类学家约翰·古尔德(John Gould)帮助鉴定加拉帕戈斯群岛的鸟类物种。与此同时,达尔文不断根据观察"推测"假设,又利用新观察来检验假设,先后提出过自然神学论、物种衰老和突变论、有性繁殖论等解释性假设。1838年9月,受马尔萨斯有关生存斗争思想的启发并借

---

① Lorenzo Magnani, *Abduction, Reason and Science: Processes of Discovery and Explanation*, Heidelberg: Springer, 2001, pp. 125-144.

② Stefan Timmermans and Iddo Tavory, "Theory Construction in Qualitative Research: From Grounded Theory to Abductive Analysis," *Sociological Theory*, Vol. 30, No. 3, 2012, pp. 167-186;关于理论和方法在溯因分析中的操作指南及其研究实例,参见 Iddo Tavory and Stefan Timmermans, *Abductive Analysis: Theorizing Qualitative Research*, Chicago: University of Chicago Press, 2014, pp. 35-86。

③ 徐慈华、李恒威:《溯因推理与科学隐喻》,《哲学研究》2009年第7期,第94—99页;埃里克·查尔斯·斯坦哈特:《隐喻的逻辑:可能世界之可类比部分》(兰忠平译),北京:商务印书馆2019年版,第134—221,285—325页。

助家养物种变异的类比,达尔文提出了自然选择理论,认为物种演化是自然选择的结果。①

溯因分析的哲学基础源于批判实在论。批判实在论认为,世界可分为三个层叠的领域:由经验构成的经验域(domain of empirical)、由事件构成的实际域(domain of actual)和由机制构成的实在域(domain of real)。准确理解和解释世界需要超越浅层次的经验和事件,回溯到更为深层次的结构与机制。②在批判实在论看来,结构与机制是超越表象的,甚至是与表象相矛盾的。③实证主义所提倡的演绎或归纳只是在表象层面探求经验和事件的模式与规律,而批判实在论指导下的溯因和回溯则旨在发现能够解释经验和事件的结构与机制(见图5.15)。因此,结构与机制无法借由演绎或归纳获得,只能通过溯因和回溯来推断;相应地,科学推理不宜简化为逻辑演绎或经验归纳,还应注重溯因分析和回溯推理。④

借鉴批判实在论的解释模型,运用溯因推理提出因果机制假设时,研究人员首先要准确描述所观察到的经验现象,必要时还需将复杂的经验现象分解成不同的组成部分,进而发现经验现象中存在的模式。接下来的关键步骤

---

① 关于达尔文提出自然选择理论并扬弃其他假设的过程,参见 David Kohn, "Theories to Work by: Rejected Theories, Reproduction, and Darwin's Path to Natural Selection," *Studies in History of Biology*, Vol. 4, 1980, pp. 67-170;恩斯特·迈尔:《很长的论点——达尔文与现代进化思想的产生》(田洺译),上海科学技术出版社2003年版,第9—11,76—105页。需要说明的是,达尔文的理论不是单一的理论,其方法也是多元的。学界对达尔文方法存有争论,有些学者强调假设-演绎法,另一些学者则强调溯因分析或最佳解释推理,而达尔文曾自称运用了归纳法。参见 Doren A. Recker, "Causal Efficacy: The Structure of Darwin's Argument Strategy in the Origin of Species," *Philosophy of Science*, Vol. 54, No. 2, 1987, pp. 147-175; Paul Thagard, "The Darwinian Revolution," in Paul Thagard, ed., *Conceptual Revolutions*, Princeton: Princeton University Press, 1992, pp. 131-156; Francisco J. Ayala, "Darwin and the Scientific Method," *Proceedings of the National Academy of Sciences*, Vol. 106, Suppl. 1, 2009, pp. 10033-10039。

② Andrew Sayer, *Realism and Social Science*, London: Sage Publications, 2000, pp. 11-13; Roy Bhaskar, *A Realist Theory of Science*, 2nd ed., London: Routledge, 2008, pp. 1-9.

③ Andrew Collier, *Critical Realism: An Introduction to Roy Bhaskar's Philosophy*, London: Verso, 1994, pp. 6-7.

④ Berth Danermark, et al., *Explaining Society: An Introduction to Critical Realism in the Social Sciences*, London: Routledge, 2002, pp. 73-114.

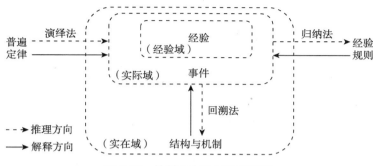

图 5.15　批判实在论与回溯推理

是回溯推理,即借助类比或隐喻,超越经验现象的浅层描述,以一套全新的观念理解经验现象,追溯到可能产生这些经验现象的深层结构与机制。最后,详细阐述结构与机制的运作方式,尤其要说明构成机制的实体、活动及其组织形式。① 通过上述"分解—回溯—详析"的过程,研究人员可以合理猜想存在哪些机制以及这些机制如何生成经验现象,而这些假设是否有效则需要利用新的经验事实反复检验。

达尔文关注的是生物演化问题,并选择从物种的起源、增殖、灭绝等方面加以探索。通过实地考察,达尔文收集了大量物种多样性、生物地理分布、化石记录等方面的经验事实,但他并没有对这些意外事实进行简单的归纳,而是将这些复杂事实分解成回答物种问题的不同部分,并从中分析总结出有关物种构造、习性和分布等方面的经验模式。例如,基于物种形态学、胚胎学和地理分布的相似性,达尔文回溯性地提出了共同由来(descent)假设,认为不断演化的物种具有单一起源。更为重要的是,达尔文总是基于经验事实不断做出猜想,其间的思想变化则使其能以全新的观念重新审视相关经验事实,努力从经验现象回溯到更为深层的作用机制,而非停留

---

① Andrew Collier, *Critical Realism: An Introduction to Roy Bhaskar's Philosophy*, London: Verso, 1994, pp. 122-124, 160-167.

在经验事实表层或仅仅满足于通过归纳经验事实寻找原因。

受马尔萨斯生存斗争思想的启发,达尔文最终提出:以自然选择机制来解释物种的多样性和适应性。达尔文发现,个体是自然选择的单位,遗传和变异是自然选择的基础,并由此提出了自然选择机制,即物种增殖和资源有限导致物种内个体间发生激烈的生存斗争,而物种内个体存在变异并且这些变异可以遗传。在生存斗争中,如果发生了有利于物种的变异,那么具备这些变异的个体就更有机会生存下来并将之遗传给后代,而不具备这些变异的个体将会逐渐遭到淘汰。提出自然选择机制后,达尔文并没有立即发表,而是二十多年后才在《物种起源》中系统阐述。其中一个原因是,生物演化过程缓慢,自然选择机制无法直接观察,只能从生物多样性和适应性现象中推断,达尔文希望通过观察和收集更多的经验事实来进一步检验自然选择机制的合理性。阅读《物种起源》我们能够体会到达尔文对生物演化问题的回答是"一个很长的论证",他经常通过排除神创论这一竞争性理论来证明自然选择是更为有效的解释。[①]

综上所述,在建立因果假设的研究实践中,有的研究人员倾向使用经验归纳法,有的研究人员则更喜欢使用逻辑演绎法,而事实上更多的研究人员往往自觉或不自觉地运用了溯因分析法。实际上,这些方法并非相互排斥,而是相互补充的,研究人员可以根据研究需要结合起来使用。目前,在我国的国际关系研究成果中,比较常见的是使用经验归纳法,而运用逻辑演绎法

---

① 此处仅阐述达尔文在《物种起源》中的观点,不代表现代生物学对演化的新认识。阅读《物种起源》可以了解达尔文检验假设的结果,但借助达尔文的航行日志、书信、研究笔记、回忆录、传记以及相关的研究,我们才能更好地理解达尔文提出假设的思考过程。参见查尔斯·达尔文:《物种起源》(苗德岁译),南京:译林出版社2018年版,第1—4章;恩斯特·迈尔:《生物学思想发展的历史》(涂长晟等译),成都:四川教育出版社2010年版,第9—11章。关于达尔文生平及思想历程的第一手资料,可参见剑桥大学图书馆 Darwin Correspondence Project, https://www.darwinproject.ac.uk/,访问日期:2020年11月30日。

提出因果假设的还比较少见,但越来越多的研究人员已开始尝试探求因果机制。因此,我们有必要加强运用逻辑演绎法提出假设和建构理论的意识和能力,特别是加强运用溯因分析法和回溯推理探求因果机制的意识和能力。

三、修改因果假设

上文已提及,因果假设要接受客观严格的经验事实检验。如果经验事实与因果假设的预期相符,那么这一假设就暂时通过了检验,假设暂时成立。不过,在实际研究中,经常会出现经验事实与研究假设预期不相符的情况,这说明假设暂时没有通过检验。①

  因果假设:经济制裁会导致一国政体改变。
  经验事实:美国对古巴、朝鲜、伊拉克、伊朗等国家长期实施经济制裁,这些国家依然保持了原来的政体。
  检验结果:经济制裁对政体变革的因果作用并未得到上述经验事实的支持,原有假设暂时不能成立。

当因果假设暂时没有通过经验事实检验时,研究人员大体会面临三种选择:一是暂时放弃现有研究。之所以选择放弃,是因为研究人员对研究问题暂时提不出可供检验的因果假设。二是坚信既有假设但仅仅选择性地检验假设。由于不了解修改假设的意义,不少国际关系研究人员往往不愿意对最初提出的假设进行修改。他们总是四处寻找支持其假设的经验事实,而不去反思其假设是否真实合理,是否存在内在缺陷。即使发现经验事实不支持自己的研究假设,他们也不愿修改最初的假设,而是通过剪裁、隐瞒或编造经验事实为其假设提供支持。这种违背科学精神的不诚实行为不但会使研究成果失去可靠性,而且最终会阻碍学术研究的发展与进步。

---

  ① 此处假设检验原理得以成立必须严格满足两个前提条件:一是选择用以检验假设的经验事实不能存在偏差;二是待检验的研究假设是决定性而非或然性假设。关于假设检验的原理和具体方法,参见本书第七章假设检验部分。

二战结束后,乔治·凯南(George F. Kennan)提出,意识形态矛盾将取代民族矛盾成为国际政治的主要矛盾。此后,这一论断对冷战时期的国际关系产生了很大影响。冷战结束后,国际关系学者普遍认为意识形态对立不再是国际政治的主要矛盾,并力图发现冷战后的主要国际矛盾。萨缪尔·亨廷顿(Samuel P. Huntington)提出了文明之间的冲突成为国际政治主要矛盾的假设,进而认为基督教文明将与伊斯兰教和儒家文明发生对抗。①

要检验这一假设需要以大国之间的矛盾为主要检验对象,因为只有大国矛盾才能代表国际政治的主要矛盾。然而,从文明角度来讲,保持高水平军事同盟关系的日本与美国分属于东西方两种不同文明。因此,这一案例明显否定了亨廷顿的假设。

面对案例与假设不符的情况,亨廷顿用中亚、中东和东欧小国的矛盾作为案例支持其假设。这种做法的结果是,文章看上去可以自圆其说,但其结论与事实并不相符。例如,1999年北约对塞尔维亚的军事打击是支持伊斯兰教的阿尔巴尼亚族,反对东正教的塞尔维亚族。而北约国家是以基督教为主的国家,文明上与东正教相近,与伊斯兰教差别较大。再如,2003年伊拉克战争中,法德等基督教国家反对美国发动战争,而科威特等伊斯兰教国家则为美国提供军事基地,支持美国采取武装行动。

当因果假设的预期与经验事实不相符时,研究人员不宜轻易放弃研究,更不应该隐瞒假设的不合理性。为此,我们鼓励研究人员选择第三种方式,即实事求是地修改因果假设。科学研究就是不断试错的过程,研究人员不仅不应担心或畏惧假设出错,反而应接受假设存在出错的可能性。事实上,每一次假设出错都为重新修改因果假设提供了机会。通过加深对经验事实的

---

① 塞缪尔·亨廷顿:《文明的冲突与世界秩序的重建(修订版)》(周琪等译),北京:新华出版社2010年版,第5—7页。

理解,不断排除与经验事实不符的因果假设,研究人员就可以提出与经验事实更为相符的因果假设,从而为构建更为合理可靠的理论创造条件。一个较为经典的例子是杨格(Young)完成的老鼠走迷宫实验。

杨格将老鼠放进一个走廊两侧有许多门的迷宫,他发现无论让老鼠从哪个门走起,老鼠都很快走向原先有食物的那扇门。他假设原因是那扇门与其他的门有所不同,于是重新把所有的门都刷了一遍漆,结果老鼠还是很快走向那扇门。他又假设是食物的味道,于是在迷宫中释放了化学气味,结果还是一样。他又假设是光线的原因,于是将迷宫全部遮黑,但仍不能改变结果。最后他假设老鼠是靠走路时路面发出的声音进行判断,于是在走廊内铺了细沙,这才难倒了老鼠。最后这个假设得到了确证。①

那么,在哪些情况下需要修改因果假设?又该如何修改因果假设呢?我们认为,如果遇到以下两类情况,研究人员可考虑修改因果假设:一是操作层面上因果假设难以检验,具体包括核心概念模糊不清、测量数据缺失、没有相应观测技术搜集数据以及适用范围限定不明确等。

有博士生尝试解释1998年民主改革后印尼不同地区族群动员方式存在差异的原因。经过初步探索,这位博士生认为,族群凝聚力和政治空间是印尼族群动员方式存在差异的决定性因素。然而,进入概念操作化与测量阶段之后,她发现族群凝聚力在族群政治文献中已有比较充分的讨论,操作化较为容易。但是,政治空间这一概念却很模糊,缺乏现成的经验指标,而且容易遇到测量不一致和不确定的困难。为此,这位博士生重新回到印尼族群动员的案例细节中,经过艰难探索最终把政治空间这一解释变量改为族群动员目

---

① 费曼:《别闹了,费曼先生:科学顽童的故事》(吴程远译),北京:生活·读书·新知三联书店1997年版,第447—448页。

标是否冲击国家核心利益,并通过政策文件内容分析测量族群动员目标与政府执政目标的契合度,初步解决了由概念难以测量导致的研究假设无法检验的难题。①

二是经验事实对因果假设支持强度较弱。此时研究人员可再次确认经验事实的真实性,避免虚假事实对假设检验产生误导。当然,研究人员对同一经验事实往往有不同的理解和表述,因而应尽量选取共识程度较高的经验事实。如果经验事实真实存在且确实不支持提出的因果假设,这意味着研究假设遇到了**经验反常**,即与因果假设预期不一致的经验事实。此时研究人员应根据理论建构需要修改因果假设。具体可以采取以下两种策略:

一是转化策略,即将经验反常与符合假设预期的经验事实进行对比,发现两类经验事实的根本差异,并将这一根本差异转化为研究对象的限界条件(scope condition),从而明确因果假设的适用范围。这种策略并没有直接解释经验反常,而是借助限界条件隔离经验反常。例如,结构现实主义无法解释苏联解体和冷战结束。面对这一经验反常,结构现实主义的应对策略是,强调国际结构假设只适用于解释反复出现的国际政治规律,不追求解释具体的国家行为。

有学生尝试探讨大国在 B 国投资项目成败的问题。经过初步探索,该学生发现进展不顺利的往往是 B 国前军政府时期签订的投资项目,于是提出经济民主化决定投资项目成败的初步假设。不过,此后的研究表明,B 国民主政府时期签订的项目也会陷入波折,于是这个学生把投资项目的考察范围限定在 B 国民主改革后。由于 B 国民主政府追求经济发展,因此 B 国获益较少的投资项目往往会在实施过程中遇到困难,于是这个学生又提出国家间利益分配决定投资项目成败的新假设。

不过,随着考察案例范围的扩大,这个学生发现有些利益分配

---

① 薛松:《印度尼西亚族群动员的政治逻辑(1998—2017)》,清华大学博士学位论文,2018 年。

上明显有利于B国国家利益的投资项目，实施起来也不顺利。于是这个学生把利益分配偏向B国的投资项目作为研究对象的范围条件，再次深入投资项目的案例细节中。结果这个学生发现，影响项目实施进展的不是国家之间的利益分配，而是项目公司与当地社区的利益分配。为此，他再次提出新的假设，即项目公司与当地社区的利益分配是大国在B国投资项目成败的决定性因素。具体而言，投资项目在当地社区的利益分配越合理就越容易顺利建成。

二是消解策略，即通过对因果假设的修改来回应经验反常的挑战，将经验反常纳入新的因果解释。例如，面对冷战结束后结构现实主义所遭遇的经验反常，新古典现实主义将其共性抽象为四组国内政治变量，尝试在不放弃国际结构发挥根本性作用这一假设的前提下，将国内政治变量纳入新的假设，并认为修改后的假设既能解释国际政治结果，又能解释具体国家行为。①不过，需要强调的是，采用消解策略需有机整合新添解释变量与原有解释变量，避免陷入特设性解释而损害因果解释的简约性和一致性。

冷战结束后东亚为什么能够长期维持和平？有学者用非均势核威慑来解释这一经验现象，认为非均势核威慑有助于避免霸权国与核大国、强国之间以及强国与小国之间发生战争。然而，非均势核威慑无法解释朝韩之间和东盟国家间的和平，于是遭遇了经验反常。对此，作者转而寻求其他解释，提出冷战后东盟集体安全体制维持了东盟国家间的和平，而韩国和平统一政策维持了朝韩和平。②不难看出，面对经验反常，该学者采取了特设性修改的方式以挽救非均势核威慑假设，并且采取不同变量解释朝鲜半岛和平和东盟国家间和平两个经验反常。尽管该学者也强调东盟集体安全体制和

---

① Norrin M. Ripsman, Jeffrey W. Taliaferro and Steven E. Lobell, *Neoclassical Realist Theory of International Politics*, Oxford: Oxford University Press, 2016, Chapter 4.
② 阎学通：《东亚和平的基础》，《世界经济与政治》2004年第3期，第8—14页。

韩国和平统一政策是以非均势核威慑为基础发挥作用的,但实际上该学者只是以不同的特设性解释变量应对不同的经验反常,既没有提升非均势核威慑的经验解释力,也损害了非均势核威慑解释的简约性和一致性。

客观而言,即使是已发表的论文也会存在不同程度的不足和缺陷,此前的研究过程更是充满挑战和困难,难免要经历"提出假设—经验检验—修改假设—重新经验检验"的波浪式前进过程。对此,研究人员既要有破旧立新的理论勇气,更要秉承实事求是的科学精神。正如有学者在反思理论建构经验时所体会的那样:"提出一个理论假设并不难,难的是这个假设能够得到客观事实的支持。研究人员无力改变客观世界,因此就需要修改自己的理论假设使之符合客观现象。在道义现实主义理论创建的过程中,对政治领导类型与国际规范类型两者之间关系的假设进行过无数次修改,而且每次修改笔者都非常不情愿。否定自己的新思想是痛苦的,但没有这种否定就难以使理论符合客观事实。"①

构建因果解释是科学研究的重要环节,是对前一阶段提出的研究问题所做的尝试性回答。一方面,因果解释或理论必须做到逻辑自洽,无论是假设的提出还是假设之间的内在关联,都要保持逻辑一致性。另一方面,因果解释或理论要具有较强的经验解释力,这有赖于因果假设获得充分可靠的经验支持。因此,接下来两章将转入经验检验环节,重点关注概念操作化与测量以及变量控制等假设检验所涉及的关键内容。

思考题

1. 因果关系的含义是什么?
2. 什么是因果机制?变量与因果机制有何区别?
3. 推断因果关系的基本原则有哪些?

---

① 阎学通:《世界权力的转移:政治领导与战略竞争》,北京大学出版社 2015 年版,"序言"。

4. 什么是"变量"？国际关系研究为什么要引进"变量"？
5. 为什么提出研究假设需要事先明确因果关系？
6. 一个好的因果假设需要满足哪些要求？
7. 运用演绎、归纳和溯因方法提出因果假设有何异同点？
8. 如何运用回溯法提出关于因果机制的假设？
9. 为什么要修改研究假设？如何修改研究假设？

第六章
概念操作化与测量

科学方法强调,研究假设必须接受经验检验。可是,在国际关系等社会科学领域,研究假设通常是对抽象概念的属性或相互关系的陈述。因此,要检验这些研究假设,首先必须使这些概念具体化,即具体到与可观察的现象或行为联系起来,使抽象的概念可以操作和测量,以便于观察所研究现象的变化。换言之,概念操作化和测量就好像一座桥梁,把研究假设和经验事实联系起来,为实证检验研究假设奠定了基础。

第一节 概念操作化

一、操作化的含义

将抽象概念转化为具体可观察的指标的过程被称作**概念操作化**。要在抽象概念和经验事实之间建立联系,就必须确定指标。所谓**指标**是指表示某个概念或变量含义的一个或一组可观察的事物。通过现有技术手段,指标是可以观察和辨认的,同时能够在一定程度上反映抽象概念的含义。在概念操作化过程中,研究人员需要详细说明将概念(变量)转化为指标的程序、手段及相关内容。

经济实力(变量)——国民生产总值(指标);
政治实力(变量)——是否为安理会常任理事国(指标)。
军事实力(变量)——军费开支(指标)/军队人数(指标)。

从以上的例子可以发现,指标内涵往往要小于概念内涵,即指标只是概念内涵中可以观察到的一个或若干成分,因此操作化结果并不能完全反映特定概念的全部含义。例如,安理会常任理事国资格并不能完全反映一国的政治实力。不过,即使我们增加指标数量,特定概念的全部含义也难以得到充分反映。那么,随之而来问题就是:进行这样的转换是否有必要呢?答案是肯定的,原因在于如果没有操作化的过程,抽象的概念和具体的现实就无法联系起来,通过经验事实检验研究假设也就无从谈起了。

在国际关系现实中,人们经常提到软实力,也能够体会到其存在,那么什么是软实力呢?我们如何知道一个国家的软实力是增强了还是削弱了呢?如何比较两个国家软实力的强弱呢?显然,不进行操作化,就研究不了这些问题。为了寻找答案,我们需将"软实力"转化为具体的现象或事物。如一国在国际组织中提议获得批准的次数、一国电影的出口量、一国大学的外国留学生数量等。尽管这些指标无法充分反映一国的软实力,但如果不进行这样的转换,就难以利用经验事实描述软实力,更无法比较软实力的强弱。

因此,使用科学方法的研究人员讨论的不是要不要操作化的问题,而是如何能够更有效地完成概念操作化,尽可能提高指标与概念核心内涵的一致性。要做到这一点,研究人员需熟悉操作化的程序和选择指标的原则。

二、操作化的程序

概括而言,概念操作化包括三个步骤:界定概念、确定维度和选择指标。

为什么概念界定要有维度和指标呢？除了出于测量的考虑之外，不可忽视的一点是，概念操作化内在地假定了概念本身是结构化的。① 这意味着，概念往往不是一个像桌球、弹珠那样内外质地均匀的实体，而是类似于苹果、橘子或者石榴那样内在结构复杂的物体，其间的差别我们不难从桌球、苹果、橘子或者石榴等的剖面图中看出来。换言之，不同概念甚至同一概念都有着不同的结构，根据研究或分析的需要，我们可以确立不同的维度和指标，而界定概念、确定维度和选择指标都是为了尽可能增强测量的有效性。

（一）界定概念

所谓**界定概念**，就是对在何种范围和何种含义上使用某一概念做出准确的说明，否则研究工作很可能因偷换概念或概念理解不一致而无法取得共识，甚至失去学术讨论的基础。

有学者曾以"眨眼"（twitch）和"眨眼示意"（wink）的区别为例，讲述了定义概念的重要性。"眨眼"与"眨眼示意"这两个动作从生理上讲没有任何区别，所以要区别这两个动作的概念，就必须提出各自明确的定义。"眨眼"的定义是"眼皮的抽搐和碰撞"，这个动作的因果关系是生理性的；而"眨眼示意"的定义则是"有意识地通过眼皮的抽搐与碰撞向他人发出特定的信息"，这个动作的因果关系是社会性的。②

在国际关系研究中，定义核心概念同样是极其重要的工作。只有严格定义了概念之后，我们才可能有效区分和解释客观事物，避免相同事物的不同概念或者同一事物的多种概念给研究和学术讨论带来混乱。

---

① 加里·戈茨：《概念界定：关于测量、个案和理论的讨论》（尹继武译），重庆大学出版社 2014 年版，第 2 章。

② Clifford Geertz, *The Interpretation of Cultures*, New York: Basic Books Inc., 1973, p. 6.

将国家利益(national interest)定义为统治阶级的利益,就使得国家利益失去了客观的判断标准,因此也就无法对国家利益进行科学的研究。统治者可以用任何理由说明他们的利益就是国家利益,于是对国家利益的判断就成为统治者垄断的权力,成为不可讨论的问题。如果将国家利益定义为民族国家全体成员的利益,就使统治者与被统治者都有了判断什么是国家利益的权力,那么国家利益才有可能成为科学研究的课题。

有学者专门对"安全困境"进行概念分析,批判性地回顾了赫伯特·巴特菲尔德(Herbert Butterfiled)、约翰·赫兹(John H. Herz)、罗伯特·杰维斯(Robert Jervis)等学者对"安全困境"概念的不同定义,阐述了这些不同的概念定义可能造成的分析性后果,最终提出了界定"安全困境"概念的核心要素:"无政府状态""双方均无恶性意图",以及"一些权力的积聚(包括进攻能力)"。这一概念分析工作澄清了学界对"安全困境"的理解误区和应用乱象,有助于我们判断国际政治现实中究竟哪些情况属于安全困境、哪些情况不属于安全困境。[①]

由于社会科学研究的特性,不同学者对同一概念往往有不同的定义。比如,据不完全统计,"因果机制"的定义就有二十多种。因此,研究人员界定概念一般要从学界既有的定义入手,大致了解其定义的使用语境和特定含义,弄清楚其定义的适用范围。在实际研究中,研究人员可以根据不同情形选择对应的概念界定策略。

(1)如果学者们就既有定义已经达成了较为一致的看法,研究人员也难以做出更为合理的界定,那么就可以直接使用既有定义。

---

① Tang Shiping, "The Security Dilemma: A Conceptual Analysis," *Security Studies*, Vol. 18, No. 3, 2009, pp. 587-623.

国际关系理论学者虽然对"无政府状态"的逻辑有不同的理解,但是对于"无政府状态"这一概念的定义已达成基本共识,即"无政府状态"是指国际体系内缺乏一个凌驾于各个主权国家之上并且垄断了合法使用军事暴力的权威机构。因此,研究人员可以直接使用"无政府状态"这一概念,而不必重新界定。

(2)如果一个概念有多种既有界定,而且其中有能够直接满足研究需要的定义,研究人员也可以直接借用,而不必重新界定。

在国际关系研究中,"霸权国"概念的定义不止一种,其中一种定义是霸权国是国际体系中占据主导地位的国家,不仅拥有强大的实力,而且有意愿利用自己的力量干预和影响国际事务和其他行为体,其对体系本身和体系内其他单位的影响超过了体系对其自身的影响。如果这一定义能够满足研究人员的需要,就可直接借用到研究中去。

(3)如果既有概念的定义都存在尚需改进之处,无法满足研究需要,研究人员至少可以采用两种概念界定策略。

第一,可以比较(compare)不同学者对相同概念的界定,深入理解既有定义的共同之处,在此基础上提出更为合理的定义,这种概念界定策略类似于求取最大公约数,最终界定的概念内涵存在一个最大限度的交集。

有学者认为,崛起不同于一般意义上的加快国家经济发展速度,应是指一个大国综合实力快速提高并对世界力量格局、秩序和行为准则产生重大影响的过程,全部过程的完成就是崛起的最终结果。① 其主要不足是:没有说明综合实力上升的参照系统,是与本国

---

① 阎学通等:《中国崛起——国际环境评估》,天津人民出版社1998年版,第139页。

过去比较,还是与其他大国比较。有学者认为,如果一个主要国家的军事和经济地位相对于其他主要国家正在上升,那么这个国家就在崛起。他还特意强调,这种相对位置变化指的是这些国家备战期间较长时间内的总体趋势,而不是相互分离的短期变化。① 这个定义的不足之处是,其他主要国家的含义较为模糊。有学者认为,国家"崛起"指的是在普通国家群里冒出个"强大"国家。②这个定义的不足是:忽略了崛起国可能会超过要追赶的强国,因此仅强调平起平坐并不充分。

尽管有分歧,但三个定义也有着较为明显的一致方面,包括:崛起是大国特有的现象;崛起意味着相对实力上升;崛起是持续时间较长的连续过程。根据这些共同之处,我们可以将崛起界定为体系大国相对实力持续增长,接近并超过体系霸权国的过程。

第二,研究人员也可以在相似概念的对比(contrast)中,着重把握既有定义存在的分歧,在此基础上提出更为合理的定义。这种概念界定策略类似于求取最小公倍数,最终界定的概念内涵存在一个最低限度的并集。总之,无论是对比策略还是比较策略,它们都旨在消除概念分歧和误解,明确核心概念的内涵和外延。

近年来中国国际关系学界对国际秩序的研究进入热潮,但在实际研究中,对国际格局、国际秩序和国际体系这三个概念的使用存在混淆,甚至将三者视为同一概念,这给国际秩序的研究带来诸多麻烦。为此,有学者通过比较国际格局、国际体系和国际秩序的要素,澄清了易混淆的三个概念,提出了国际秩序的核心定义和构成要素。具体来说,国际格局是实力对比的体现,其构成要素为大国

---

① Charles Kupchan, *The Vulnerability of Empire*, Ithaca: Cornell University Press, 1994, p. 14, note 20.

② 潘维:《也谈"和平崛起"》,https://www.aisixiang.com/data/12361.html,访问日期:2021年5月10日。

实力对比和它们的战略关系,其基本形态有单极、两极和多极三种。国际体系是"一组互动的单元,由结构和互动单元构成",其构成要素是国际行为体、国际格局和国际规范。① 国际格局是国际体系的构成要素,却不是国际秩序的构成要素;国际秩序不是国际体系的构成要素,而是国际体系的性质。

那么,什么是国际秩序呢?国际秩序可以定义为"国际体系中的国家**依据国际规范**采取**非暴力方式**处理冲突的**状态**"。基于国家依据国际规范行为的状态,判断和规范正义性的主导价值观、国际规范和维护规范的制度安排这三个必要条件构成了维持国际秩序的充分条件,因此我们可以将它们确立为国际秩序的构成要素。再比较一下国际秩序和国际体系两者构成要素的异同,我们就能更清楚地认识两者的关系。由于国际规范同时是国际秩序和国际体系的构成要素(见图6.1),因此误将国际秩序和国际体系视为同物的现象就在所难免。②

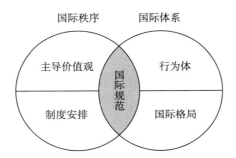

图6.1 国际秩序与国际体系的构成要素区别

(二)确定维度

概念界定明确了概念的内涵,为操作化确定了方向,但是此时研究人员往往还不能直接选择指标,而应明确概念的维度。原因在于,许多抽象的概

---

① 阎学通、何颖:《国际关系分析(第三版)》,北京大学出版社2017年版,第二章。
② 阎学通:《无序体系中的国际秩序》,《国际政治科学》2016年第1期,第13—16页。

念往往涉及多方面的经验现象,而非仅仅对应一个单纯的经验现象或可观察的事物。

"进攻-防御平衡"这一概念包括了三个维度,即武器杀伤性、武器/人员的可保护性和武器/人员的移动性。① 是选择一个维度确定指标,还是三个维度确定综合指标,经过研究才能决定。

明确概念的维度并不意味着要使概念的维度趋同化,实际上,同样一个概念根据不同的研究目的可能划分为不同的维度。维度划分的改进往往也是研究创新的体现。

合法性是政治学的经典主题,涉及复杂的经验现象,因而对合法性的测量是政治学学者普遍关心的学术问题。在设定具体的测量指标之前,有的学者把"合法性"划分为"个人魅力型""传统权威型"和"法理型"三个维度,有的学者把"合法性"划分为"制度合法性""政策合法性"两个维度,有的学者则把"合法性"划分为"规范合法性""程序合法性"和"绩效合法性"三个维度。上述对同一"合法性"概念的不同维度划分对应不同的测量指标,也从侧面体现出研究人员对合法性现象的认识更加丰富多样。

如果研究人员不清楚概念涉及的维度,那么有可能导致指标选择较为片面,更谈不上有效测量概念对应的经验事实了。

冷战后,综合国力成为国际关系研究中的重要概念之一。综合国力至少包括军事实力、政治实力和经济实力三个方面或维度。因此,综合这三个维度的指标进行评估,才能得出更为接近综合国力

---

① Karen R. Adams, "Attack and Conquer? International Anarchy and the Offense-Defense-Deterrence Balance," *International Security*, Vol. 28, No. 3, 2003/2004, pp. 45-83.

内涵的操作化结果。如果只从经济实力角度设定指标,必然削弱操作化的合理性,比如20世纪80年代末,日本是世界第二经济强国,但并不是超级大国,苏联经济规模不及日本却是超级大国。

(三) 选择指标

选择指标是操作化中实践性最强的步骤,往往反映出研究人员对于相关研究内容、理论和实际情况的掌握程度。对实际情况越是熟悉,选择的指标可能越接近概念的内涵,同时可能更便于操作。通常而言,选择指标有两个途径:沿用已有指标和采用新指标。正如下文所述,就复合指标而言,实际上还存在第三种途径,即沿用部分已有指标,再加上修改其中的部分指标或添加部分新指标。这是一种介于完全移用已有指标和设定新指标之间的常见途径。

沿用已有指标是指直接采用已被广泛使用并能够较为充分地反映相关概念内涵的指标,其优点是使用方便、节约成本和接受程度高。

目前,研究人员衡量1816—1945年的国家实力,通常都会使用"战争相关因素"(Correlates of War, COW)数据库中"国家物质实力数据集"设定的国家实力指标,即人口总量、城市人口数量、军费开支、军队人数、钢铁产量和能源消耗量。①

然而,采用已有指标也存在不足:一是难以准确反映出感兴趣的新现象或概念的新维度。比如,"网络权力"就难以使用传统的权力指标来测量,若完全移用传统指标,则无法测量出"网络权力"的特殊性,其与政治权力等概念没有足够区分度。二是在移用已有指标测量新情境下的概念时,难以保证概念的等价性(equivalence)。比如,移用西方情境下测量"关系"(relationship)

---

① 参见 COW National Material Capabilities (v6.0),https://correlatesofwar.org/data-sets/national-material-capabilities,访问日期:2021年8月10日。

的指标难以测量出中国情境下"关系"(guanxi)的人情内涵。

采用新指标是指既有指标不够合理或者无法满足具体的研究需要而使用新指标,其优点是符合具体研究的需要,而且可能有助于研究的深入。然而新指标的设定并非易事,除了投入的时间、精力和资源等成本外,如何使新指标在不同情境里具备可比较性更是研究和测量的一大挑战。如果同一指标在不同情境里没有可比较性,那么采用新指标就会影响测量效度。比如,"点头"这一指标在大多数国家表示"是",但是在保加利亚却意味着"否"。

二战后,人们一般使用国民生产总值为指标表示国家的经济实力。在《大国政治的悲剧》一书中,米尔斯海默提出,二战结束后至1960年不宜使用国民生产总值作为测量大国经济实力的指标,因为国民生产总值较适合测量处于同一经济时代国家的经济实力,而此时体系大国所处的经济时代差异较大。因此,他认为,使用战争相关因素数据库提出的指标,即钢铁产量和能源消耗量,测量经济实力更为合适。[①]

根据构成要素划分,指标可分为单一指标和复合指标。**单一指标**的优点是易于操作,无须考虑不同指标之间的关系。例如,以军费开支代表军事实力。不过,单一指标反映概念内涵的片面性较大。因此,选择单一指标时,应尽量使用公认的指标。例如,冷战后,国民生产总值成为通行的代表经济实力的指标,一般而言,研究人员可以直接使用。

复合指标是指使用一个以上的指标共同代表同一概念。例如,使用一国电影出口量、文学作品翻译成其他语言的数量、学习该国语言的外国人数量、外国留学生数量等四个指标测量一国的"文化吸引力"。同单一指标相比,复合指标能更充分地反映概念内涵,缺点是操作起来复杂,有时还要考虑不同指标之间的关系和权重。例如,如果电影出口量和学习该国语言的外国人数

[①] John J. Mearsheimer, *The Tragedy of Great Power Politics*, Updated Edition, New York: W. W. Norton & Company, Inc., 2014, p. 67.

量不能同样反映一国文化吸引力时,或是当两国在不同指标各有优势时,比较其文化吸引力就变得困难了。

使用复合指标常常需要给不同指标**加权**。考虑权重时,研究人员要根据专业知识给不同指标赋予不同的权重。而哪些指标需要加权,哪些指标不需要加权,完全取决于研究人员对研究对象的理解。不过一旦决定加权,一定要有非常充分的理由并加以详细说明。① 这样做既可以发挥复合指标能较为全面反映概念含义的优势,又能避免因权重不同引发不必要的争议。

除了复合指标需要考虑加权外,不同维度同样需要考虑加权问题,其原则与指标加权完全相同。不同维度的权重最好一致,如果不一致要详细说明理由。此外,维度的加权方法和指标的加权方法既可以相同(如维度和指标层次都用加法),也可以不同(如维度层次用乘法,指标层次用加法),具体的选择依据研究目的来确定,但都需要提供为何如此选择的合理性说明。

评估 A 国的国际环境(H)涉及三个维度:

(1)安全环境(S)

(2)政治环境(P)

(3)经济环境(E)

三者权重相同,则最简单的公式就是 $H = \dfrac{S+P+E}{3}$

A 国与 B 国之间利益关系状态(G),涉及四个维度:

(1)安全利益(A)

(2)经济利益(J)

(3)政治利益(Z)

(4)文化利益(W)

---

① 劳伦斯·纽曼:《理解社会研究:批判性思维的利器》(胡军生、王伟平译),北京:人民邮电出版社 2015 年版,第 141 页。

讲到国家间的利益关系,安全利益是最重要的,可以加权3;政治利益与经济利益次之,分别加权2;文化利益最不重要,加权为1。这样就得到下面的公式:

$$G=\frac{3A+2J+2Z+1W}{4}$$

两个国家的利益关系不仅包括安全、政治、经济和文化四个方面的利益关系,而且这些利益关系并不一定都是积极的。例如,两国的经济利益也许有很强的互补性,但是它们的文化利益则可能是完全对立的。因此加权之后,还需要区分具体层面的利益关系对总体利益关系的影响是正面的还是负面的。如果A国与B国的意识形态较对立,文化观念非常对立,而经济往来密切,又有军事同盟关系,其公式则为(正号表示正面的影响,负号表示负面影响):

$$G=\frac{3A+2J-2Z-1W}{4}$$

第二节 测 量

经过概念操作化,研究人员已经确定了可观察的具体指标,接下来的任务就是对这些指标进行有效的观察和量度,也就是测量。因此,本节将主要讨论测量的含义、测量等级及如何判断测量的信度和效度。

一、测量的含义

在国际关系研究中,**测量**是指依据一定的规则将数字或符号分赋于表达概念的具体指标,使一种国际关系现象数量化或类型化。

  概　念:战略关系
  指　标:军事合作的方式
  规　则:军事同盟为10;非盟友但有军事合作关系为5;没有军事合作关系为0;军事上相互防备或猜疑为-5;进行军事对抗为-10。

具体示例：根据上述规则，测量美国与其他国家的战略关系，得到如下结果。

美国-日本战略关系　　　　　10
美国-新加坡战略关系　　　　5
美国-蒙古战略关系　　　　　0
美国-俄罗斯战略关系　　　　-5
美国-朝鲜战略关系　　　　　-10

从上面的例子可以发现，确定测量指标之后，要制定合理的赋值规则。制定赋值规则的难易程度取决于所测量变量的特点。有些变量，如国家人口、邻国数量、军费预算等，比较容易制定测量规则，而有些变量，如分离意愿、国民士气、软实力等，制定有效的赋值规则就比较困难，需要充分了解相关情况，进行大量的基础研究工作。

不管测量规则制定起来是难还是易，这些规则需符合三个要求，即准确、完备、互斥[①]，否则就不能进行有效的测量。

准确是指分赋数字或符号能真实可靠地反映测量对象的特征和属性差异。

一项对中美 2020 年的综合国力的评估，将美国国力评为 102 分，中国国力为 70 分。这两个分数是否能真实反映两国的综合国力，就取决于综合国力评分标准的准确程度。

完备是指赋值规则能涵盖研究变量的各种状态或差异，否则会产生分类和统计上的遗漏。

20 世纪 50 年代，我国曾把世界上的国家分为四类，即社会主义国家、民族主义国家、资本主义国家和帝国主义国家。这种分类方法很难将梵蒂冈这种宗教国家和一些当时处于封建制度的国家列

---

① 袁方主编：《社会研究方法教程（重排本）》，北京大学出版社 2013 年版，第 167—168 页。

入其中任何一类。由于这样的国家很少,可以分出一个"其他"的类别,这样就可以把世界上所有国家都包括进去了。

互斥是指研究变量的取值互不相容。

如果要确定国家类别,东亚、中亚、中东、北美、南美、中美洲、大洋洲、西欧、东欧、非洲这套赋值规则就不符合互斥原则。中东这个值与非洲就存在交叉重叠。比如埃及既可以算非洲国家又可以算是中东国家。类别重叠现象容易造成测量结果的不准确。如果将"中东"改为"撒哈拉以南非洲"和"西亚北非",就可以避免上述取值重叠问题。

二、测量等级

在国际关系研究中,一般把变量测量区分为四个等级,分别为定类测量(nominal measures)、定序测量(ordinal measures)、定距测量(interval measures)和定比测量(ratio measures)。

定类测量是指将一个变量按其属类进行测量,而这些属类互不重叠,变量值没有量的连续性,因此也可称为**离散变量**(discrete variables)。

可将国家按不同分类进行测量:

(1) 第一世界国家、第二世界国家、第三世界国家;

(2) 亚洲国家、北美洲国家、欧洲国家、非洲国家、大洋洲国家、南美洲国家。

不同类别国家的数量可以因多种原因发生变化。例如,苏联解体使第一世界国家的数量由冷战时的两个变为一个;苏联和一些东欧国家的解体使欧洲国家增加了20个,亚洲国家增加了5个。

定序测量是指将一个变量按高低上下的顺序进行测量,而且其顺序是可以区分的。定类测量与定序测量的重要区别之一是,定序测量的概念界限是主观决定的,如反对和坚决反对;定类测量的概念界限则是明确的,具有较强的客观性,如欧洲国家和美洲国家。

⇒⇒

（1）WTO 争端解决机制的效力:有效、一般、无效。

（2）一国对安理会改革的态度:坚决支持、支持、中立、反对、坚决反对。

在定序测量中,要注意合理设置标度,即变量程度或强度层次的合理性。最为简单且普遍使用的标度是**李克特量表**(Likert scale)。**李克特量表**是20世纪30年代由李克特首先提出并使用的,主要是用顺序量度来测量人们的观察结果或政策立场。例如,各国政府在联合国就一个国际事务提案做的发言,可以用"坚决支持""支持""反对""坚决反对"这样几个顺序标度来测量。依据这个形式,研究者可根据研究需要衍生出多种顺序标度。

⇒⇒

国家利益的标度可定为"极其重要""很重要""重要""次重要";

国际环境的标度可以定为"十分有利""有利""不利""十分不利";

双边关系的标度可以是"对抗""紧张""不合""普通""良好""友好"。

一般认为,**李克特量表**的范畴在 2—8 个之间较为合理,达到 7 个时其可靠性就开始下降,达到 11 个时再增加范畴就基本没有作用了,同时一般还认为标度的范畴不应少于 4 个,[①]因为采取两个范畴容易使人产生错觉。需要说明的是,在统计分析中,研究人员常常把定序测量的结果转化为不同的数字。例如,坚决支持、支持、中立、反对、坚决反对,可分别用数字 1、2、3、4、5 来

---

① 唐盛明:《实用社会科学研究方法》,上海:立信会计出版社1998年版,第 137 页。

代表。不过,这些数字只是表示顺序的符号,并不具有数学中数字的实际内涵和功能,不能用来进行数学计算。

定距测量是按变量值的差距进行的测量,这种测量一般都是数字的,因此变量值之间是等距的。不过,在定距测量中,"0"并不意味着不存在。比如,温度就是定距测量,0℃并不意味着没有温度。

▶▶▶

测量国家政治制度的民主程度,可设最高为10,最低为-10。0则说明一国的民主程度居于最为民主和极端独裁的中间位置,并不意味着一国没有政治制度。

▶▶▶

国家安全环境状态:有利为正数,不利为负数,利弊相等为0。
A国安全环境由-1上升到2,增加了3个单位;
B国安全环境由-3上升到0,增加了3个单位。

这个例子中,A国与B国的安全环境指数都增加了3个单位,这说明两国安全环境改善的幅度是相同的。B国的安全环境指数上升至0,这并不意味着B国的安全环境处于无的状态。

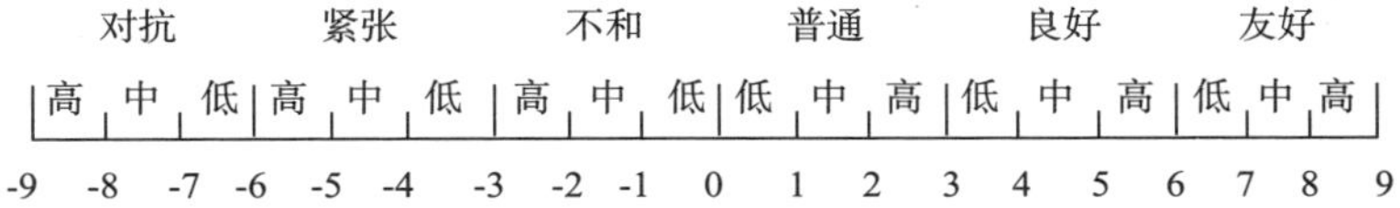

对抗	紧张	不和	普通	良好	友好
高 中 低	高 中 低	高 中 低	低 中 高	低 中 高	低 中 高

-9 -8 -7 -6 -5 -4 -3 -2 -1 0 1 2 3 4 5 6 7 8 9

图6.2 双边关系分值标准

图6.2是测量双边战略关系(R)的具体方法。先将双边关系划分为三大类别:"敌对""非敌非友""友善"。每一类别按照程度再一分为二,共六个等级,分别对应的分值范围是:"对抗"($-9 \leqslant R \leqslant -6$)、"紧张"($-6 < R \leqslant -3$)、"不和"($-3 < R < 0$)、"普通"($0 \leqslant R < 3$)、"良好"($3 \leqslant R < 6$)、"友好"($6 \leqslant R \leqslant 9$)。每个等级再分为三等水平,即低等水平、中等水平和高等水平,正值与负值的低、中、高方向相

反。例如,在良好等级中,低等水平是$3 \leq R < 4$,中等水平是$4 \leq R < 5$,高等水平是$5 \leq R < 6$;在紧张等级中,低等水平是$-4 < R \leq -3$,中等水平是$-5 < R \leq -4$,高等水平是$-6 < R \leq -5$。每个水平分为十度,每一度的分值为0.1。例如,处于良好等级高等水平的双边关系可能处于5.1,5.2,5.3…,5.9的任何一点上。

定比测量与定距测量有很大相似性,但最大的不同是定比测量中的"0"表示不存在。

将国防开支按不同兵种开支所占比例进行测量,并以百分比表示测量结果:战略部队30%、海军30%、陆军25%、空军15%。从百分比值的大小可以得知一国军队建设的重点。对于绝大多数无核国家来讲,其战略部队所占的国防开支是0,这意味着这些国家没有战略部队。将各国国防开支占世界国防开支的比例排序,A国30%、B国10%、C国9%……N国0%。这个测量结果说明,A国是军事超级大国,而N国没有军队。

以上四种测量等级的特征和数学性质可参见表6.1。

表6.1　四种测量等级比较

测量尺度	定类测量	定序测量	定距测量	定比测量
特　征	类别不同且相互排斥	类别不同且相互排斥;可以区分顺序	类别不同且相互排斥;可以区分顺序;尺度单位距离相等	类别不同且相互排斥;可以区分顺序;尺度单位距离相等;有一个真正意义的零点
数学性质	等于或不等于	大于、小于	加、减	加、减、乘、除
平均度量值	众数	中位数	算术平均数	几何平均值

不难发现,定序测量、定距测量和定比测量的变量值都具有量的连续性,因此是**连续变量**(continuous variables),其变量值的程度变化可以改变变量的性质,其性质变化的判断则应参照社会普遍接受的相应标准。

　　苏联解体后,其实力已远不能与美国等量齐观,人们不再把俄罗斯视为超级大国,所以这时就不宜将俄罗斯归入超级大国。虽然到了20世纪90年代后期,俄罗斯经济状况远不如中国,但国际社会并不认为俄罗斯是发展中国家,因此这时还不宜将俄罗斯纳入发展中国家之列。

此外,根据统计学的测量等级标准,定类测量、定序测量、定距测量和定比测量本身就是一组顺序测量。定比测量的级别最高,其次是定距测量,然后是定序测量,最低的是定类测量。较高级别的测量可能转换为较低级别的测量,反之则不适用。在选择采用哪种测量等级时,需要注意以下三点:第一,同一变量可使用多种层次来测量,测量层次与变量名称无关;第二,随着变量类型从定类到定比,测量的精确性和兼容性也相应提高;第三,使用尽可能精确的测量层次,不要因测量层次不精确而浪费信息。

　　如果一开始对各国国防开支按绝对金额进行定比测量,那么可以根据比率的大小转换成"高、中、低、无"四个档次的定序测量。但是,如果一开始就是定序测量,而没有国防开支绝对额的数据,那么就无法转换成为定比测量。

在研究实践中,应该根据具体研究目的来选择变量测量类型。一般而言,比较案例分析最常见的是使用定类测量,而且往往一个好的定类测量是理论建构的切入点。具体来说,一个好的定类测量,就自变量而言可能有助于发现新的解释因素,就因变量而言有助于发现新的研究困惑。

现实主义经常在均势理论的背景下讨论制衡与追随何者更为普遍的问题。有学者发现,"制衡"在既有文献中的概念界定非常模糊,不足以涵盖国家在面临安全威胁时的所有行为反应。为此,这位学者将制衡行为细分为四种类型:恰当制衡(appropriate balancing)、过度制衡(overbalancing)、不制衡(non-balancing)以及制衡不足(underbalancing)。通过对感兴趣的因变量(制衡行为)进行更为细致的定类测量(四个类型),作者澄清了既有研究不加区分地对待制衡行为的误区,发展出了基于新古典现实主义解释的制衡不足理论。① 从这个例子不难体会,对因变量的定类测量较既有测量有所进步,将会有助于发现新的研究困惑和发展出新的理论框架。

三、测量的信度与效度

了解了测量的程序和方法之后,研究人员就可以实际操作并获得相应的测量结果了。但是,研究人员怎样知道自己的测量结果是否准确、是否可靠呢?也就是说,如何判断测量的质量呢?一般而言,研究人员从两个方面评估测量的质量,即测量的信度和效度。

信度是指测量的可靠性,即测量方法能否稳定地测量到所需要的测量结果。比如,使用血压计测量某人的血压,几次得到的结果明显不同,则说明血压计可靠性差,其测量的结果信度较低,甚至完全不可信。

了解信度的方法大致有三种。② 一是**重复测量**,即采用同样的测量方法对同一对象重复测量,所得结果的一致程度越高(相关系数也越大),信度越高。比如,研究人员使用同样的赋值规则给双边关系中的同一事件评分。如果几次赋值的结果相同,则说明相应的测量方法信度较高,反之则信度较低。

---

① 兰德尔·施韦勒:《没有应答的威胁:均势的政治制约》(刘丰、陈永译),北京大学出版社2015年版。

② 可参见风笑天:《社会研究方法(第四版)》,北京:中国人民大学出版社2013年版,第97页。

国际关系研究中,这种方法是确定测量信度最为主要的方法。二是利用**复本测量**。如果一套测量有两个以上的复本,则可以考察同一测量对象接受两个复本测量得到结果的一致程度。比如,使用 A、B 卷测验某人对相关知识的掌握程度就是较为典型的例子。复本测量要求复本在形式、内容上完全一致,但在研究实践中几乎做不到。三是**折半测量**,即将针对同一测量对象的不同测量项目随机分成两组,再考察这两组测量结果的一致程度。

效度是指测量的准确度,即测量方法能够准确和真实地度量测量对象属性的程度,其关心的问题是"我所测量的正是我要测量的吗"。① 比如,我们利用对两国报纸报道的分析测量两个国家的敌对情绪。如果两国之间已经爆发战争,但是对有关报纸报道的分析并没有显示出两国敌对情绪的增长,则说明这种测量方法是无效的。

检验效度最为普遍的方法是**内容(表面)效度检验**,即考察测量内容是否能够反映相关概念的基本内涵。② 例如,以中国网民 BBS 帖子的内容测量中国公众对苏联解体的认识,内容效度就较低,因为在网上发帖子的主要是能够上网的人,他们的认识并不能代表全体中国公众的认识。不过,目前还没有比较有效的方法来检验测量的效度,通常只能是仔细推敲测量方法的选择和测量过程。③

有研究者提出用等级制理论来刻画主导国与从属国之间的关系,并将等级制划分为经济和安全两个维度。其中,经济等级制使用"货币政策自主性"和"贸易依赖性"作为测量指标,安全等级制使用"驻军数量"和"独立同盟数量"作为测量指标,以此为基础测量美国的等级制。经过效度检验,作者得出结论认为,尽管存在些许缺

---

① 可参见风笑天:《社会研究方法(第四版)》,北京:中国人民大学出版社 2013 年版,第 97 页。
② W. 菲利普斯·夏夫利:《政治科学研究方法(第八版)》(郭继光等译),上海人民出版社 2012 年版,第 63 页。另外两种效度检验(准则效度和结构效度),可参见风笑天:《社会研究方法(第四版)》,北京:中国人民大学出版社 2013 年版,第 98—99 页。
③ W. 菲利普斯·夏夫利:《政治科学研究方法(第八版)》(郭继光等译),上海人民出版社 2012 年版,第 62 页。

憾，但是相比传统的强制实力指标，上述四个测量指标能更好地捕捉到二战后美国等级权威的变化模式。①

信度和效度相互联系，相互制约。信度是效度的必要条件，但不是充分条件。也就是说，缺乏信度的测量肯定是低效的测量，但信度较高的测量也未必是效度较高的测量。效度是信度的充分条件，而非必要条件。也就是说，效度高的测量，信度必然高。不过，无效的测量信度未必低。研究人员的努力方向是尽可能地优化测量方法，提高测量的效度和信度。

本章向读者介绍了如何将抽象概念转化成可观察和测量的具体事物。概念操作化是研究假设和实证检验之间的桥梁，关系到研究假设能否接受经验检验。如果研究使用的概念无法操作化，那么经验检验就无法进行，科学研究也就无从谈起了。希望读者学习本章后，能练习着把生活中的抽象概念操作化，逐步培养概念操作化的意识，不断提升操作化和测量的水平。

思考题

1. 什么是概念操作化？概念操作化的主要步骤包括哪些？
2. 单一指标和复合指标的含义是什么？
3. 什么是测量？测量最为关键的步骤是什么？
4. 定类测量、定序测量、定距测量和定比测量的含义分别是什么？
5. 测量的信度和效度分别指什么？两者之间有何关系？

---

① David A. Lake, *Hierarchy in International Relations*, Ithaca: Cornell University Press, 2009, pp. 76-82.

第七章
实施假设检验

经过概念操作化与测量,研究人员已经能够依据所选指标和方法有效测量研究假设中的核心变量,接下来的任务则是利用经验事实检验研究假设是否成立。在假设检验过程中,研究人员面临的主要难题是如何有效控制混杂变量和排除竞争性假设。因此,识别并控制混杂变量,辨别并排除竞争性假设,就成为增强假设检验可靠性的关键所在。为此,本章将从假设检验的基本原理入手,重点介绍假设检验的实施步骤、变量控制的核心原则以及基本策略。

第一节 假设检验原理

研究假设是理论或因果解释与经验事实之间的桥梁。研究人员构建的因果解释既要逻辑自洽,又要具有经验解释力,而借助经验事实检验研究假设则是评估因果解释是否成立的关键,也是科学研究不可或缺的核心环节。因此,本节主要讨论如何在案例研究中检验研究假设[①],重点关注假设检验的基本原理和实施步骤。

[①] 有关经典统计学的假设检验原理,参见庞珣:《国际关系研究的定量方法:定义、规则与操作》,《世界经济与政治》2014 年第 1 期,第 5—25 页;David L. Weakliem, *Hypothesis Testing and Model Selection in the Social Sciences*, New York: Guilford Press, 2016; Alan Agresti, *Statistical Methods for the Social Sciences*, 5th ed., New York: Pearson, 2018, Chapter 6。有关贝叶斯统计的假设检验原理,参见 David Kaplan, *Bayesian Statistics for the Social Sciences*, New York: Guilford Press, 2014, Chapter 5; Andrew Gelman, et al., *Bayesian Data Analysis*, 3rd ed., Boca Raton: CRC Press, 2014。

一、基本原理

科学研究始于研究问题,而研究假设则是对研究问题的尝试性解答。针对同一研究问题,研究人员会提出主要假设,即理论上感兴趣但有待检验的研究假设,其往往对研究问题做出了创新性解答。除了主要假设之外,现有理论或经验中往往还存在竞争性假设。竞争性假设既可以提出与主要假设不同的解释变量,也可以接受主要假设的解释变量但提出不同的解释机制。[①]这些竞争性假设若无法有效排除,研究的内在效度(internal validity)将受到严重威胁。[②] 也就是说,如果竞争性假设更具解释力,那么主要假设的可靠性将大大降低。

因此,假设检验的核心并不是简单考察经验证据是否支持主要假设,而是主要假设、竞争性假设和经验证据的三方对垒,[③]即通过经验证据对主要假设和竞争性假设同时进行对比检验,以排除竞争性假设并确证主要假设。从这个意义上讲,"确证主要假设"指的是在经验证据面前,主要假设相较于竞争性假设成立的概率更大或合理性更强。[④] 为此,有学者认为,科学方法的核心并不是实验法本身,而是排除"看似合理的竞争性假设",[⑤]即通过严格的经

[①] 对不同类型的竞争性假设展开的有益讨论,参见 R. K. Yin, "Rival Explanations as an Alternative to Reforms as 'Experiments'," in Leonard Bickman, ed., *Validity & Social Experimentation: Donald Campbell's Legacy*, Thousand Oaks: Sage, 2000, pp. 245-258。

[②] William R. Shadish, Thomas D. Cook and Donald T. Campbell, *Experimental and Quasi-Experimental Designs for Generalized Causal Inference*, 2nd ed., Boston: Houghton Mifflin Company, 2001, pp. 53-61.

[③] Imre Lakatos, "Falsification and the Methodology of Scientific Research Programmes," in Imre Lakatos and Alan Musgrave, eds., *Criticism and the Growth of Knowledge*, London: Cambridge University Press, 1970, p. 115.

[④] Jonathan Treitel, "Confirmation as Competition: The Necessity for Dummy Rival Hypotheses," *Studies in History and Philosophy of Science Part A*, Vol. 18, No. 4, 1987, pp. 517-519. 本书在讨论假设检验时谨慎地使用"确证"(confirm)和"反驳"(refute)两个术语,而没有使用"证实"(verify)这一术语,其主要原因在于证实是指完全决定性地证明,而确证是指有条件和概率性地证明,后者更加符合社会科学研究的实际。逻辑经验主义与证伪主义有关可证实性的争论,参见洪谦主编:《逻辑经验主义》上卷,北京:商务印书馆1982年版。

[⑤] Donald T. Campbell, "Foreword," in Robert K. Yin, *Case Study Research and Applications: Design and Methods*, 6th ed., Los Angeles: SAGE Publications Inc., 2018, pp. xiii-xiv.

验检验排除错误并逐步逼近真理。①

在研究大国过度扩张原因时,有学者提出了有关原因的三种假设,即国际结构、认知偏见以及国内结构,其中国内结构解释是主要假设。② 为了获得更加可靠的理论解释,该学者让上述主要假设和两种竞争性假设同时接受五个大国的案例检验,具体包括不同国家或者同一国家不同时期的检验,同一案例中不同个人与集团的检验等,以确定主要假设和竞争性假设的解释力。在排除多次未通过检验的研究假设的基础上,这位学者最终确证了主要假设更具解释力,即利益集团互助和帝国迷思能够更好地解释大国过度扩张。

通过排除竞争性假设提升研究效度,有赖于竞争性假设的数量和推论强度。③ 在数量方面,考虑到现实可行性,经验丰富的研究人员往往不会考虑所有可能的(possible)竞争性假设,而是尽可能关注那些看似合理的(plausible)竞争性假设,进而证明这些看似合理的竞争性假设实际上并不合理。④ 一般而言,看似合理的竞争性假设数量越少,通过排除其合理性确证主要假设的信心就越强。在推论强度方面,一般而言,竞争性假设获得经验证据的支持越少,其对结果变化的解释力越弱,通过排除其合理性确证主要假设的信心

---

① 卡尔·波普尔:《猜想与反驳:科学知识的增长》(傅季重等译),杭州:中国美术学院出版社2003年版,第398—399页;卡尔·波普尔:《客观知识:一个进化论的研究》(舒炜光等译),上海译文出版社2015年版,第164—169、321—324页。在这里,本书赞同波普尔所说的:"真理是与事实(或实在)的符合,或者更确切地说,一个理论是真的,当且仅当它符合事实。"(《客观知识:一个进化论的研究》,第50页。)

② 关于三种竞争性假设的具体内容,参见杰克·斯奈德:《帝国的迷思——国内政治与对外扩张》(于铁军等译),北京大学出版社2007年版,第23—69页。

③ John Gerring, *Social Science Methodology: A Unified Framework*, Cambridge: Cambridge University Press, 2012, pp. 316-319.

④ William R. Shadish, Thomas D. Cook and Donald T. Campbell, *Experimental and Quasi-Experimental Designs for Generalized Causal Inference*, 2nd ed., Boston: Houghton Mifflin Company, 2001, pp. 13-17.

就越强。

通过排除竞争性假设提升研究效度,还需考虑主要假设与竞争性假设之间的关系(见表 7.1),其主要原因在于两者关系不同,排除竞争性假设对于确证主要假设的作用会存在较大差异。具体而言,当两者是互斥关系时,主要假设与竞争性假设在相同证据面前不可能同时成立,排除竞争性假设就能够确证主要假设。不过,案例研究中主要假设与竞争性假设互斥的情形并不常见。[①] 当两者是兼容关系时,主要假设与竞争性假设可能同时成立,对竞争性假设的反驳就是对主要假设的部分或完全反驳;当两者相互独立时,其证据要求各不相同且能同时成立,排除竞争性假设既不能反驳也不能确证主要假设,[②]但可以提升主要假设解释的精确性。

表 7.1 主要假设与竞争性假设的关系类型

关系类型	韦恩图	因果图	主要特征	控制竞争性解释变量
互斥关系	(Y, X, V 韦恩图)	$X \rightarrow Y$	X 影响 Y,而 V 不影响 Y,$MH_{x \rightarrow y}$ 与 $RH_{v \rightarrow y}$ 不能同时成立;支持前者的证据必然不支持后者	不需要控制 V,确证主要假设就能排除竞争性假设
兼容关系	(Y, X, C 韦恩图)	$C \rightarrow X \rightarrow Y$, $C \rightarrow Y$	C 影响 X,而 X 和 C 都影响 Y,$MH_{x \rightarrow y}$ 与 $RH_{c \rightarrow y}$ 能同时成立;支持前者的证据也能支持后者	控制 C 可以消除偏差,排除竞争性假设

---

① 定量研究中的零假设检验法理所当然地将零假设与备择假设视作互斥关系,而定性研究中的贝叶斯过程追踪法也默认主要假设与竞争性假设存在互斥关系。

② 更为详细的讨论参见 Sherry Zaks, "Relationships Among Rivals (RAR): A Framework for Analyzing Contending Hypotheses in Process Tracing," *Political Analysis*, Vol. 25, No. 3, 2017, pp. 347–350.

（续表）

关系类型	韦恩图	因果图	主要特征	控制竞争性解释变量
独立关系			X 和 W 彼此独立，但都影响 Y，$MH_{x \to y}$ 与 $RH_{w \to y}$ 能同时成立；但支持前者的证据既不支持也不反驳后者	控制 W 不会引起偏差，但会提高主要假设解释的精确性

备注：1. $\{Y\}$ = 因变量，$\{X\}$ = 自变量，$\{C, V, W\}$ = 竞争性解释变量，$MH_{x \to y}$ = 理论上感兴趣的主要假设，$\{RH_{v \to y}, RH_{c \to y}, RH_{w \to y}\}$ = 竞争性假设；2. 圆圈大小代表变量的变化幅度，圆圈相交代表变量相关，这里暂且假定圆圈相交的阴影部分代表因变量可能为自变量解释的比例。3. 在因果图中，节点之间没有有向边意味着不存在因果联系，因而通常会省略相应的孤立节点（如变量 V）。详见本书第五章和本章后续的相关介绍。

资料来源：参考 Sherry Zaks, "Relationships Among Rivals (RAR): A Framework for Analyzing Contending Hypotheses in Process Tracing," *Political Analysis*, Vol. 25, No. 3, 2017, pp. 344-362 整理制作。

不过，由于研究假设往往是概括性陈述，难以直接检验，因而无论是检验主要假设还是竞争性假设，研究人员通常都要从研究假设中推演出具体的经验蕴涵（empirical implications），并通过证据对比检验这些经验蕴涵，进而确证或反驳相应研究假设（见图 7.1）。① 所谓经验蕴涵是指研究假设所蕴涵的旨在描述可观察的特定事实或事件的经验陈述。同一研究假设往往可以逻辑推演出多个经验蕴涵，而这些经验蕴涵往往是条件性经验陈述。也就是说，

---

① Carl G. Hempel, *Philosophy of Natural Science*, Upper Saddle River: Prentice-Hall Inc., 1966, pp. 3-10. 在不同论著中，经验蕴涵有时也称作"可观测的蕴涵"（observable implications）、"检验蕴涵"（test implications）、"预期"（expectations）、"预言"（predictions）或"表征"（manifestations）等。参见 Gary King, et al., *Designing Social Inquiry: Scientific Inference in Qualitative Research*, Princeton: Princeton University Press, 1994, pp. 28-31, 46-49; Joachim Blatter and Markus Haverland, *Designing Case Studies: Explanatory Approaches in Small-N Research*, Basingstoke: Palgrave Macmillan, 2012, pp. 160-161; Derek Beach and Rasmus Brun Pedersen, *Process-Tracing Methods: Foundations and Guidelines*, Ann Arbor: University of Michigan Press, 2013, pp. 13-22。

如果研究假设可信,那么只要满足特定条件,研究人员就能在现实世界中观察到相关经验现象。① 不难看出,推导研究假设的经验蕴涵遵循演绎推理而非归纳推理,因此不会出现"研究假设"为真而"经验蕴涵"为假的情形。②

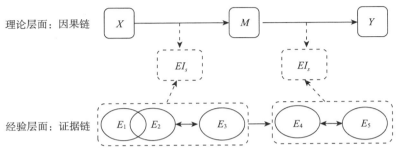

图 7.1　假设检验中的因果链、经验蕴涵与证据链

备注:EI_s = 经验蕴涵;E = 证据;M = 中介变量;证据链中的虚线框表示其中的若干证据构成了相互印证的闭环。

通过检验经验蕴涵确证或反驳研究假设,不仅要考察经验蕴涵能否获得证据支持,而且要通过评估经验蕴涵的确定性(certainty)和独特性(uniqueness),明确研究假设与其经验蕴涵之间的条件关系。具体而言,**确定性**要考察的是"对于给定经验蕴涵,研究人员有多大概率能够找到确定无疑的证据予以支持"。经验蕴涵的确定性越强,找到支持证据的概率就越大,通过检验(passing the test)对于确证研究假设而言就更加必要。而**独特性**要考察的是"对于给定经验蕴涵,研究人员能否从其他竞争性假设中推演出来"。经验蕴涵的独特性越强,其来自竞争性假设的可能性就越小,通过检验对于确证研究假设而言就更加充分。③ 可见,确定性强的经验蕴涵通过检验是推断研究

---

① 强调经验蕴涵的条件性意味着要对第三变量加以控制,这一点对于检验经验蕴涵至关重要。参见 Carl G. Hempel, *Philosophy of Natural Science*, Upper Saddle River: Prentice-Hall Inc., 1966, pp. 19–22.
② 关于蕴涵的五种不同含义、实质蕴涵与"如果……,那么……"条件陈述的区别,参见欧文·M. 柯匹、卡尔·科恩:《逻辑学导论(第 13 版)》(张建军等译),北京:中国人民大学出版社 2014 年版,第 358—366 页。
③ Andrew Bennett, "Process Tracing and Causal Inference," in Henry E. Brady and David Collier, eds., *Rethinking Social Inquiry: Diverse Tools, Shared Standards*, 2nd ed., Lanham: Rowman & Littlefield, 2010, pp. 207–219; Ingo Rohlfing, "Comparative Hypothesis Testing Via Process Tracing," *Sociological Methods & Research*, Vol. 43, No. 4, 2014, pp. 606–642.

假设成立的必要条件,而独特性强的经验蕴涵通过检验则是推断研究假设成立的充分条件。

依据经验蕴涵确定性和独特性的强弱,假设检验可以区分为四种基本类型,即环式检验(hoop test)、冒烟手枪式检验(smoking-gun test)、双重决定式检验(double-decisive test)和风中稻草式检验(straw-in-wind test)。这四种检验能以不同方式和强度确证或反驳研究假设(见表7.2)。①

具体而言,在环式检验中,经验蕴涵确定性强而独特性弱,特定经验蕴涵是相应研究假设的必要条件。换言之,环式检验符合充分条件假言推理,经验蕴涵没有获得证据支持(未通过环式检验)就足以反驳研究假设,但获得证据支持(通过环式检验)却无法完全确证研究假设。例如,犯罪调查中,如能确认特定嫌疑人不在场,则可以排除其作案可能;不过,特定嫌疑人确实在场并不能确证其是真凶。可见,环式检验能够为确证研究假设提供必要而非充分的证明,因此通常应用于反驳那些看似合理的竞争性假设。

表7.2 定性研究中假设检验的基本类型

		确定性(建立必要性)	
		弱	强
独特性(建立充分性)	弱	风中稻草式检验 1. 通过检验:无法确证研究假设 2. 未通过检验:无法反驳研究假设	环式检验 1. 通过检验:无法确证研究假设 2. 未通过检验:反驳研究假设
	强	冒烟手枪式检验 1. 通过检验:确证研究假设 2. 未通过检验:无法反驳研究假设	双重决定式检验 1. 通过检验:确证研究假设 2. 未通过检验:反驳研究假设

资料来源:Andrew Bennett, "Process Tracing and Causal Inference," in Henry E. Brady and David Collier, eds., *Rethinking Social Inquiry: Diverse Tools, Shared Standards*, 2nd ed., Lanham: Rowman & Littlefield, 2010, pp. 207-219; David Collier, "Understanding Process Tracing," *PS: Political Science & Politics*, Vol. 44, No. 4, 2011, pp. 823-830。

---

① Stephen Van Evera, *Guide to Methods for Students of Political Science*, Ithaca: Cornell University Press, 1997, pp. 30-34; David Collier, "Understanding Process Tracing," *PS: Political Science & Politics*, Vol. 44, No. 4, 2011, pp. 823-830; James Mahoney, "The Logic of Process Tracing Tests in the Social Sciences," *Sociological Methods & Research*, Vol. 41, No. 4, 2012, pp. 570-597.

在冒烟手枪式检验中,经验蕴涵确定性弱而独特性强,特定经验蕴涵是相应研究假设的充分条件。也就是说,冒烟手枪式检验符合必要条件假言推理,经验蕴涵获得证据支持(通过冒烟手枪式检验)就足以确证研究假设,但未获证据支持(未通过冒烟手枪式检验)无法反驳研究假设。例如,枪杀案刚刚发生后,嫌疑人手持冒着烟的枪支可以有力地证明其是真凶。不过,没有手持冒着烟的枪支并不能反驳特定嫌疑人不是真凶。可见,冒烟手枪式检验能够为确证研究假设提供充分而非必要的证明,因而通常应用于确证研究人员提出的主要假设。(见图7.2)

如果研究假设 H 是真的,那么经验蕴涵 $EI_1, EI_2 \cdots, EI_n$ 也是真的;	只有研究假设 H 是真的,经验蕴涵 $EI_1, EI_2 \cdots, EI_n$ 才是真的;
(未通过检验,即没有找到证据 E,表明)经验蕴涵 $EI_1, EI_2 \cdots, EI_n$ 都不是真的;	(通过检验,即找到证据 E,表明)经验蕴涵 $EI_1, EI_2 \cdots, EI_n$ 都是真的;
所以,研究假设 H 不是真的。	所以,研究假设 H 是真的。
(a)充分条件假言推理 (环式检验)	(b)必要条件假言推理 (冒烟手枪式检验)

图7.2 假设检验的两种有效推理形式[①]

在双重决定式检验中,经验蕴涵的确定性和独特性均很强,特定经验蕴涵是研究假设的充分必要条件。一旦成功实现,双重决定式检验将为研究假设提供充分且必要的有力证明。例如,监控摄像机记录下了犯罪嫌疑人的面容和作案过程。[②] 不过,社会科学中实现双重决定式检验非常困难。

风中稻草式检验对研究假设的检验强度最弱,因为从中推导出的经验蕴涵确定性和独特性均很弱。因此,无论经验蕴涵是否通过检验,风中稻草式检验都无法为确证或反驳研究假设提供有力证明。例如,犯罪嫌疑人曾与被害者发生争吵对于确认或排除嫌疑人的支持力度都很小。

[①] 关于充分条件假言推理和必要条件假言推理的推理规则,参见金岳霖主编:《形式逻辑(重版)》,北京:人民出版社2018年版,第182—188页。

[②] Stephen Van Evera, *Guide to Methods for Students of Political Science*, Ithaca: Cornell University Press, 1997, p. 32.

根据上述基本原理,在检验具体研究假设时,研究人员往往需要综合运用环式检验和冒烟手枪式检验,即首先最大限度增强竞争性假设经验蕴涵的确定性,以借助环式检验排除竞争性假设;在此基础上最大限度增强主要假设经验蕴涵的独特性,以借助冒烟手枪式检验确证主要假设。

主导国为什么会投资那些难以产生较大军事或经济利益的高成本项目?对此,有学者提出了象征资本理论,认为主导国不计代价地追求象征资本(如获得他国认可与臣服、维持科技领域领先地位和良好声誉等),主要动力是获取和维持其支配性等级权威。与上述理论解释不同的是,其他竞争性解释分别强调经济效益、安全威胁、国家认同和权力寻租等不同因素。为了检验象征资本理论,两位学者从相关联的命题(假设)中推导出了五个经验蕴涵,并对其确定性和独特性进行了评估,即确定每一个经验蕴涵属于以下何种情形:(1)必然可由象征资本理论推论得出,与竞争性理论无关;(2)必然由象征资本理论或其他竞争性理论推论得出;(3)可能但并非必然由象征资本理论或其他竞争性理论推论得出;(4)极不可能由象征资本理论或其他竞争性理论推论得出。①

在证据检验阶段,两位学者以美国阿波罗计划和中国明朝郑和宝船为案例,利用历史档案证据对比检验了上述研究假设,以排除竞争性假设并确证主要假设。例如,如果经济效益理论和安全威胁理论成立,必然不会出现主导国将军事或经济用途资产用于难以产生军事或经济利益的高成本项目。但是,两个案例中均出现了类似现象。也就是说,经济效益和安全威胁理论未能通过环式检验,因而遭到有力反驳。又如,象征资本理论做出的预期确定且独特(如将军事或经济用途资产用于难以产生军事或经济效益的高成本项

---

① Paul Musgrave and Daniel H. Nexon, "Defending Hierarchy from the Moon to the Indian Ocean: Symbolic Capital and Political Dominance in Early Modern China and the Cold War," *International Organization*, Vol. 72, No. 3, 2018, pp. 591-626, Table 2 and Appendix Table A1.

目)足以解释主导国投资高成本项目。也就是说,象征资本理论通过双重决定式检验得以确证,同时这一检验也反驳了经济效益和安全威胁理论。

反驳或确证研究假设最终还是要考察研究假设与经验证据之间的关系。不过,证据本身并不能自证其明。研究人员使用证据来检验假设,并不是简单地展示或者罗列证据。在定性研究中,检验假设时,更要重视研究假设和经验证据之间的来回穿梭和持续对话。① 在这一过程中,研究人员不仅要防止证据与假设脱节,更要在证据之间建立逻辑联系,尤其要关注证据的证明结构,即用以检验假设的证据的排列组合及其关联方式。换言之,研究人员需明确说明契合因果链的证据链(见图7.1),即来源独立的多种证据能够合乎逻辑地连接起来,进而构成对研究假设的有力支撑。② 如果证据链断裂或难以衔接,假设检验的可靠性和有效性都将大大下降。

为什么美苏两国在20世纪50年代积极分享核技术,但到了60年代却转向推动防止核扩散?有学者认为,美苏两国的竞争性等级体系影响了两国在核技术议题上的行为和政策转向。由此,两位学者提出研究假设并明确阐述了其中的因果链,即主导国之间的竞争通过羞辱或竞价机制促成了有利于附属国的核技术共享,而主导国之间的合作则借由等级间合作机制导致不利于附属国的核保障监督。

鉴于假设检验的核心任务是检验主导国互动模式与核不扩散政策的三个因果机制,两位学者从上述两个主要假设中推导出了八个可观察的经验蕴涵,并基于美国国家安全档案馆(NSA)和《美国

---

① Charles C. Ragin, *The Comparative Method: Moving Beyond Qualitative and Quantitative Strategies*, Oakland: University of California Press, 1987, pp. 164−171; Charles C. Ragin and Lisa M. Amoroso, *Constructing Social Research: The Unity and Diversity of Method*, 2nd ed., Thousand Oaks: Pine Forge Press, 2011, pp. 57−78.

② 栗峥:《证据链与结构主义》,《中国法学》2017年第2期,第173—193页。

对外关系文件集》(FRUS)等收集了不同类型的档案证据,其中既有确认主导大国互动行为与核不扩散政策之间存在共变关系的差异性证据,又有揭示主导国竞相羞辱、彼此竞价以及展开等级间合作的机制性证据。更为重要的是,两位学者将相关差异性和机制性证据组织起来构成了连贯一致且相互印证的证据链,较为有力地确证了主要假设。①

在建立证据链的过程中,研究人员不仅要发现并采用来源独立的多样证据,而且要评估和权衡不同证据对研究假设的证明价值,特别要防止使用孤证。孤证是指证据单一,或者数量较多但来源单一,或者数量虽多却彼此孤立存在,其确证研究假设的价值非常有限,史学界中因此一直强调"孤证不为定说"。② 为此,研究人员通常特别重视证据的相互印证(mutual corroboration)。证据的相互印证是指两个以上来源独立的证据在事实信息方面存在重合或交叉,并合理排除了证据间的冲突或矛盾。在假设检验过程中,证据相互印证有助于原本孤立的证据因所含内容相同、证明方向一致而形成逻辑上环环相扣的证据链,进而共同确证同一研究假设(见图7.1)。③ 因此,相互印证的证据数量越多,有效排除竞争性假设的可能性就越大,研究假设得以确证的可信度就越高。④

二、实施步骤

应用科学方法的过程中,研究人员需不断在假设、数据和证据之间来回

---

① Jeff D. Colgan and Nicholas L. Miller, "Rival Hierarchies and the Origins of Nuclear Technology Sharing," *International Studies Quarterly*, Vol. 63, No. 2, 2019, pp. 310-321, Figure 2 and Table 1.
② 梁启超:《清代学术概论》,北京:东方出版社1996年版,第44页。
③ 陈瑞华:《论证据相互印证规则》,《法商研究》2012年第1期,第112—123页;龙宗智:《刑事印证证明新探》,《法学研究》2017年第2期,第151—153页;吴洪淇:《印证的功能扩张与理论解析》,《当代法学》2018年第3期,第78—80页;栗峥:《印证的证明原理与理论塑造》,《中国法学》2019年第1期,第264—283页。
④ 在诠释主义者看来,证据越多可能反而意味着可信性越低。参见 Ted Hopf, "The Limits of Interpreting Evidence," in Richard N. Lebow and Mark I. Lichbach, eds., *Theory and Evidence in Comparative Politics and International Relations*, New York: Palgrave Macmillan, 2007, p. 73. 实证主义与诠释主义对证据有着不同的理解和运用,这里对证据的看法主要还是秉持实证主义立场。

穿梭。因此,就操作层面而言,假设检验主要包括六个重要环节(见图7.3):(1)明确研究假设,包括确定主要假设、竞争性假设及其相互关系;(2)推导经验蕴涵,重点阐明研究假设的经验蕴涵,评估经验蕴涵的确定性和独特性并据此确定假设检验类型;(3)收集经验数据,尤其重视数据来源的独立性和多样性;(4)开展证据评估,重点评估经验数据的证据价值;(5)获取检验结果,主要任务是通过证据对比检验主要假设与竞争性假设,确定主要假设是否成立;(6)评估假设检验,主要是评估假设检验过程和结论的不确定性。

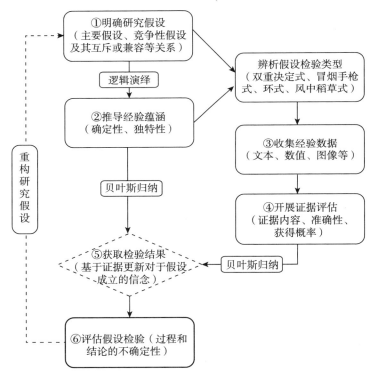

图 7.3 假设检验的基本流程

(一)明确研究假设

明确研究假设是指,清晰说明主要假设和竞争性假设的解释变量和逻辑机制。其意义主要体现在两个方面:一是能够指导研究人员更为有效地收集数据并完成证据评估,因为如何收集数据、如何评估和分析证据取决于研究假设而非研究问题。① 二是明确竞争性假设有助于研究人员更为准确地评估其主要假设的可靠性,合理确定其研究发现的理论贡献。

冷战期间,面对盟国发展核武器的诉求,美国对有些盟国会采取强制性防扩散战略,而对有些盟国则采取了适应性防扩散战略,甚至针对同一盟国,美国有时采取强制性防扩散战略,有时则会转向适应性防扩散战略,有时又会采取适应和强制相结合的混合战略。是什么因素造成了美国防扩散战略的差异?从新古典现实主义理论出发,有学者提出美国防扩散政策源于三个因素,即盟国所在地区的实力分布是否对美国有利、美国利益在该地区受到威胁的时间长短以及美国国内动员障碍水平(中介变量)。为了检验上述主要假设,该学者同时考虑了三种竞争性假设,分别强调核扩散的多米诺反应、美国常规军力部署和美国制裁可信性等三个因素。通过经验证据对比检验,该学者较好地确证了主要假设,同时反驳了竞争性假设。②

在确定竞争性假设的过程中,研究人员既要考虑足够数量且多样化的竞争性假设,也要明确主要假设与竞争性假设之间的关系,即清楚地说明主要假设与竞争性假设究竟是相互排斥的、彼此兼容的还是各自独立的关系。一方面,对于确定主要假设是否可靠而言,两者关系不同,确证或反驳竞争性假设的作用会存在明显差异;另一方面,明确两者关系有助于研究人员优化研究设计,完成更具针对性的对比检验,进而为排除竞争性假设提供更加令人信服的依据。

---

① Carl G. Hempel, *Philosophy of Natural Science*, Upper Saddle River: Prentice-Hall Inc., 1966, pp. 10-18.
② Jeffrey W. Taliaferro, *Defending Frenemies: Alliances, Politics, and Nuclear Nonproliferation in US Foreign Policy*, New York: Oxford University Press, 2019, pp. 1-63, 259-265.

大国经济相互依赖究竟会引发战争还是会带来和平?为此,有学者提出了贸易预期理论,认为当领导人对大国间贸易前景持乐观预期时,经济相互依赖会减少大国间爆发战争的可能性;而当领导人对大国间贸易前景持悲观预期时,经济相互依赖会增加大国间爆发战争的风险。就竞争性假设而言,该学者评估并排除了成本信号论和新马克思主义两种可能的竞争性假设,重点考虑了两种看似合理的竞争性假设:商业自由主义和经济现实主义。前者强调由于战争机会成本提升,经济相互依赖会带来和平;而后者强调为摆脱脆弱性,经济相互依赖将导致战争。

在该学者看来,主要假设与竞争性假设彼此独立,反驳商业自由主义或经济现实主义的解释并不能直接确证贸易预期理论。因此,假设检验的任务就是确定哪些案例证据反驳或确证了哪个研究假设,尤其要考察相对于竞争性假设,主要假设能否获得更多的经验证据支持。① 为此,该学者选取了1790年至1991年的40个案例同时检验上述主要假设和竞争性假设。结果表明,在其中30个与经济相互依赖有关的案例中,支持贸易预期理论的案例为26个(86.7%),支持经济现实主义和商业自由主义的分别只有11个(36.7%)和3个(10%)。也就是说,贸易预期理论更具经验解释力,而大部分案例中竞争性假设都无法获得确证。

上述讨论已充分表明了竞争性假设对于假设检验的重要意义。那么,如何有效识别竞争性假设呢?除了持续思考带来的灵感和猜想之外,识别并确立竞争性假设主要依赖既有理论和案例知识。首先,研究人员可通过系统的

---

① 参见戴尔·科普兰:《经济相互依赖与战争》(金宝译),北京:社会科学文献出版社2018年版,第19—109页;Sherry Zaks, "Evaluating 'Competing' Explanations in Economic Interdependence and War," *Qualitative & Multi-Method Research*, Vol. 15, No. 2, 2017, pp. 40-44; Dale C. Copeland, "Rare Events and Mixed-Methods Research: Shaping the Agenda for the Future," *Qualitative & Multi-Method Research*, Vol. 15, No. 2, 2017, pp. 53-56。

文献回顾详细了解与研究问题密切相关的理论,进而从理论解释中推演出看似合理的竞争性假设。其次,研究人员可以通过探索性案例研究掌握丰富的案例知识,进而从案例材料中归纳出看似合理的竞争性假设。

(二) 推导经验蕴涵

明确研究假设之后,研究人员要从一般性的研究假设中推导出尽可能多的经验蕴涵,即研究人员要不断发问:"如果研究假设是可信的,那么我们将在经验世界中观察到什么?"[1]如果研究人员无法从研究假设中推导出任何经验蕴涵,则说明这一研究假设无法借助经验事实加以检验,其科学价值将大大降低。如果研究人员感到没必要或难以推导出研究假设的经验蕴涵,则说明相应研究假设不具备一般性,过于接近经验陈述,相应研究很容易陷入以事实解释事实的误区。

如果研究人员能较为顺利地从研究假设中推导出可观察的经验蕴涵,一方面可以避免使用提出假设的相同案例再次检验假设,同时也有助于研究人员更为有效地搜集数据和评估证据,进而提高假设检验的可靠性。换言之,经验蕴涵越丰富多样,确证或反驳研究假设的可能性就越大。

如何才能从研究假设中推导出尽可能多的经验蕴涵呢? 除了遵循前面讨论过的演绎逻辑,研究人员首先要厘清变量之间的共变模式与因果机制。检验因果机制时,研究人员还需进一步理清具体涉及的实体和活动(见本书第五章)。在此基础上,可以按照相应的因果逻辑和机制要素将研究假设分解成不同组成部分("构成性假设")[2],进而依次推导出每个构成性假设的经验蕴涵。其次,要明确核心变量的测量方式,以使经验蕴涵与可观察的经验指标关联起来。为此,研究人员可尝试使用不同测量指标,寻找可能的代理指标或降低分析层次,以拓展理论预期和经验观察的角度和范围,在不同分

---

[1] Gary King, et al., *Designing Social Inquiry: Scientific Inference in Qualitative Research*, Princeton: Princeton University Press, 1994, pp. 28-31, 46-49.

[2] Stephen Van Evera, *Guide to Methods for Students of Political Science*, Ithaca: Cornell University Press, 1997, pp. 11-13.

析层次上推导出更多的经验蕴涵。

不过,研究人员也要避免一味追求经验蕴涵数量忽视其特性的倾向,原因在于经验蕴涵特性对假设检验效果的影响更为直接。如前所述,经验蕴涵具有不同程度的确定性和独特性,这意味着经验蕴涵对于假设检验的意义和作用并不相同。确定性和独特性都强的经验蕴涵检验价值最高,可以在确证主要假设的同时反驳竞争性假设;相反,确定性和独特性均很弱的经验蕴涵则几乎不具有检验价值。

20世纪90年代,国际选举监督数量上升,规模扩大。有学者提出,对这一经验现象的完整解释,不仅要考虑选举监督规范的兴起,而且涉及选举监督规范的扩散时机、速度以及内化。为此,该学者提出研究假设,认为工具理性、新兴规范和国际格局三个因素的相互作用推动了国际选举监督的扩散。为了检验这一研究假设,该学者按照规范产生、扩散和内化的解释逻辑将上述研究假设分解为四个关联的组成部分,即监督兴起、转折时机、大规模快速扩散和普遍内化四组构成性假设。

在此基础上,该学者推导出12条可供检验的经验蕴涵,并仔细评估了其确定性和独特性,以明确其检验价值。举例而言,在检验冷战结束导致1989—1991年国际选举监督出现转折时,"国际选举监督与冷战结束存在联系"这一经验蕴涵虽然确定性弱但其独特性强,一旦通过检验就足以充分推断上述研究假设的合理性。"西方国家带头倡议国际选举监督"这一经验蕴涵,在冷战后西方国家实力占优的背景下确定性强但并不独特。如果难以找到相关证据支持(未能通过环式检验),则研究假设的可靠性将大大削弱。"冷战结束带来国内动乱,反对派诉诸国际选举监督"这一经验蕴涵的确定性和独特性均较弱,属于风中稻草式检验,既难以确证上述研究假设,也不能做出有效反驳。①

由此可见,研究人员需沿着确定性或独特性强的方向推导经验蕴涵,特别要从主要假设中尽可能多地推导出独特性强的经验蕴涵,即竞争性假设无法预测的经验蕴涵。一旦这些独特性强的经验蕴涵均可通过检验,那么竞争性假设成立的可能性将大大降低,进而表明主要假设较之竞争性假设更具解释效力。②

(三) 收集经验数据

收集数据并提高数据质量是科学研究的必然要求。研究数据的来源多种多样,比较常见的包括参与性观察、访谈、问卷调查、档案文件、史料、新闻报道、社交媒体、开源数据库、受控实验等,由此可以形成文本、数字、图像、音视频等不同形态的数据。③ 研究人员通常从不同来源收集数据,而研究取向不同则会影响研究人员生成数据的方式。例如,定性研究者可以结合社会情境对政治文本进行互文性阅读和人工编码,从而选择适合话语分析的关键材料;而定量研究者则可借助自动文本分析实现对文本内容的自动编码和分类,从而获得可用于统计分析的数据集。④

---

① Judith Kelley, "Assessing the Complex Evolution of Norms: The Rise of International Election Monitoring," *International Organization*, Vol. 62, No. 2, 2008, pp. 221-255.

② William R. Shadish, Thomas D. Cook and Donald T. Campbell, *Experimental and Quasi-Experimental Designs for Generalized Causal Inference*, 2nd ed., Boston: Houghton Mifflin Company, 2001, p. 105.

③ 参见 Uwe Flick, ed., *The SAGE Handbook of Qualitative Data Collection*, London: SAGE Publications, 2018, pp. 231-524;彼得·伯克:《图像证史(第二版)》(杨豫译),北京大学出版社2018年版。利用录音谈话和档案文件进行研究的例子,参见 Paul Musgrave, "The Missing Links: Choosing and Rejecting International Issue Linkages in the Presidential Interest," *Presidential Studies Quarterly*, Vol. 49, No. 3, 2019, pp. 581-608。

④ 参见莱娜·汉森:《作为实践的安全:话语分析与波斯尼亚战争》(孙吉胜、梅琼译),北京:世界知识出版社2016年版;Bentley B. Allan, Srdjan Vucetic and Ted Hopf, "The Distribution of Identity and the Future of International Order: China's Hegemonic Prospects," *International Organization*, Vol. 72, No. 4, 2018, pp. 839-869; Justin Grimmer and Brandon M. Stewart, "Text as Data: The Promise and Pitfalls of Automatic Content Analysis Methods for Political Texts," *Political Analysis*, Vol. 21, No. 3, 2013, pp. 267-297。

数据收集方法多种多样,但共同的要求是程序公开和方法可靠。[①] 为此,研究人员首先要明确数据收集单位,尤其是进行多点(multi-sited)收集或数据聚合时,更要确保数据单位一致或明确说明测量数据是否等价,切忌混淆数据收集单位和理论化单位。例如,收集数据的单位是单个北约国家,而建构理论的单位是北约,就会混淆数据收集单位和理论化单位,因为单个北约国家未必具备北约国家的群体特征。其次,拓展数据来源并确保利用不同来源各自独立,以尽可能确保数据的准确性和完整性。[②] 每种数据来源都有其固有的优势和缺陷[③],研究人员从多种来源收集数据可最大限度减少数据来源单一带来的系统性偏差,确保利用不同数据对同一事实或假设进行交叉检验。而数据来源独立则有助于减少无效信息,确保不同数据为同一假设提供独立的证据支撑。

为了检验研究假设,有学者广泛搜集了政府调研报告、项目公司公开报告、非政府组织调查报告、学术文献以及主流媒体报道等经验数据,并通过不同渠道的证据相互确证,以提高数据可靠性。首先,通过多种渠道收集案例数据,尽力做到对同一事实的多重证明,而非对不同事实的对应证明。例如,通过非政府组织调查报告、企业社会责任报告和既有学者田野调查等相互独立的信息共同确证某项目的利益分享实践。其次,针对同一现象但来源不同的数据,通过比较分析形成案例数据的最大公约数,以增强案例数据的可靠性。例如,在分析有关项目的抗议事件时,只选取非政府组织调查报告和该国政府报告中描述相同或相似的事实。

---

① Gary King, et al., *Designing Social Inquiry: Scientific Inference in Qualitative Research*, Princeton: Princeton University Press, 1994, pp. 23-27.
② Michael Quinn Patton, *Qualitative Research and Evaluation Methods*, 3rd ed., Los Angeles: Sage Publications Inc., 2002, pp. 555-563.
③ 有关数据来源优缺点的比较,参见 Robert K. Yin, *Case Study Research and Applications: Design and Methods*, 6th ed., Los Angeles: SAGE Publications Inc., 2018, pp. 113-125。

（四）开展证据评估

科学研究是以证据为基础的经验研究，而证据则是事实认定和假设检验的基石。证据充分可靠既能确保逻辑论证的有效性，又能够增强假设检验的可靠性。为此，研究人员需谨慎区分数据来源(source)、数据(data)和证据(evidence)及其关系。尽管数据是证据的现实载体，但数据并不等同于证据，只有与特定假设相关且经过评估的数据才能成为证据（见图7.4）。也就是说，所有证据都是数据，但并非所有数据都是证据。"成为证据"(being evidence for)需要综合考虑相关数据、待证假设和背景信息。① 因此，数据量并不是证据数量，更不是证据质量，不能把资料丰富等同于证据充分。

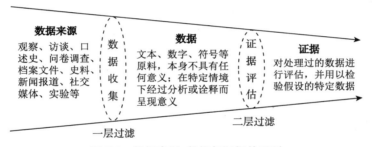

图7.4 数据来源、数据与证据的区别

数据转化为证据有赖于研究人员的审慎评估②，尤其要仔细考察相关性和证明价值等基本属性③。其中，相关性是证据的根本属性，只有相关数据才

---

① Colin Howson and Peter Urbach, *Scientific Reasoning：The Bayesian Approach*, 3rd ed., Chicago：Open Court Publishing Company, 2006, pp. 298-299. 比奇和彼泽森使用"$o+k\rightarrow e$"公式来表达类似的理解和认识，其中 o 表示观测数据，k 表示具体案例知识，而 e 表示证据。参见 Derek Beach and Rasmus Brun Pedersen, *Process-Tracing Methods：Foundations and Guidelines*, Ann Arbor：University of Michigan Press, 2013, pp. 9-23, 163-170。
② 强调证据评估由来已久，只是时常为政治学学者所忽视。史学学者历来强调史料考证的重要性，参见陆懋德：《史学方法大纲》，北京：商务印书馆2019年版，第29—96页；马克·布洛赫：《历史学家的技艺》（张和声、程郁译），上海社会科学院出版社2019年版，第28—76页。
③ 这里的相关性不是哲学意义上的普遍联系，而是逻辑意义上的特殊联系，一般可通过逻辑、常识和经验加以判断。有关证据属性的具体讨论，参见张保生等：《证据法学》，北京：高等教育出版社2013年版，第19—37页；特伦斯·安德森、戴维·舒姆、威廉·特文宁：《证据分析（第二版）》（张保生等译），北京：中国人民大学出版社2012年版；阿维娃·奥伦斯坦：《证据法要义》（汪诸豪、黄燕妮译），北京：中国政法大学出版社2018年版，第1—12页。

能转化为证据。不过,相关性只是数据成为证据的必要条件,因为数据转化为证据还取决于其证明价值,即相关数据对研究假设的证明作用。具体而言,确定证据价值主要是评估和分析数据的内容、准确性和获得概率。①

内容方面,需掌握必要的背景知识,明确数据产生过程,包括数据生产者、目标受众、潜在意图和产生情境等,以尽可能准确理解数据的内涵和意义,②避免隐匿或者曲解数据。一般而言,数据的内容越是客观真实,其证据价值越高。准确性方面,需运用必要的测量方法,确定数据测量误差的类型、来源和补救措施。在了解测量信度和效度的基础上,尽可能使用准确性更高的数据,避免陷入片面追求数据量或新数据但忽视准确性的误区。一般而言,数据误差越小、准确性越高,其证据价值越高。获得概率方面,要明确假设检验的类型并考虑所需证据的种类和规模,利用既有理论和案例知识评估特定证据存在的可能性,由此确定其检验相应研究假设的证明价值。③ 一般而言,特定证据存在的可能性越低,其潜在的推断效力和证明价值就越高。

在广泛搜集独立数据的基础上,有学者对其研究数据进行了评估。内容方面,鉴于媒体报道不可避免地带有价值立场,因此,两位学者主要关注纪实性报道,并选取其中的事实部分而非观点部分。针对中文国际时政新闻的原创性问题,尽可能使用原始新闻报道,追溯新闻报道的来源数据,不采用汇编、翻译的新闻报道。准确性方面,学者们发现,有些环保组织的调查报告要么很少或完全没有

---

① Derek Beach and Rasmus Brun Pedersen, *Process-Tracing Methods*: *Foundations and Guidelines*, Ann Arbor: University of Michigan Press, 2013, pp. 120-132.

② Howard S. Becker, *Evidence*, Chicago and London: University of Chicago Press, 2017, Part II. 有学者建议参照拉斯韦尔5W模式评估数据意义和证据价值,参见 Alexander L. George and Andrew Bennett, *Case Studies and Theory Development in the Social Sciences*, Cambridge: MIT Press, 2005, pp. 99-108。关于分析、批判和解读数据的其他讨论,参见 Martha C. Howell and Walter Prevenier, *From Reliable Sources*: *An Introduction to Historical Methods*, Ithaca: Cornell University Press, 2001, pp. 43-68, 88-118。

③ 有关概率与证据的详细讨论,参见特伦斯·安德森、戴维·舒姆、威廉·特文宁:《证据分析(第二版)》(张保生等译),北京:中国人民大学出版社 2012 年版,第 9 章;张保生等:《证据科学论纲》,北京:经济科学出版社 2019 年版,第 109—147 页。

说明调查方法和程序,要么调查方法和程序不够科学严谨,因此相应报告内容准确性较低,未经辨析就采纳很可能降低假设检验的有效性。获得概率方面,研究人员发现,项目公司的社会责任报告更倾向呈现产生积极影响的内容,如果项目公司报告中出现造成负面影响的内容(如承认社区沟通不足),则这些内容更能提高假设检验的有效性。

(五) 获取检验结果

完成证据评估之后,研究人员将转向采用相关证据检验经验蕴涵,以确证或反驳相应的研究假设。经过评估获得的证据需对研究假设构成独立交叉检验。首先,研究人员应确保证据的多样性和独立性。假设检验不仅依赖于证据数量,而且依赖于证据种类。支持性证据的种类越多且相互独立,假设获得确证的可能性就越高。相反,证据越是单一,或者证据相互依赖度越高,证据就越容易趋同化,其所能提供的新信息就越少。事实上,使用同样证据重复检验研究假设并不会提高特定研究假设成立的置信度。① 其次,独立多样的证据应做到相互印证。对于相互冲突或彼此矛盾的证据,研究人员不能有意忽视或选择性采用,而需尽力排除或合理解释证据之间的冲突或矛盾,进而详细说明采纳特定证据的理由和依据,同时合理有效地排除不可靠证据。②

在解释欧洲一体化的形成和发展时,有学者认为,经济利益而非意识形态或地缘政治是其最为根本的动力。鉴于欧共体发展过

---

① Andrew Bennett, "Disciplining our Conjectures: Systematizing Process Tracing with Bayesian Analysis" Appendix, in A. Bennett and J. T. Checkel, eds., *Process Tracing: From Metaphor to Analytic Tool*, Cambridge: Cambridge University Press, 2015, pp. 292-293.

② 处理证据相互冲突或矛盾的关键在于细致评估。当无法找到第三方证据印证相互冲突或矛盾的证据时,常识、权威、案例情境知识往往会成为采纳某方证据的重要依据。需要说明的是,任何证据及其解读都不可能百分之百可靠,提高证据可靠性是一个不断努力接近完美的过程。相关讨论参见 Martha C. Howell and Walter Prevenier, *From Reliable Sources: An Introduction to Historical Methods*, Ithaca: Cornell University Press, 2001, pp. 1-3, 69-79。

程较为复杂,该学者重点关注了推动一体化的五次关键谈判,并将每次谈判分解为国家偏好形成、国家间博弈和制度选择三个阶段,由此提出了融合经济利益、相对权力和可靠承诺的理论解释框架,即各主要政府出于经济自利的考虑,在不对称相互依赖产生的相对权力下进行议价,并通过制度性的可靠承诺谋求更大的合作收益。

为提高假设检验的可靠性和有效性,该学者主要做了以下三项工作:首先,考察每个阶段可能面临的主要竞争性假设,如超国家机构自主性或国家间实力对比对博弈结果的影响等。其次,从主要假设和竞争性假设中推导出清晰明确、可证伪的经验蕴涵,并对所有支持和反对证据加以对比检验。也就是说,在这一过程中,既呈现主要假设的支持证据和不利证据,也展现竞争性假设的证据,以评估不同假设的相对合理性。需要说明的是,检验相互竞争的研究假设的核心目标不在于证明特定理论解释完全正确或是彻底错误,而是比较其相对重要性,进而获得最具解释力的理论。最后,尽可能使用一手资料,少用二手材料,注重证据来源的代表性并仔细评估证据价值,包括考察证据是否经过修饰或伪造、公开证据选取标准以及对证据的具体诠释等,以减少假设检验的不确定性和偏差。[①]

前文已经提到,国际关系等社会科学研究的主要假设与竞争性假设之间多为兼容或相互独立关系,很少呈现互斥关系,即假设检验过程中确证主要假设就是反驳竞争性假设。多数情况下,主要假设和竞争性假设均能获得不同程度的证据支持。因此,假设检验的核心在于确定何种假设(主要假设还是竞争性假设)的支持性证据更多或成立的概率更大。支持研究假设的证据数量越多或概率越大,其越可能得到确证,研究假设成立的可能性就越大;反之亦然。在前面讨论的四种假设检验类型中,研究人员均无一例外地使用与假设预期相冲突或矛盾的证据排除看似合理的竞争性假设,同时寻找支持性

[①] 安德鲁·莫劳夫奇克:《欧洲的抉择——社会目标和政府权力》(赵晨、陈志瑞译),北京:社会科学文献出版社2008年版,第25—113页。

证据确证研究人员关注的主要假设。正是通过在不同证据与研究假设之间的来回穿梭,研究人员才能对比检验各种研究假设,并最终确立解释力较强的理论。

在解释20世纪60年代欧洲一体化的演进动力时,有学者提出追求商业利益、相对权力大小以及寻求可靠承诺分别是欧洲国家偏好形成、国家间博弈及相关制度选择的主要影响因素。与此同时,该学者也注意到地缘政治、超国际机构或技术官僚管理等竞争性假设,而且主要假设与竞争性假设有时彼此互斥,有时却相互兼容。因此,假设检验的核心目标不是彻底否定某些因素的重要性,而是要证明哪些因素真正发挥了决定性作用。

检验结果表明,在英国申请加入欧共体问题上,直接支持反联邦主义、制衡德国和维护西方联盟等地缘政治解释的证据很少,而重振英国全球威望这一地缘政治解释虽可以找到支持证据,但其中关键的证据存在"断章取义式"的误读。更为重要的是,大量英国政府内部决策文件表明,英国对其长期商业利益的关注度要远远高于地缘政治利益。也就是说,相对于地缘政治因素,商业利益可以更为充分地解释英国偏好的形成和转变。

与此同时,压倒性的直接证据也表明,法国否决英国加入欧共体、挑战和抵制欧委会等行为主要是为了保障法国的工农业利益,与平衡德国、维持独立核力量和戴高乐的"法兰西观念"等地缘政治考虑关系不大。事实上,戴高乐是宁愿冒地缘政治风险也要优先推进有利于法国利益的农业一体化,而非相反。概括而言,较之于地缘政治解释,商业利益假设的支持性证据更多,解释力也更强。①

---

① 安德鲁·莫劳夫奇克:《欧洲的抉择——社会目标和政府权力》(赵晨、陈志瑞译),北京:社会科学文献出版社2008年版,第214—267页。

值得注意的是，研究假设所暗含的因果关系不同，用于检验研究假设的证据也有所不同。大体而言，证据可以分为差异性证据（difference-making evidence）和机制性证据（mechanistic evidence）。[①] 前者是指统计中或案例所呈现的共变性或相关性数据，用于检验因变量差异是否反事实地依赖于自变量变化；后者是指用以检验因果机制的数据，即检验自变量导致因变量变化过程中是否出现了连续生成的实体和活动。如果研究假设的基础是反事实因果，研究人员需寻找自变量变化导致因变量变化的差异性证据；如果研究假设是关于因果机制的，研究人员则应追踪自变量如何导致因变量的机制性证据。换言之，假设检验要防止方法论与本体论脱节[②]，为此，研究人员采用的证据应与假设背后暗含的因果关系相适应，否则很容易在假设检验上出现南辕北辙的不当做法。

（六）评估假设检验

不确定性是科学研究的主要特征，也是科学进步的重要动力。[③] 作为科学研究的重要环节，假设检验过程自然也存在着诸多不确定性，主要涉及数据来源、案例编码、概念测量、变量控制、案例选择、证据分析以及研究结论等环节（见表 7.3）。此外，假设检验结果也存在不确定性。研究假设本身就是可能遭到反驳的猜想，即使得到确证也只是暂时性的结论。事实上，承认不确定性并不会削弱假设检验的客观性和科学性，回避和隐瞒假设检验的不确定性才是科学研究的大忌。

---

① Phyllis McKay Illari, "Mechanistic Evidence: Disambiguating the Russo-Williamson Thesis," *International Studies in the Philosophy of Science*, Vol. 25, No. 2, 2011, pp. 139-157; Phyllis Illari and Federica Russo, *Causality: Philosophical Theory Meets Scientific Practice*, Oxford: Oxford University Press, 2014, pp. 46-59; Derek Beach and Rasmus Brun Pedersen, *Causal Case Study Methods: Foundations and Guidelines for Comparing, Matching and Tracing*, Ann Arbor: University of Michigan Press, 2016, pp. 154-226.

② Peter. A. Hall, "Aligning Ontology and Methodology in Comparative Politics," in James Mahoney and D. Rueschemeyer, eds., *Comparative Historical Analysis in the Social Sciences*, Cambridge: Cambridge University Press, 2003, pp. 373-404.

③ 参见理查德·费曼：《科学的不确定性》，载理查德·费曼：《费曼讲演录：一个平民科学家的思想》（王文浩译），长沙：湖南科学技术出版社 2019 年版，第 1 章；Kostas Kampourakis and Kevin McCain, *Uncertainty: How It Makes Science Advance*, New York: Oxford University Press, 2020.

表 7.3　不确定性的潜在来源及其分析性后果

不确定性来源		分析性后果	
		相异点	相同点
数据来源	数据收集程序和方法不当；数据来源单一；过度依赖二手数据	数据来源偏差；测量误差	假设检验或因果推断产生偏差，影响研究信度和（内部或外部）效度
案例编码	案例化①模糊；编码方案不公开、不透明，编码规则不合理、不一致；单个研究员编码或非独立编码；忽视案例情境	案例总体不明确；案例归类不当；影响案例选择	
概念测量	概念定义含糊；测量数据缺失或数据质量差；测量指标缺乏等价性；没有考虑替代性测量指标；未检验信度和效度	系统性测量误差；概念的信度或效度降低；影响案例选择	
变量控制	遗漏控制变量；控制中介变量或撞子变量；控制变量不可观察或不可测量；对变量仅实现部分控制	过度调整偏差；撞子偏差或选择性偏差；残余混杂	
案例选择	不重视或没有说明案例选择的程序和依据；案例缺乏代表性；根据因变量选择案例；所选案例数少于自变量数	案例选择偏差；研究假设普遍性受限	
证据分析	证据来源和类型单一；未进行证据评估；证据质量差，如采用轶事证据等；未交代证据间的矛盾冲突；隐瞒不利证据	证据不相关或牵强附会；确证性偏差；理论与证据脱节	
研究结论	分析层次模糊，混淆数据收集单位和理论化单位；未说明限界条件，适用范围不明确	层次谬误；简化论；草率概括；研究假设不可证伪	

---

① 案例化（casing）是一个探索迭代的动态过程，涉及界定案例和明确案例总体，参见 Charles C. Ragin, *Fuzzy-Set Social Science*, Chicago：University of Chicago Press, 2000, pp. 43-63, 217-226; Charles C. Ragin, "Reflections on Casing and Case-oriented Research," in David Byrane and Charles C. Ragin, eds., *The SAGE Handbook of Case-based Methods*, Los Angeles：SAGE Publication, 2009, pp. 523-524。

为什么有的多边援助机构在很大程度上沦为大国实现其利益的工具,而另一些机构则保持了较高的自主性? 对此,根据委托-代理理论、制度理论和政治联盟理论,有学者提出了四个研究假设,即利益攸关程度、是否主导创始过程、制度官僚体系特性以及建立获胜联盟的难易程度会影响美国操控程度的概率变化。不过,案例分析显示,欧洲复兴开发银行这一案例并不符合研究假设,即美国在欧洲复兴开发银行本应最容易建立获胜联盟(美国同盟国数量和投票权比例均非常高),但事实上美国对欧洲复兴开发银行的控制程度并不高。

对于这一异常案例,研究人员不但做了如实报告,而且通过进一步分析发现,欧洲复兴开发银行的主导国是德国和法国而非美国,其成员多为欧盟国家。相对于对美国的忠诚,这些国家更看重欧盟内部的团结,因此是否为美国盟国已无法用来判断建立获胜联盟的难易程度。也就是说,在欧洲复兴开发银行案例中,建立获胜联盟难易程度这一自变量缺乏足够变化(绝大多数为盟国),因此这一案例无法有效检验相应研究假设(美国建立获胜联盟能力影响其操控地区开发银行的程度)。① 不难发现,这些说明和分析不但没有削弱研究发现的说服力,而且有助于我们寻找更为可靠的检验案例。

因此,研究人员必须合理估计并如实汇报假设检验过程和结论的不确定性,尽可能保证检验过程公开透明,以供学术共同体核实和评估假设检验过程及其结论的不确定性。② 在操作层面,研究人员需公开研究数据来源,共享案例编码方案,明确变量测量方法,交代变量控制策略,说明案例选择理由,

---

① 庞珣、何枻焜:《霸权与制度:美国如何操控地区开发银行》,《世界经济与政治》2015 年第 9 期,第 4—30 页。
② Andrew Moravcsik, "Transparency: The Revolution in Qualitative Research," *PS: Political Science & Politics*, Vol. 47, No. 1, 2014, pp. 48-53; Andrew Moravcsik, "Trust, but Verify: The Transparency Revolution and Qualitative International Relations," *Security Studies*, Vol. 23, No. 4, 2014, pp. 663-688.

确定证据评估标准,界定结论适用范围,并尽最大可能说明其中可能存在的偏差及其带来的不确定性。① 通过复制性研究,研究人员则可以重复研究过程和结果,进而提高假设检验的可靠性。②

第二节 变量控制

运用科学方法的研究人员通常希望对国际关系现象做出简约有效的解释,但影响国际关系现象的变量往往复杂多样,而且其影响通常又会混杂在一起。因此,研究人员既要精简感兴趣的自变量数量,以建立尽可能简约的因果解释③,又要把这些自变量与其他变量分离开来,确切搞清楚其独自产生的真实因果效应④。也就是说,能否有效控制或排除其他变量的混杂影响是增强因果假设检验可靠性的关键所在。为此,本节将重点介绍变量控制的含义与作用,并在此基础上讨论变量控制的核心原则和主要策略。

---

① 有关案例编码不确定性的评估,参见 Robert A. Pape,"Why Economic Sanctions Do Not Work," *International Security*, Vol. 22, No. 2, 1997, pp. 90-136。有关变量测量不确定性的评估,参见 Adam P. Liff and G. John Ikenberry, "Racing Toward Tragedy? China's Rise, Military Competition in the Asia Pacific, and the Security Dilemma," *International Security*, Vol. 39, No. 2, 2014, pp. 52-91; Ronan Tsemin Fu, et al., "Correspondence: Looking for Asia's Security Dilemma," *International Security*, Vol. 40, No. 2, 2015, pp. 181-204。通过讨论研究结论的适用范围来评估不确定性,参见西达·斯考切波:《国家与社会革命——对法国、俄国和中国的比较分析》(何俊志、王学东译),上海人民出版社2015年版,第345—348页。有关数据来源、变量控制和证据分析等方面不确定性的评估,可参见本章相关内容。

② Gary King, "Replication, Replication," *PS: Political Science & Politics*, Vol. 28, No.3, 1995, pp. 444-452; Fernando Martel García, "Replication and the Manufacture of Scientific Inferences: A Formal Approach," *International Studies Perspectives*, Vol. 17, No. 4, 2016, pp. 408-425.

③ 有学者提出"三个变量法则",即解释变量不超过三个。相关争论参见 Christopher H. Achen, "Toward a New Political Methodology: Microfoundations and ART," *Annual Review of Political Science*, Vol. 5, No. 1, 2002, pp. 423-450; John R. Oneal and Bruce Russett, "Rule of Three, Let It Be? When More Really Is Better," *Conflict Management and Peace Science*, Vol. 22, No. 4, 2005, pp. 293-310。

④ Neil J. Smelser, *Comparative Methods in the Social Sciences*, New Orleans: Quid Pro Books, 2013, pp. 151-195.

一、含义与作用

在不同类型的科学研究中,变量控制的具体含义及其实现方式并不相同。具体而言,在实验性研究中,"控制"①意味着研究人员可以操纵(manipulate)某个或某些变量的取值,或者通过随机分配的方式平衡(balance)某个或某些变量的差异。比如,在新药疗效的测试中,将参与测试的人随机分成实验组和参照组,以平衡年龄、性别、体质等因素的差异。而在观察性研究中,"控制"则意味着研究人员围绕某个或某些变量进行统计或比较调节(conditioning),受到调节的"变量"在理论上就设定成了"常量"。② 尽管具体含义不同,但其核心要义并无差异,都是要在检验研究人员感兴趣的因果假设时,"使某个或某些变量保持相对恒定",或者使某个或某些变量的取值固定不变或分布相同/相似。

需要指出的是,对变量施加控制并不意味着这些变量本身不会发生变化,而是说在研究所涉及的特定时空范围内,受到控制的变量可以保持恒定不变。更为重要的是,受到控制的变量并非对研究对象(因变量)没有影响。事实上,正因为这些变量会影响研究对象(因变量),才要在研究过程中使其保持相对恒定,从而将这些变量对因变量的影响分离出去,以获得自变量对因变量的"净效应"。③

---

① 在方法论文献中,研究人员会使用"conditioning on""controlling for""adjusting for",甚至"partialling out"等不同术语来表达对变量施加"控制"。考虑到"控制"一词往往令人误以为可以"任意掌控研究",有学者主张使用"调整"(adjust for)指代变量控制,控制变量(control variable)则称作"协变量"(covariate)。参见 Andrew Gelman, Jennifer Hill and Aki Vehtari, *Regression and Other Stories*, Cambridge: Cambridge University Press, 2020。

② 斯梅尔塞将这一过程视作"将操作性变量转化为参数"的过程,参见 Neil J. Smelser, *Comparative Methods in the Social Sciences*, New Orleans: Quid Pro Books, 2013, pp. 154-155, 161。有关实验控制、统计控制或比较控制的差异,参见 Arend Lijphart, "Comparative Politics and the Comparative Method," *American Political Science Review*, Vol. 65, No. 3, 1971, pp. 682-693。

③ 有学者将此称为控制变量的"净化原理"(purification principle),参见 Paul E. Spector and Michael T. Brannick, "Methodological Urban Legends: The Misuse of Statistical Control Variables," *Organizational Research Methods*, Vol. 14, No. 2, 2011, pp. 287-305。

如果想要阻止挑战国对目标国的武力攻击,核大国通常会有两个选择,即与目标国签订防卫协议或在目标国部署核武器。那么何种方式能够更为有效地实现延伸核威慑呢?为了更为有效地回答这一问题,研究人员必须考虑控制既可能影响军事冲突又可能影响核大国战略选择的因素,包括冲突双方的拥核状态、是否相邻、是否结盟、对外政策相似度、实力对比以及政体类型等。

为此,有学者通过回归建模对上述变量实施了控制,并在此基础上进行了Probit回归分析和稳健性检验。结果显示,即使未部署核武器,核大国与目标国签订防卫协议也可以显著降低目标国遭受武力攻击的可能性,从而实现延伸核威慑,而核大国仅在目标国领土部署核武器的威慑作用非常有限。统计结果还显示,上述受到控制的变量(如是否相邻、对外政策相似度、政体类型等)对军事冲突仍然存在显著影响。不过,这些因素并不是此项研究的重点,通过变量控制恰好可以有效剥离其对因变量的影响,从而更为可靠地获得自变量(是否与目标国签订防卫协议)的净效应。①

从上述例子中不难看出,如果遗漏了应控制的变量或者纳入了不该控制的变量,因果效应估计和研究假设检验就容易出现偏差,②而纳入应该控制的变量有助于消除相应偏差。因此,在假设检验过程中,变量控制的作用主要体现在以下两个方面。

首先,有助于排除虚假相关,为确立真实的因果关系奠定基础。虚假相

---

① Matthew Fuhrmann and Todd S. Sechser, "Signaling Alliance Commitments: Hand-Tying and Sunk Costs in Extended Nuclear Deterrence," *American Journal of Political Science*, Vol. 58, No. 4, 2014, pp. 919-935.

② Kevin A. Clarke, "Return of the Phantom Menace: Omitted Variable Bias in Political Research," *Conflict Management and Peace Science*, Vol. 26, No. 1, 2009, pp. 46-66; Richard York, "Control Variables and Causal Inference: A Question of Balance," *International Journal of Social Research Methodology*, Vol. 21, No. 6, 2018, pp. 675-684.

关是指两个变量由于都受到第三变量影响而呈现出相关关系。① 在研究实践中,对这个第三变量施加控制可以有效排除虚假相关。具体而言,在控制上述第三变量后,如果研究人员关注的变量间相关关系消失了,那么这一相关关系肯定不是因果关系;如果变量间相关关系仍然显著,那么这一相关关系就不是虚假相关。在此基础上,研究人员可通过构建反事实或追踪因果机制,进一步判断相应相关关系是否为因果关系。

  在军备控制研究中,《不扩散核武器条约》(NPT)与国家发展核武器的关系一直是学者们争论的重要问题。乐观派认为批准 NPT 有助于降低核扩散的概率,而悲观派认为二者之间没有必然联系。通过文献回顾和案例探索,有学者发现既有研究的核心缺陷是未能有效控制可能存在的混杂变量,尤其是国家偏好(厌弃核武)既会影响一国是否批准 NPT,也会影响其是否发展核武器。也就是说,NPT 成员身份与核不扩散之间呈现的相关关系是否为因果关系仍有待检验。为此,两位学者结合倾向值匹配和 Logit 回归模型,控制了国家偏好、是否与美苏对抗、国际冲突、民用核合作协议数量、领导人特征、政体类型等混杂变量。分析结果表明,即便控制了国家偏好的选择效应,一国批准 NPT 也会显著降低其发展核武器的可能性。换言之,在控制混杂变量后,NPT 成员身份与核不扩散两者之间的关系依然稳健,从而更为有效地确证了研究假设。②

  其次,有助于排除竞争性假设,提高研究结论的内在效度。对于有待解释的结果,除了研究人员关注的自变量(主要假设),还可能存在其他竞争性

---

① 参见 Gábor Hofer-Szabó, Miklós Rédei and László E. Szabó, *The Principle of the Common Cause*, New York: Cambridge University Press, 2013. 只有同时影响自变量和因变量的混杂变量才能造成虚假相关,仅与自变量或因变量相关的变量并不会导致虚假相关,因此对这类变量加以控制无法排除虚假相关。

② Matthew Fuhrmann and Yonatan Lupu, "Do Arms Control Treaties Work? Assessing the Effectiveness of the Nuclear Non-proliferation Treaty," *International Studies Quarterly*, Vol. 60, No. 3, 2016, pp. 530-539.

的解释变量。因此,研究人员要想获得有效的研究结论,不仅要合理说明自变量对结果的影响,而且要有效排除或控制相关竞争性解释,从而提高主要假设的可靠性。

　　自 1945 年以来,核大国在本土以外的 20 多个国家部署了核武器,那么究竟是什么因素促使核大国选择在国外部署核武器呢?对此,有观点认为,海外核部署的主要动机之一是防止核扩散,而有观点认为海外核部署的主要目的是保护盟国免遭外部攻击,或是维持力量投射。为了对比检验三种相互竞争的理论解释,有学者在收集核部署数据的基础上进行回归建模,并借此控制了核武库规模、接受国政治稳定性、冷战结束前后的国际格局、《不扩散核武器条约》和历史冲突等混杂变量的影响,以评估核威慑、防扩散和力量投射对大国对外部署核武器的解释效力。在控制混杂变量的基础上,统计分析显示,推动海外核部署的核心因素是保护盟国和维持力量投射,而防止核扩散并不是大国海外核部署的动因。为此,作者排除了这一竞争性假设,核威慑和力量投射两个假设的可靠性也因此得到了进一步增强。[①]

二、核心原则

为了充分发挥变量控制的积极作用,研究人员需明确变量控制的核心原则,即哪些变量应该控制,而哪些变量不能控制。在研究实践中,确定控制变量不能单单凭借模糊的感觉,也不能过度依赖统计相关性,而是要在理论建构和因果图的指导下有理有据地进行。具体而言,因果图可以帮助研究人员识别因果关系及其可能的偏差来源,指导研究人员合理选择控制变量,进而为因果假设检验奠定可靠基础。

---

① Matthew Fuhrmannand and Todd S. Sechser, "Nuclear Strategy, Nonproliferation, and the Causes of Foreign Nuclear Deployments," *Journal of Conflict Resolution*, Vol. 58, No. 3, 2014, pp. 455-480.

因果图是代表"变量"的节点(顶点)和代表"变量关系"的箭头(有向边)的有限集合,其中有向边将两个特定节点联系起来,而由若干可指示任意方向的有向边连接而成的非循环序列则是**路径**(paths)。① 所谓"非循环"是指路径上没有重复的节点,即任何变量都不能是其自身的后代变量,"任意方向"则意味着路径上的箭头可以指向任何方向。具体而言,如果从原因到结果路径上的所有箭头都指向同一方向,那么该路径就是**因果路径**(causal path),如图7.5中的"幽王对王权的错误认知→王师伐申→申侯与戎、缯联盟→王师战败→西周灭亡"②;相反,如果从原因到结果的路径上存在一个或以上与因果时序相反的箭头,那么该路径就是**非因果路径**,如图7.5中的"幽王对王权的错误认知←宗周王室与地方封国的矛盾→地方封国的离心→西周灭亡",其中那些以指向原因箭头($X\leftarrow$)为起始的非因果路径称为**后门路径**(back-door path)。不难发现,所有后门路径都是非因果路径,但并不是所有非因果路径都是后门路径,如图7.5中的"幽王对王权的错误认知→王师伐申←宗周王室与地方封国的矛盾→地方封国的离心→西周灭亡"就是非因果路径而不是后门路径。

在因果图中,因果路径代表着原因影响结果的因果效应。从原因到结果的因果路径总和构成了总体因果效应,具体包括原因对结果的直接效应以及经由中介变量产生的间接效应。非因果路径则意味着原因与结果之间可能存在虚假关系,从而对判断真实因果关系产生干扰。为此,借助因果图识别

---

① 关于因果图更为详细的介绍,参见 Felix Elwert, "Graphical Causal Models," in Stephen L. Morgan, ed., *Handbook of Causal Analysis for Social Research*, Dodrecht: Springer, 2013, pp. 245-273; Judea Pearl, et al., *Causal Inference in Statistics: A Primer*, Chichester: John Wiley & Sons, 2016。

② 《史记·周本纪》中记载:"幽王以虢石父为卿,用事,国人皆怨。石父为人佞巧,善谀好利,王用之。又废申后,去太子也。申侯怒,与缯、西夷犬戎攻幽王。幽王举烽火征兵,兵莫至。遂杀幽王骊山下,虏褒姒,尽取周赂而去。"参见司马迁:《史记》,上海古籍出版社2011年版,第100—101页。本文借鉴李峰教授关于结构性冲突导致西周灭亡的理论绘制出因果图(图7.5),但关注的焦点转向周幽王的权力认知对西周灭亡的影响。参见李峰:《西周的灭亡——中国早期国家的地理和政治危机(增订本)》(徐峰译),上海古籍出版社2016年版。权力认知而非权力本身也会深刻影响国家行为,参见 William C. Wohlforth, "The Perception of Power: Russia in the Pre-1914 Balance," *World Politics*, Vol. 39, No. 3, 1987, pp. 353-381; Thomas Christensen, "Perceptions and Alliances in Europe, 1865-1940," *International Organization*, Vol. 51, No. 1, 1997, pp. 65-97。

因果效应的核心思路就是疏通所有因果路径,同时阻断所有非因果路径,尤其是后门路径。①

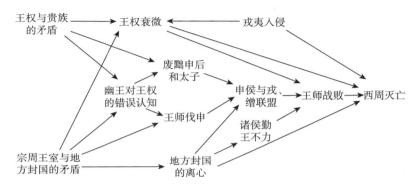

图 7.5 周幽王对王权的错误认知与西周灭亡的因果图

如果两个变量之间的路径能够阻断(blocked),那就意味着两个变量在概率意义上是相互独立的。在因果图中,有些路径会被撞子变量及其后代变量自然而然地阻断,有些路径则需要人为控制混杂变量或中介变量加以阻断。②从上述原理出发,我们可以确定变量控制需遵循的三个核心原则,即必须控制混杂变量、不要控制中介变量和不要控制撞子变量。

首先,**必须控制混杂变量**。混杂的基本含义就是效应的"混合",即混杂变量和自变量对因变量的效应混合在了一起。一般而言,在估计自变量对因变量的效应时,如果存在第三变量既能影响因变量,也会影响自变量,那么就会产生混杂,而这个第三变量就是混杂变量。

---

① "阻断非因果路径"的观点较为重视更具一般性的调节标准(adjustment criterion),而"阻断后门路径"的观点则更加强调后门标准(back-door criterion),两种标准暗含的变量控制原则略有不同。参见 Ilya Shpitser, Tyler J. VanderWeele and James M. Robins, "On the Validity of Covariate Adjustment for Estimating Causal Effects," *Proceedings of the 26th Conference on Uncertainty in Artificial Intelligence*, Spain: AUAI Press, 2010, pp. 527-536; Stephen L. Morgan and Christopher Winship, *Counterfactuals and Causal Inference: Methods and Principles for Social Research*, 2nd ed., New York: Cambridge University Press, 2015, pp. 136-139. 有关其他识别标准及其变量控制原则,参见 Tyler J. VanderWeele and Ilya Shpitser, "A New Criterion for Confounder Selection," *Biometrics*, Vol. 67, No. 4, 2011, pp. 1406-1413.

② 关于有向分离标准及其概率蕴涵,参见 Judea Pearl, *Causality: Models, Reasoning and Inference*, 2nd ed., New York: Cambridge University Press, 2009, pp. 16-18; Judea Pearl, et al., *Causal Inference in Statistics: A Primer*, Chichester: John Wiley & Sons, 2016, pp. 45-48.

史料显示,周幽王高估王权,发动了对申国的战争,结果被申国和西戎联军击败,直接导致西周灭亡;与之相比,周宣王审慎看待和运用王权,联合诸侯征伐戎夷,一度带来西周复兴。那么,幽王亡国与宣王中兴是否足以表明对王权的认知影响了西周存亡呢?事实上,如图7.5所示,贵族与王权的对抗不仅可以不断削弱王权并由此影响西周存亡,而且会影响周幽王对王权的认知和评估。在此情况下,很难判断西周灭亡究竟是周幽王对王权的错误认知导致的,还是由贵族与王权的结构性矛盾所引起的,因为权力认知与西周存亡之间的相关性可能不是前者对后者的因果作用,而是由"贵族与王权的矛盾"等第三方因素造成的虚假相关。如果确实如此,那么"贵族与王权的矛盾"就是混杂变量。

混杂变量会带来虚假相关,即混杂偏差(confounding bias),进而影响研究人员对真实因果效应的判断。从因果图来看,混杂变量与自变量和因变量构成的路径是一条通畅的后门路径(如图7.6a中的 $X \leftarrow C \rightarrow Y$),混杂变量 C 与自变量 X 和因变量 Y 的相关性会通过此条后门路径传递,致使并不存在直接因果关系的自变量与因变量产生了虚假相关。因此,要想获得真实的因果效应($X \rightarrow Y$),就必须控制混杂变量 C,阻断本来通畅的后门路径,进而排除经由这条路径产生的虚假相关(图7.6b)。

由此可以发现,混杂的实质是两组案例缺乏因果意义上的可比性(见本书第五章)。例如,周宣王与周幽王对王权的不同认知虽与西周复兴和灭亡的结果差异存在共变,但两代君主与贵族的关系、王室与地方封国关系以及戎夷的安全威胁均不同,这些混杂变量的存在使得幽王亡国与宣王中兴失去了因果意义上的可比性。也就是说,当混杂变量在两组案例中分布不同时,就容易出现混杂,而混杂的存在直接违反了因果意义上的可比性假定。因此,假设检验过程中,研究人员的核心任务就是要识别并控制混杂变量,实现控制条件下的无混杂,确保进行反事实比较的两组案例在因果意义上具有可比性。

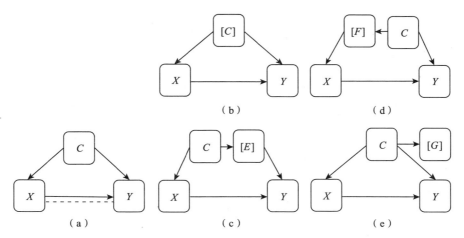

图7.6 控制混杂变量与消除混杂偏差

说明：变量 C 混杂了 X 对 Y 的因果效应，造成混杂偏差（虚线）；控制（加方括号）混杂变量 C 或其后代变量 E、F 或 G 均可以减少或消除混杂偏差（删除虚线）。

那么，如何识别混杂变量呢？从上述讨论可知，任何造成因果意义上不可比的因素都是潜在的混杂变量。简单而言，混杂变量就是两个变量的共同原因。因果图中，两个变量与同时影响两者的混杂变量一起构成"分叉"（forks）接合（如图 7.6a 中的 $X \leftarrow C \rightarrow Y$），而位于"分叉"接合中心的变量（如图 7.6a 中的 C）就是混杂变量。一般认为，就研究人员关注的因果关系而言，混杂变量具有三个属性：必须能够影响因变量；必须与自变量相关，但自变量不会影响混杂变量；从时序上讲，混杂变量往往先于自变量出现，不能处于由自变量与因变量构成的因果路径的中间环节。[1] 也就是说，混杂变量既不是自变量的后代变量，也不是中介变量。

值得注意的是，混杂是一个因果概念而非相关概念[2]，研究人员必须有充

---

[1] Sander Greenland and James M. Robins, "Identifiability, Exchangeability, and Epidemiological Confounding," *International Journal of Epidemiology*, Vol. 15, No. 3, 1986, pp. 416–418; Miguel A. Hernán and James M. Robins, *Causal Inference: What If*, Boca Raton: Chapman & Hall/CRC, 2020, pp. 90–93.

[2] Judea Peral, "An Introduction to Causal Inference," *The International Journal of Biostatistics*, Vol. 6, Issue 2, 2010, Article 7.

分的理论和背景知识说明混杂变量同时影响了自变量和因变量,否则仅仅依据混杂变量与自变量或因变量相关加以识别很有可能做出误判。如图7.8d中的变量D不仅与自变量和因变量相关,而且处于相应路径的中间环节,但其实际上是撞子变量而非混杂变量。因此,借助因果图中的"分叉"接合识别混杂变量会更加直观有效。

变量控制主要指的是控制混杂变量。混杂变量带来的混杂偏差会扭曲对真实因果效应的估计。从因果图来看,混杂变量与自变量和因变量构成的路径是一条疏通的后门路径(如图7.6a中的$X \leftarrow C \rightarrow Y$),混杂变量$C$与自变量$X$和因变量$Y$的相关性会通过这条疏通的后门路径得以传递,致使即便不存在因果关系的自变量X与因变量Y也会产生虚假相关(图7.6a中的虚线)。因此,当混杂变量可观察且可测量时,为了获得真实的因果效应($X \rightarrow Y$),就必须直接控制混杂变量C,以阻断本来疏通的后门路径,排除掉经由这条路径产生的虚假相关(如图7.6b)。

当混杂变量不可观察或不可测量时,研究人员通常会寻找可观察的代理混杂变量,即混杂变量的后代变量(图7.6中的E、F、G)。这些代理混杂变量往往难以完美代表或准确测量混杂变量,因此控制这些变量只能减少而无法消除混杂,即只能部分阻断由混杂变量构成的后门路径。[①] 如图7.5所示,宗周王室与地方封国的矛盾对我们判断权力认知影响西周存亡产生了混杂作用,选取王室与地方封国战争数量和规模相同时期加以比较,只能部分排除这一混杂变量(宗周王室与地方封国的矛盾)的影响;通过诸侯向周王述职的频率和周期控制地方封国的离心倾向,也只能部分阻断经由"宗周王室与地方封国的矛盾"的后门路径。总之,控制混杂变量及其后代变量可以减少或消除混杂偏差。

其次,**不要控制中介变量**。中介变量是自变量对因变量产生效应的中

---

① 关于混杂偏差的因果结构及其具体例证,以及代理混杂变量,参见 Miguel A. Hernán and James M. Robins, *Causal Inference: What If*, Boca Raton: Chapman & Hall/CRC, 2020, pp. 83-90, 92; Tyler J. VanderWeele and Ilya Shpitser, "On the Definition of a Confounder," *The Annals of Statistics*, Vol. 41, No. 1, 2013, pp. 196-220。

介,反映了自变量影响因变量的具体过程,表明自变量对因变量的影响可能并非直接产生,而是通过某个或某些中介过程间接实现的。在只有一个中介变量的情形下(图 7.7a),自变量对因变量的总效应既包括自变量的直接效应($X \rightarrow Y$),也包括经由中介变量的间接效应($X \rightarrow M \rightarrow Y$)。[①]

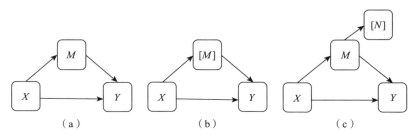

图 7.7　控制中介变量与过度调整偏差

说明:X 对 Y 的总效应包括经过中介变量 M 传导的间接效应和 X 对 Y 的直接效应;控制(加方括号)M 或其后代变量 N 将会阻断 X 经由 M 至 Y 的因果路径,将导致过度调整偏差,从而使 X 对 Y 的总效应估计出现偏差。

由此我们可以发现,中介变量通常具备三个属性:中介变量与自变量必须能够影响因变量,中介变量与自变量必须相关,以及自变量影响中介变量。也就是说,中介变量既是自变量的后代变量,同时也是因变量的前代变量,因而处于因果路径的中间环节。不过,如果只考察上述前两个属性,研究人员很容易混淆中介变量和混杂变量,因为通过统计相关难以区分两者的属性。要有效区分两者,须依赖上述第三个属性,即中介变量受自变量影响,而混杂变量不受自变量影响,这也是通过因果图有效识别中介变量的核心所在。

从因果图来看,中介变量与自变量和因变量一起构成的"链式"接合(chain junction)是一条自然疏通的因果路径(图 7.7a 中的 $X \rightarrow M \rightarrow Y$)。经此

---

① 道恩·亚科布齐:《中介作用分析》(李骏译),上海:格致出版社 2017 年版,第 4—6 页。对总效应构成部分更为复杂细致的讨论参见 Tyler J. VanderWeele, "A Three-way Decomposition of a Total Effect into Direct, Indirect, and Interactive Effects," *Epidemiology*, Vol. 24, No. 2, 2013, pp. 224−232; Tyler J. VanderWeele, "A Unification of Mediation and Interaction: A 4-Way Decomposition," *Epidemiology*, Vol. 25, No. 5, 2014, pp. 749−761。基于反事实框架来界定总效应、直接效应和中介效应的讨论,参见 K. Imai, L. Keele and Dustin Tingley, "A General Approach to Causal Mediation Analysis," *Psychological Methods*, Vol. 15, No. 4, 2010, pp. 309−334。

路径，中介变量能够将自变量产生的因果效应传递给因变量。① 如图 7.5 所示，幽王对王权的错误认知通过王师伐申，申侯与戎、缯联盟，以及王师战败等中介变量导致西周灭亡。根据因果图的基本原理，在中介变量可观察、可测量时（图 7.7b），研究人员控制中介变量，即将中介变量的取值固定在某一水平，将会阻断经由中介变量的因果路径，由此导致自变量产生的因果效应无法传递给因变量。也就是说，控制中介变量（包括其后代变量，如图 7.7c 中的 N）将会排除掉相应的中介效应。

如图 7.5 所示，如果控制"申侯与戎、缯联盟"，即只观察反抗王权联军力量较小的案例，那么无论对王权有无错误认知，获得诸侯支持的王师都能够战胜反叛力量并延续西周政权，典型例子就是周厉王时期平叛鄂侯与淮夷联军。② 这说明控制"申侯与戎、缯联盟"将会阻断权力认知对西周存亡的影响。

因此，为了获得有效且无偏的因果推断，研究人员通常不控制中介变量，以避免对总效应的估计出现过度调整偏差（overadjustment bias），即控制中介变量及其后代变量而使对自变量因果效应的估计产生偏差。③ 不过，需要指出的是，如果研究人员要估计自变量对因变量的直接效应，那么控制中介变量及其后代变量不但不会产生过度调整偏差，反而有助于在受控条件下排除间接效应，获得真实的直接效应，提升分析判断的有效性。④ 如果研究人员要

---

① Judea Pearl and Dana Mackenzie, *The Book of Why: The New Science of Cause and Effect*, New York: Basic Books, 2018, p. 113.
② 杨宽：《西周史》，上海人民出版社 2016 年版，第四编第 4 章。
③ Enrique F. Schisterman, Stephen R. Cole and Robert W. Platt, "Overadjustment Bias and Unnecessary Adjustment in Epidemiologic Studies," *Epidemiology*, Vol. 20, No. 4, 2009, pp. 488-495; Felix Elwert and Christopher Winship, "Endogenous Selection Bias: The Problem of Conditioning on a Collider Variable," *Annual Review of Sociology*, Vol. 40, No. 1, 2014, pp. 35-36, 42-45.
④ Tyler J. VanderWeele, "On the Relative Nature of Overadjustment and Unnecessary Adjustment," *Epidemiology*, Vol. 20, No. 4, 2009, pp. 496-499. 在回归分析中控制中介变量是危险的，相关原理和例证参见 Andrew Gelman and Jennifer Hill, *Data Analysis Using Regression and Multilevel/Hierarchical Models*, New York: Cambridge University Press, 2006, pp. 188-194。

估计自变量对因变量的总效应，那么研究人员不但不应该控制中介变量，而且要通过识别中介变量并阐述其中介效应来完整估计自变量对因变量的因果作用。[1]

最后，不要控制撞子变量。在社会科学中，多因一果现象非常普遍，即同一变量往往受到两个或多个变量的影响。如果两个变量都能独立影响同一个第三变量，即第三变量是前面两个变量的共同结果，那么这个第三变量就是撞子变量。

从因果图来看，某一路径上的两个箭头均会直接指向撞子变量。如图7.8a所示，来自自变量 X 和因变量 Y 的两个箭头就同时指向了撞子变量 D。也就是说，自变量与因变量对撞子变量的因果效应发生了"对撞"，因此两者不会因撞子变量 D 而无条件地产生相关，两个变量与撞子变量一起构成"倒叉"（inverted forks）接合（如图7.8a中的 $X{\rightarrow}D{\leftarrow}Y$），是已阻断的非因果路径，即自变量的因果效应无法经由包含撞子变量的路径传递至因变量。[2] 因此，撞子变量并不会影响研究人员判断自变量对因变量的因果效应。

从这个意义上讲，假设检验过程中不能控制撞子变量，原因在于撞子变量受到控制反而会疏通原本自然阻断的非因果路径，结果导致原本相互独立的自变量和因变量产生了联系。如图7.8e所示，控制撞子变量 D 会使本来独立无关的自变量 X 与因变量 Y 产生相关性（因果方向无法确定）；而在图7.8b当中，控制撞子变量 D 则会使本来独立无关的混杂变量 C 与因变量 Y 出现相关性，进而在混杂变量 C 的影响下使自变量 X 与因变量 Y 产生相关性。上述原理同样适用于图7.8c和图7.8d所示的情形。

---

[1] 通过中介变量完整估计因果效应，需遵循以下假定：中介变量不受混杂变量的影响且不存在被遗漏或未观察到的中介变量。相关讨论参见 Stephen L. Morgan and Christopher Winship, *Counterfactuals and Causal Inference: Methods and Principles for Social Research*, 2nd ed., New York: Cambridge University Press, 2015, pp. 330-338。

[2] Stephen L. Morgan and Christopher Winship, *Counterfactuals and Causal Inference: Methods and Principles for Social Research*, 2nd ed., New York: Cambridge University Press, 2015, pp. 81-82。

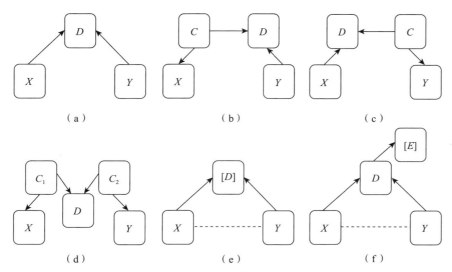

图 7.8 控制撞子变量与撞子分层偏差

说明:假定自变量 X 与因变量 Y 之间不存在相关关系(没有实线)或因果关系(没有箭头),控制(加方括号)撞子变量 D 或者其后代变量 E 会打开 X 经由 D 至 Y 的非因果路径,引起内生性选择偏差,使得原本独立无关的 X 和 Y 产生新的联系(增加虚线)。

一般地,就理论上感兴趣的因果关系而言,如果存在两个特定变量,其中一个变量是自变量本身或自变量的原因,而另一个变量则是因变量本身或因变量的原因,那么对这两个特定变量的共同结果(撞子变量)施加控制,将会对理论上感兴趣的因果效应估计造成偏差,这里称之为撞子分层偏差(collider-stratification bias)或选择性偏差。[1]实际上,如图 7.8f 所示,当撞子变量 D 已知但不可测量时,其后代变量 E 可以作为撞子变量 D 的不完美测量,控制后代变量 E 就相当于部分控制了撞子变量 D,这也会使得本来独立无关的自变量 X 与因变量 Y 产生相关性。由此可见,控制撞子变量及其后代变量

---

[1] Stephen R. Cole, et al., "Illustrating Bias due to Conditioning on a Collider," *International Journal of Epidemiology*, Vol. 39, No. 2, 2010, pp. 417−420; Miguel A. Hernán, Sonia Hernández-Díaz, and James M. Robins, "A Structural Approach to Selection Bias," *Epidemiology*, Vol. 15, No. 5, 2004, pp. 615−625. 两篇文章结合多个流行病学研究实例说明了控制撞子变量带来的选择性偏差。

都会带来撞子分层偏差,使真实的因果效应估计不一致并且有偏差。①因此,为了避免撞子分层偏差,研究人员不应该对撞子变量及其后代变量施加控制,在实际操作中也要避免根据撞子变量选取案例。

在图7.5中,王权与贵族的矛盾和戎夷入侵均削弱王权,三者构成了一条含有"王室权力"这一撞子变量的路径。由于撞子变量的阻隔,戎夷是否入侵西周一般不会影响贵族与王权是否发生对抗;但是如果控制"王室权力",即只观察"王权衰微"的情形,那么容易发现贵族对抗王权越激烈,戎夷就越有可能趁机入侵西周,或者戎夷对西周的入侵越频繁,贵族与王权反而越有可能在外部危机面前缓和矛盾、保持团结,结果使得原本并不相关的两个因素(戎夷入侵与否和贵族同王权是否对抗)反倒建立起了联系,进而削弱了假设检验的可靠性。

综上所述,因果图可直观区分混杂变量、中介变量和撞子变量及其不同因果结构,从而为研究人员控制混杂变量和识别因果提供了定性指导,即必须控制混杂变量,不要控制中介变量和撞子变量(见表7.4)。不过,撞子变量与混杂变量有时会嵌套在一起,即某条路径上的撞子变量在其他路径上会成为混杂变量。

图7.5中的"王权衰微"既是撞子变量,也是代理混杂变量,控制这一变量会阻断"幽王对王权的错误认知←王权与贵族的矛盾→王权衰微→西周灭亡"这条本来疏通的后门路径,但同时也会重新打

---

① Stephen L. Morgan and Christopher Winship, *Counterfactuals and Causal Inference: Methods and Principles for Social Research*, 2nd ed., New York: Cambridge University Press, 2015, p. 115. 有文章结合社会学研究实例说明了控制撞子变量带来的选择性偏差,参见 Felix Elwert and Christopher Winship, "Endogenous Selection Bias: The Problem of Conditioning on a Collider Variable," *Annual Review of Sociology*, Vol. 40, No. 1, 2014, pp. 31-53。

通"幽王对王权的错误认知←王权与贵族的矛盾→王权衰微←戎夷入侵→西周灭亡"这条本来阻断的后门路径。

表 7.4 特定因果关系（$X \to Y$）中的不同变量及其控制原则

	混杂变量	中介变量	撞子变量
基本因果结构	X 与 Y 的共同原因	既是 X 的结果，也是 Y 的原因	X 或 X 的原因与 Y 或 Y 的原因的共同结果
所属路径类型及状态	非因果路径，疏通状态	因果路径，疏通状态	非因果路径，阻断状态
其存在能否引起偏差	引起混杂偏差	不引起偏差	不引起偏差
是否要对其加以控制	一般需要控制	一般不需控制	不能控制
控制其是否引起偏差	减少或消除混杂偏差	造成过度调整偏差	造成撞子分层偏差
常见于何种研究类型	观察性研究	观察性研究、实验性研究	观察性研究、实验性研究

在此情况下，研究人员应坚持通过因果图识别因果效应的核心思路，即阻断所有自变量与因变量之间的后门路径，并确保两者之间的因果路径保持畅通。① 具体而言，第一，避免控制中介变量及其后代变量可以确保因果路径畅通；第二，不控制撞子变量及其后代变量可以阻断含有撞子变量的后门路径；第三，对混杂变量施加控制则可以阻断含有混杂变量的后门路径。

事实上，即使控制混杂变量，也不一定要采取全部控制的思路，而是可以考虑控制混杂变量的最小充分集合（minimally sufficient conditioning set）。② 在图 7.5 中，研究人员只需同时控制"王权与贵族的矛盾"和"宗周王室与地方封国的矛盾"，就足以充分排除混杂偏差，获得权力认知对西周存亡的真实因果效应。

---

① 关于后门标准的详细说明，参见 Stephen L. Morgan and Christopher Winship, *Counterfactuals and Causal Inference: Methods and Principles for Social Research*. 2nd ed., New York: Cambridge University Press, 2015, pp. 109-117.

② Sander Greenland, Judea Pearl and James M. Robins, "Causal Diagrams for Epidemiologic Research," *Epidemiology*, Vol. 10, No. 1, 1999, pp. 43-46.

世界银行独立评估小组发布的外援项目执行情况效果评级指标(以下称"IEG 评级")能否显著影响世行对外援助承诺金额的分配?初步的数据分析发现,IEG 评级与世行的对外援助分配呈现高度正相关。但这一相关性究竟是 IEG 评级对世行援助分配的因果作用造成的,还是由第三方因素导致的虚假相关?为了准确识别 IEG 评级对世行援助分配的因果效应,有学者试图辨别并控制那些可能会干扰上述真实因果关系的混杂变量。

在因果图的指导下,该学者认为潜在的混杂变量应该出现在 IEG 评级之前,控制 IEG 评级产生之后的因素比较危险。为此,首先排除了仅影响 IEG 评级的因素(如评级公式的技术调整)和仅影响世行援助分配的因素(如援助资金的变化)以及那些虽受到 IEG 评级影响但不会影响世行援助分配的因素(如学者关于援助的研究)。这些因素能够影响 IEG 评级或世行援助分配,但不会影响 IEG 评级与世行援助分配的因果关系,因而不需要施加控制。其次,该学者识别出了 IEG 评级对世行援助分配产生作用的中介因素。这些中介变量带来的效应本身就是识别 IEG 评级对世行援助分配因果效应的应有之义,因而不需要施加控制。如果将它们纳入控制变量,则可能削弱真实的因果效应。

最后,该学者认为真正需要控制的是那些同时影响 IEG 评级和世行援助分配且先于 IEG 评级的因素,包括援助项目时长、受援国政治制度等,其中最重要的是 IEG 评级指标背后的传统权力。这些因素会使 IEG 评级产生政治或政策上的偏向性,同时会影响世行的援助分配金额。倾向值匹配分析的结果也表明,正是 IEG 评级指标背后的传统权力和政策因素造成了 IEG 评级和世行援助分配之间的虚假相关。

此外,就混杂变量选取和控制上的不同作用,该学者还对因果图和回归建模两种方法进行了比较分析。相较于因果图,回归建模通常面临三个挑战:"其他条件不变"这一假定难以获得经验证实;容易误将中介变量和发生在自变量之后的变量放入回归方程加以控制;会将仅影响结果而与自变量无关的因素作为控制变量,尽管这一做法有助于降低标准误或提高精确性,但事实上并无不必要。[①]

因此,在具体实践中,研究人员既不应把所谓的"影响因素""第三变量"等都不加区分地视作混杂变量,也不应不加辨别地控制所有混杂变量。在变量控制过程中,研究人员关注的重点在于如何识别、测量和控制混杂变量,即如何从众多变量中识别混杂变量、如何确立混杂变量的最小充分集合、如何测量混杂变量以及如何对混杂变量施加控制等。

有效控制的前提是准确识别和测量,而识别和测量混杂变量有赖于与具体研究问题相关的理论、案例、常识以及可获得的数据。具体而言,研究人员首先须明确研究问题和因果假设,通过扎实的文献回顾熟悉相关理论脉络,并在既有理论的启发下确立潜在的混杂变量。其次,要借助探索性案例分析案例情境并积累相关知识,借助深度案例知识识别和测量潜在的混杂变量。最后,可咨询国别和区域研究专家,甚至根据经验和常识来选取混杂变量。在准确识别和测量的基础上,提升变量控制质量还要求研究人员熟练掌握相关控制策略,而这也是下一部分的重点内容。

三、基本策略

在国际关系研究中,不进行变量控制就难以开展科学研究,而不了解研究对象则难以实现变量控制。因此,提高变量控制的能力首先要熟悉研究对象,并根据研究现象选择合适的控制方法。遵循上文提出的变量控制基本原则,研究人员可沿着"设计"和"分析"两大思路实施变量控制[②],两种思路涉

[①] 庞珣:《全球治理中"指标权力"的选择性失效——基于援助评级指标的因果推论》,《世界经济与政治》2017年第11期,第153—155页。该文图7就是用于指导控制变量选择的因果图。

[②] Sander Greenland, James M. Robins and Judea Pearl, "Confounding and Collapsibility in Causal Inference," *Statistical Science*, Vol. 14, No. 1, 1999, pp. 29–46; Sander Greenland and Hal Morgenstern, "Confounding in Health Research," *Annual Review of Public Health*, Vol. 22, No. 1, 2001, pp. 189–212.

及的具体策略各有其合理性和局限性,但都试图减少或消除混杂变量对识别因果关系造成的干扰。

(一) 基于设计的控制策略

进行因果推断要求研究对象具有因果意义上的可比性(见第五章)。然而,在实际研究中,混杂变量往往会使研究对象失去可比性,进而对识别和检验因果关系构成干扰。为此,研究人员可通过巧妙的研究设计人为地构建两个或两组因果意义上具有可比性的案例,以尽可能排除混杂变量的干扰,为因果假设检验提供可靠支撑。

1. 随机化

随机化(randomization)策略的基本思路是,将研究对象随机(以同等概率)分配到实验组和对照组,以确保混杂变量与自变量[①]相互独立,并且确保可观察和不可观察的混杂变量在两组中的分布相同或相似。换言之,随机分配可以确保实验组和对照组之间不存在自变量之外的系统性差异,任何观察到的组间差异都是随机或偶然的,从而确保实验组和对照组具备因果意义上的可比性。[②] 不难发现,随机化的重要优势是可以控制不可观察的混杂变量[③],这一优势使其成为变量控制的黄金法则。

尽管受制于伦理或实践等因素,国际关系研究领域中的随机化往往难以完全实现,不过近年来基于随机化思路的实验方法愈加受到重视,其中运用较为普遍的包括实验室实验、调查实验、田野实验等方法。因实现随机分配的方式和程度各不相同,这些方法控制混杂变量的效果也各有差异。[④] 相对

[①] 按照实验方法惯例,此处"自变量"更为准确的表述是"处理"(treatment),相应地,随机分配指的是"随机处理分配"(random treatment assignment)。

[②] William R. Shadish, Thomas D. Cook and Donald T. Campbell, *Experimental and Quasi-Experimental Designs for Generalized Causal Inference*, 2nd ed., Boston: Houghton Mifflin Company, 2001, pp. 246–277.

[③] 本节讨论的其他变量控制策略是否合理有效,都严格地依赖于研究人员能否准确识别和测量可观察到的混杂变量。

[④] Alex Mintz, Yi Yang and Rose McDermott, "Experimental Approaches to International Relations," *International Studies Quarterly*, Vol. 55, No. 2, 2011, pp. 493–501; Susan D. Hyde, "Experiments in International Relations: Lab, Survey, and Field," *Annual Review of Political Science*, Vol. 18, No. 1, 2015, pp. 403–424.

而言,实验室实验在随机分配和变量控制方面的效果最好,融合代表性抽样和随机化设计的调查实验次之,而田野实验则在保证随机分配和实现变量控制上面临更多的困难和挑战。①

在双边国际危机中,一方释放的成本信号是否以及会在多大程度上影响另一方领导人和公众对其决心(resolve)的评估? 为了准确判断成本信号与决心可信性评估之间的因果效应,有学者采取了将代表性抽样和随机化设计相结合的调查实验方法。

具体而言,在随机化样本选取阶段,分别对以色列议会前任或现任议员以及以色列公众进行抽样,选取代表性领导人和公众作为研究对象,并且让"领导人"先参与实验,再让"公众"参与复制实验。在随机化样本分配阶段,采取主体内和主体间的混合设计。所有研究对象起初都在对照组中阅读相同的危机信息,研究者记录研究对象对决心可信性的评估水平,以此作为调查实验的基准情境;然后将研究对象随机分配到不同实验组,接受不同水平的实验处理,即阅读公开威胁信息(自缚手脚信号)或军事行动信息(沉没成本信号),研究人员则分别记录并比较研究对象对决心可信性的评估水平。

调查实验表明,自缚手脚与沉没成本两类成本信号都可以有效促使领导者和公众更新其对决心可信性的信念,其中公众对决心的评估更容易受到成本信号的影响(其效应量是领导人的两倍还多)。②

与上述三种实验方法不同,自然实验确保样本随机分配的主要思路包括:利用诸如彩票、抽签等带来的真正随机性,或是借助先验推理和经验证据证明"类随机化"(as-if randomization)"具有合理性。也就是说,设计精巧的自

---

① Dawn Langan Teele, ed., *Field Experiments and Their Critics: Essays on the Uses and Abuses of Experimentation in the Social Sciences*, New Haven: Yale University Press, 2014. 国内较为系统地介绍调查实验的著作,参见任莉颖:《用问卷做实验:调查-实验法的概论与操作》,重庆大学出版社 2018 年版。

② Keren Yarhi-Milo, Joshua D. Kertzer and Jonathan Renshon, "Tying Hands, Sinking Costs, and Leader Attributes," *Journal of Conflict Resolution*, Vol. 62, No. 10, 2018, pp. 2150–2179, and Supplementary Appendix.

然实验可通过研究设计而非统计模型控制混杂变量,以提升变量控制的可靠性。① 例如,在研究收入与政治态度两者的关系时,有学者选择了美国特定地区从1983年到2000年的342位彩票中奖者。尽管将彩票中奖者与其他公众进行比较并未遵循实验方法的逻辑,但中奖金额的分布却是完全随机的。因此,学者可以较为准确地评估奖金水平与政治态度之间的关系。

2. 限制

研究对象总是依存于一定的时间和空间之中,而时空差异往往意味着情境差异,不同时空条件下的情境变量甚至时间和空间本身都可能对因果关系产生混杂作用,从而导致研究对象或案例之间缺乏可比性。限制(restriction)策略的基本思路是限定研究对象中时间、空间等混杂变量的取值范围,使相关混杂变量因在研究对象中取值固定而不再产生混杂作用,从而实现对混杂变量的控制。

为了控制时空情境中可能存在的混杂变量,研究人员通常会对研究对象涉及的时间、空间或其他属性施加限制,即限定研究对象的时间、空间范围或者为研究对象设置限界条件(scope condition),以减少或消除时空跨度给研究对象造成的差异,进而构建相对同质性的案例总体,确保所分析的案例具有可比性。② 具体研究实践中,研究人员可以通过划分时期、限定地域、明确对象

---

① Thad Dunning, "Improving Causal Inference: Strengths and Limitations of Natural Experiments," *Political Research Quarterly*, Vol. 61, No. 2, 2008, pp. 282-293. 有关自然实验与(准)实验、匹配在变量控制上的区别,参见 Thad Dunning, *Natural Experiments in the Social Sciences: A Design-Based Approach*, New York: Cambridge University Press, 2012, pp. 4-8, 15-21, 43-61。对上述问题的不同看法,参见 Jasjeet S. Sekhon and Rocio Titiunik, "When Natural Experiments Are Neither Natural nor Experiments," *American Political Science Review*, Vol. 106, No. 1, 2012, pp. 35-57。

② 叶成城、黄振乾、唐世平:《社会科学中的时空与案例选择》,《经济社会体制比较》2018年第3期,第147—148页;罗伯特·古丁、汉斯-迪特尔·克林格曼主编:《政治科学新手册》(钟开斌等译),北京:生活·读书·新知三联书店2006年版,第1069—1070页;James Mahoney and Gary Goertz, "The Possibility Principle: Choosing Negative Cases in Comparative Research," *American Political Science Review*, Vol. 98, No. 4, 2004, pp. 660-662; Gary Goertz and James Mahoney, "Scope in Case Study Research," in David Byrne and Charles C. Ragin, eds., *The SAGE Handbook of Case-Based Methods*, Los Angeles: SAGE Publications, 2009, pp. 307-317。通过设定限界条件等构建因果意义上具有同质性或可比性的案例总体,参见 Derek Beach, Rasmus Brun Pedersen, *Causal Case Study Methods: Foundations and Guidelines for Comparing, Matching, and Tracing*, Ann Arbor: University of Michigan Press, 2016, pp. 245-253。

等方式来实现时间、空间或范围上的限制,以排除混杂变量的干扰,实现变量控制的目标。①

时间限制:在考察美国党派竞争对冷战后美国军控政策的影响时,有学者发现美国军控政策制定和执行的外部环境会存在较大差异,而这些因素(如国家间实力对比)既可能影响美国政党的政策立场,也可能影响美国军控政策的调整。为此,该学者尝试采取缩小时间范围的方式控制上述混杂变量。具体而言,就是将研究时间限定为美国民主、共和两党总统交接职位前后的时期,即比较老布什政府后期(1991年底至1993年初)与克林顿政府前期(1993年初到1994年底)的军控政策,以及比较克林顿政府后期(1999年初至2000年底)与小布什政府前期(2001年初至2001年底)的军控政策。

在上述时间跨度内,相关混杂变量的变化相对固定,即国家间实力对比等背景因素未发生根本性转变(如均在苏联解体之后)。在控制研究时间跨度的情况下,该学者通过防扩散、导弹防御等案例的受控分析,令人信服地检验了这一假设,即民主党治下的美国政府更容易支持军备控制,而共和党治下的美国政府更可能反对军备控制。②

空间和范围限制:有学者尝试解释 A 国赴 B 国投资项目成败差异的原因,其主要解释变量之一是项目公司与当地社区的利益分配。通过考察既有文献和研究案例,两位学者发现投资规模大小、国家间利益分配、东道国国内政治环境等因素对有待检验的因果假设均构成了混杂。为此,两位学者尝试通过限制策略对上述混杂因素实施控制。

---

① 通过限制时间、空间和范围控制混杂变量的研究例证,还可参见 Zeev Maoz and Bruce Russett, "Normative and Structural Causes of Democratic Peace, 1946-1986," *American Political Science Review*, Vol. 87, No. 3, 1993, pp. 624-638。

② 周宝根:《两党政治下的美国军控政策》,《国际政治科学》2005年第2期,第108—137页。

具体而言,首先,将研究对象限制在自然资源开发和基础设施建设等大型投资项目,不包括其他制造业、农业等小型投资项目。其次,将研究对象限制在国家间总体利益分配有利于B国的投资项目,并且只选择A国和B国投资的合作项目。最后,将研究对象限制在B国军政府时期签约且历经B国民主化转型的投资项目。通过时间和实体两个维度上的限制,研究人员较好地控制了投资规模、国家间利益分配和B国民主转型等因素的混杂作用,从而更为有力地证明了项目公司与当地社区的利益分配对A国在B国投资项目成败的因果作用。

3. 匹配

在国际关系研究中,常见的匹配(matching)策略是围绕某个或少量混杂变量进行配对比较(paired comparison)或受控比较(controlled comparison)。[①]不过,普遍存在的案例异质性往往会对研究人员感兴趣的因果关系构成混杂,这也是借助案例匹配控制混杂变量面临的根本挑战。[②] 为此,研究人员可基于密尔的求异法原理,最大限度地寻找那些自变量存在显著差异,但混杂变量尽可能相似的成对案例,由此,可以通过匹配案例的相似特征控制混杂变量。[③] 也就是说,匹配策略的核心在于平衡混杂变量在匹配案例或样本

[①] Alexander L. George and Andrew Bennett, *Case Studies and Theory Development in the Social Sciences*, Cambridge: MIT Press, 2005, pp. 151-179; Sidney Tarrow, "The Strategy of Paired Comparison: Toward a Theory of Practice," *Comparative Political Studies*, Vol. 43, No. 2, 2010, pp. 230-259; Dan Slater and Daniel Ziblatt, "The Enduring Indispensability of the Controlled Comparison," *Comparative Political Studies*, Vol. 46, No. 10, 2013, pp. 1301-1327; Rachel M. Gisselquist, "Paired Comparison and Theory Development: Considerations for Case Selection," *PS: Political Science & Politics*, Vol. 47, No. 2, 2014, pp. 477-484.

[②] Jason Seawright, *Multi-Method Social Science: Combining Qualitative and Quantitative Tools*, Cambridge: Cambridge University Press, 2016, pp. 107-114.

[③] Adam Przeworski and Henry Teuneand, *The Logic of Comparative Social Inquiry*, Malabar: Robert E. Krieger Pub. Co., 1982, pp. 32-39; John Gerring, *Case Study Research: Principles and Practices*, New York: Cambridge University Press, 2007, pp. 130-144; Derek Beach and Rasmus Brun Pedersen, *Causal Case Study Methods: Foundations and Guidelines for Comparing, Matching, and Tracing*, Ann Arbor: University of Michigan Press, 2016, pp. 227-268.

中的差异。

在研究实践中,研究人员往往会根据河流、山脉、国界等自然和人文分界线匹配用于受控比较的成对案例。毗邻分界线的地区往往因具有诸多共同特征而成为实施变量控制的潜在候选,而围绕分界线挑选匹配案例有助于尽可能控制混杂变量的干扰或排除竞争性假设的影响。例如,为检验制度差异对经济发展的影响,有学者选取了美墨边境隔离墙两侧的美国亚利桑那州诺加利斯(Nogales)和墨西哥索诺拉州诺加利斯作为匹配案例,两地在人口、族裔、文化、气候和地理等方面都极为相似,因此可以较好地控制潜藏的混杂变量。①

在考察19世纪欧洲民族国家的发展历史时,有学者发现有些民族国家采取单一制,而另一些民族国家选择了联邦制,并由此提出了联邦制起源的问题,即为什么联邦制在有些国家能够成功建立,而在另外一些国家却无法扎根。在回顾19世纪欧洲民族国家形成的过程后,该学者发现影响国家结构形式选择的关键因素是引领国家建设的核心实体是否具有高度发达的基础性权力(infrastructural power)。不过,既有研究所强调的联邦制观念、历史文化遗产和军事实力对比等混杂因素也会影响联邦制能否建成。

为此,该学者采取受控比较方法,选取德国和意大利作为匹配案例进行分析。两国在观念、文化和实力等方面具有高度相似性,即都有着长期四分五裂的历史、均曾围绕是否支持联邦制展开广泛争论、地区认同强烈以及政治核心试图在国家统一后维持主导地位。通过上述案例匹配控制混杂因素,该学者较为令人信服地证明了次国家实体基础性权力差异导致德国走向联邦制,而意大利选择

---

① Daron Acemoglu and James A. Robinson, *Why Nations Fail: The Origins of Power, Prosperity and Poverty*, London: Profile Books, 2012, Chapters 1-3. 此外,还有学者利用秦岭-淮河、深圳河等来挑选匹配案例展开相关研究。相关研究设计与方法可参见 Jefferey M. Sellers, "From Within to Between Nations: Subnational Comparison across Borders," *Perspectives on Politics*, Vol. 17, No. 1, 2019, pp. 85-105。

了单一制。①

基于求异法的案例匹配较为适合可观察混杂变量少且是定类变量的情形。当案例异质性较高,可观察的混杂变量较多且是连续变量时,使用上述方法往往难以确立最大相似成对案例。为此,研究人员可考虑运用倾向值匹配法进行变量控制。

倾向值匹配法的核心思路是将多维混杂变量简化为一维概率(倾向值),并在此基础上将倾向值相同或近似的两组案例加以匹配并进行反事实比较。应当承认,倾向值是较为粗略的平衡值,具有相同或近似倾向值的两组案例不一定具有完全相同的混杂变量,但是,两组案例在可观察混杂变量上的分布确实是相似的,或者说两组案例在可观察混杂变量上的差异实现了平衡(可通过平衡性检验加以判断)。② 这意味着两组案例个案层面的异质性能够在均值比较时抵消,因此依然可以较为有效地实现控制混杂变量的目标。

有学者发现,世界银行独立评估小组的外援评估对世行对外援助决策的影响,可能受到援助项目金额、援助项目时长、援助项目执行效果、受援国政治制度等因素的干扰,即上述混杂变量既影响 IEG 对受援国的援助评级,也影响受援国能否获得世行援助,结果导致指标权力本身的因果效应与指标背后的权力对援助决策的影响混杂在一起。

为了准确估计因果效应,该学者运用倾向值匹配法对上述混杂变量加以控制。具体而言,首先利用已知的混杂变量使用 Logit 模型

---

① Daniel Ziblatt, *Structuring the State*: *The Formation of Italy and Germany and the Puzzle of Federalism*, Princeton: Princeton University Press, 2006, pp. 4–12.

② 相关统计学原理和其他研究范例,参见 Paul R. Rosenbaum and Donald B. Rubin, "The Central Role of the Propensity Score in Observational Studies for Causal Effects," *Biometrika*, Vol. 70, No. 1, 1983, pp. 41–55; Donald B. Rubin, "For Objective Causal Inference, Design Trumps Analysis," *The Annals of Applied Statistics*, Vol. 2, No. 3, 2008, pp. 808–840。有关匹配法的操作指南,参见 Elizabeth A. Stuart, "Matching Methods for Causal Inference: A Review and a Look Forward," *Statistical Science*, Vol. 25, No. 1, 2010, pp. 1–21.

估计出获得 IEG 负面评价组和正面评价组的倾向值,继而分别运用近邻匹配法和小分类匹配法将倾向值近似的案例进行匹配。如果由此获得的"匹配样本"平衡性较高,则说明匹配后的负面和正面案例在倾向值和混杂变量上的分布较为近似,进而可以较为有效地控制混杂变量的影响。①

(二)基于分析的控制策略

尽管基于设计的变量控制方法总体效果不错,但在研究实践中往往会因研究伦理和案例可获取性等而难以有效运用,有时候即使通过精巧的设计也无法完全实现对所有混杂变量的控制。因此,研究人员还可以尝试基于分析的控制策略,即尽可能全面地识别混杂变量并获取相关数据,进而通过事后数据分析实现变量控制,排除混杂变量对因果关系的干扰,为因果推断和假设检验提供保障。

1. 加权

变量测量和因果推断往往涉及跨情境案例,因此情境特性(contextual specificity)往往会威胁到变量的测量效度和案例的可比性。加权(weighting)策略的基本思路是,研究人员赋予不同案例或案例所涉及变量/指标以不同权重,并通过"乘以权重"平衡不同案例之间的差异。具体而言,加权方法通常适用于以下两种情形:一是同一变量或指标在不同案例中含义不同,研究人员可根据不同权重调整变量或指标的相对重要性,进而纠正变量测量误差②;二是抽样偏差会导致用于比较分析的案例缺乏代表性,研究人员需对案例样本规模加权处理,以纠正案例选择偏差。

不难看出,加权策略试图识别并调整案例样本规模或变量测量指标方面的差异,以真实反映案例或变量指标的相对重要性,确保加权后的案例具有

---

① 庞珣:《全球治理中"指标权力"的选择性失效——基于援助评级指标的因果推论》,《世界经济与政治》2017 年第 11 期,第 130—155 页。

② Adam Przeworski and Henry Teune, *Logic of Comparative Social Inquiry*, Malabar: Robert E. Krieger Pub. Co., 1982, pp. 91-131.

代表性或变量指标可在不同案例间等价转换。① 在案例分析实践中,研究人员通常要借助深度案例知识和研究经验设定变量指标或案例权重,并就调整案例情境、规模或其他潜在混杂因素的合理性进行说明。

有学者发现,既有研究对国家实力的测量主要使用 GDP 和 CINC(国家实力综合指标)两大指标,而这些指标主要考察国家资源总量(gross resources),忽视了扣除成本后的净资源(net resources),从而对国家间实力排序以及国家间实力对比与国际战争之间的因果效应造成了干扰。例如,在评估国家间实力对比与战争之间的因果关系时,基于 GDP 或 CINC 测量国家实力忽视了资源利用效率以及一国在经济生产、社会福利和国家安全上付出的成本,而这些因素既会影响国家间实力对比,也会影响国家间是否发生战争。

为了控制上述因素,该学者首先用一国 GDP 除以其人口规模(相当于乘以人口规模的倒数,赋予不同的权重系数)以控制导致总资源和净资源差异的生产、福利和安全成本。一国 GDP 和人均 GDP(GDPPC)分别说明了净资源的规模和效率,因而赋予 GDP 和人均 GDP 以同等权重,由此得到 GDP×GDPPC 这一复合指标来测量净资源。在此基础上,该学者将基于净资源的国家实力作为控制变量纳入既有研究中进行检验,结果证明使用净资源而非总资源测量国家实力可以更为准确地预测国家间战争的爆发。②

2. 分层

分层(stratification)有时也称作"次级分类"(subclassification)或"分组"(subgrouping),其控制变量的基本思路是,根据混杂变量的属性或类别,将整

---

① Jan W. van Deth, "Establishing Equivalence," in Todd Landman and Neil Robinson, eds., *The SAGE Handbook of Comparative Politics*, Los Angeles: SAGE Publications, 2009, pp. 84-100.

② 相关讨论和例证可参见 Michael Beckley, "The Power of Nations: Measuring What Matters," *International Security*, Vol. 43, No. 2, 2018, pp. 7-44; Caleb Pomeroy and Michael Beckley, "Correspondence: Measuring Power in International Relations," *International Security*, Vol. 44, No. 1, 2019, pp. 197-200.

个研究对象细分为不同的亚组或层级。如此一来,在每一个亚组或层级内,研究对象在混杂变量上的分布相似或者说具有相似特征。也就是说,经过分层处理,每个亚组或层级内混杂变量的取值相对固定,从而可以控制其在相应亚组或层级内的干扰作用。

在国际关系研究中,研究人员常用的分层策略是层次分析法。[①] 层次分析法是建立变量间因果假设并为之提供受控检验的重要方法[②],其具体思路是:在控制特定层次变量的基础上,探究某一层次上自变量对国际关系现象的因果效应。例如,当研究人员关注体系层次变量时,往往会假定国家是单一理性且没有功能差别的行为体,借此将国家层面的变量转化为常量,重点以国际体系层次因素变化解释反复出现的国际关系现象。[③] 当关注单元层次变量时,研究人员通常会让实力对比、制度进程或观念分布等体系层次变量保持恒定,集中关注单元层次因素变化如何导致特定的国际关系现象。当提出并检验跨层次变量因果假设时,研究人员需控制来自不同层次混杂变量的影响,基于分层实现变量控制的操作难度会相应增大。

在比较政治研究中,研究人员常用的分层策略集中体现在次国家单元(subnational unit)比较分析。基于国家层面数据进行因果推断往往会受到国家内部异质性的干扰。为此,研究人员通常会将分析单位转变为地方州省、城市、郡县和村庄等次国家单元。这一转化不仅可以增加案例观察值,而且有助于变量控制。[④] 具体而言,研究单位由国家转向次国家单元,有助于研究

[①] 参见 J. David Singer, "The Level-of-Analysis Problem in International Relations," *World Politics*, Vol. 14, No. 1, 1961, pp. 77–92; Barry Buzan, "The Level of Analysis Problem in International Relations Reconsidered," in Ken Booth and Steve Smith, eds., *International Relations Theory Today*, Cambridge: Polity Press, 1995, pp. 198–216; 秦亚青:《层次分析法与科学的国际关系研究》,载秦亚青:《权力·制度·文化:国际关系理论与方法研究文集(第二版)》,北京大学出版社 2016 年版,第 251—263 页。

[②] 秦亚青:《层次分析法与国际关系研究》,《欧洲》1998 年第 3 期,第 5—8 页。

[③] 肯尼思·华尔兹:《国际政治理论》(信强译),上海人民出版社 2017 年版,第 5—6 章。

[④] Gary King, et al., *Designing Social Inquiry: Scientific Inference in Qualitative Research*, Princeton: Princeton University Press, 1994, pp. 217–228. 相关研究范例可参见 Lily L. Tsai, *Accountability Without Democracy: Solidary Groups and Public Goods Provision in Rural China*, New York: Cambridge University Press, 2007, pp. 171–186, 198–203; Alisha C. Holland, *Forbearance as Redistribution: The Politics of Informal Welfare in Latin America*, Cambridge: Cambridge University Press, 2017, pp. 51–60。

人员在政治、经济、文化、历史甚至生态等维度确定更具可比性的案例,进而更为有效地控制其中潜在的混杂变量。①

墨西哥联邦政府在农业领域实施改革,刺激州政府对咖啡行业采取新的管理模式,其中有的州采取了有利于寡头精英的裙带资本主义模式,而有的州选择了有利于社会民众的新法团主义模式。有学者认为,墨西哥联邦制特性、社会力量和执政精英的政策手法共同决定了州政府的模式选择。为了证明上述假设,该学者采取"一个行业,多个地点"的分层和匹配策略,尝试在同一经济行业内展开次国家单元的受控比较。

具体而言,首先,选取咖啡行业进行案例匹配,而不是在石油、汽车或玉米等多个经济行业中配对,以避免行业经济特性差异带来的影响。其次,选取瓦哈卡州(Oaxaca)、格雷罗州(Guerrero)、恰帕斯州(Chiapas)和普埃布拉州(Puebla)四个咖啡生产州作为研究对象,主要考虑是四州均位于墨西哥南部、土著人口规模大且经济发展水平落后。借助上述分层和匹配方法,该学者较好地控制了文化、历史、生态或社会经济等混杂因素的干扰,从而提升了其研究结论的可靠性和说服力。②

需要指出的是,依赖次国家单元的分层策略可能会面临两方面的挑战:一是数据质量(如数据缺失或难以获取,或者已有数据收集单位不一致等)会影响对混杂变量的测量,进而导致变量控制缺乏可行性;二是次国家单元存在空间依赖,相关案例或变量可能因此相互影响,无法相互独立,从而大大削

---

① Richard Snyder, "Scaling Down: The Subnational Comparative Method," *Studies in Comparative International Development*, Vol. 36, No. 1, 2001, pp. 93-110; Arend Lijphart, "Comparative Politics and the Comparative Method," *American Political Science Review*, Vol. 65, No. 3, 1971, pp. 682-693.

② Richard Snyder, "After Neoliberalism: The Politics of Reregulation in Mexico," *World Politics*, Vol. 51, No. 2, 1999, pp. 173-204. 更为详尽的研究设计和案例分析,参见 Richard Snyder, *Politics after Neoliberalism: Reregulation in Mexico*, Cambridge: Cambridge University Press, 2001.

弱了变量控制的效果。① 因此,运用分层策略进行变量控制时,研究人员需充分重视上述问题并寻找合理的解决办法。

3. 回归建模

回归建模(regression modeling)是国际关系定量研究中较为常见的变量控制策略,其基本思路是:在相关理论指导下,将可能的混杂变量和研究人员关注的自变量一起添加到回归方程中加以分析。纳入回归模型的混杂变量通常称作控制变量,而将这些变量纳入回归方程相当于使其保持固定取值,从而剔除掉其对因变量的混杂作用。也就是说,在模型设定无误的情况下,估计准确的偏回归系数就是在控制变量保持恒定情况下,自变量对因变量的净效应。不过,需要强调的是,只有满足混杂变量判断标准的变量才能作为控制变量纳入回归方程。未能识别或遗漏混杂变量将造成回归模型设定有误,进而导致变量控制的回归系数估计出现偏差。

有学者发现,1946年至2013年,国家间战争与国内族群冲突在时空上存在明显的相关关系,而要判断二者之间是否为因果关系则需考虑诸多混杂因素。为此,该学者回顾了族群冲突爆发的既有研究成果,梳理出可能同时影响自变量和因变量的五个混杂因素,包括建国遗产(birth legacy)、邻国数量、民主程度、长期竞争国数量和人均国内生产总值,并将这些混杂因素和时间因素作为控制变量与自变量"国际战争时期"(interstate war eras)一并放入Logit回归方程,以排除国家间战争与国内族群冲突之间可能存在的虚假相关。在稳健性检验阶段,该学者还针对不同控制变量组合进行了回归分

---

① Richard Snyder, "Scaling Down: The Subnational Comparative Method," *Studies in Comparative International Development*, Vol. 36, No. 1, 2001, pp. 93-110; Agustina Giraudy, Eduardo Moncada and Richard Snyder, eds., *Inside Countries: Subnational Research in Comparative Politics*, Cambridge: Cambridge University Press, 2019, pp. 3-54, 353-367. 有关次国家单元比较面临的挑战及其解决办法,参见 Martin Sybblis and Miguel Angel Centeno, eds., "Special Issue: The 'Sub-National Turn': The Growing Importance and Utility of 'Scaling Down'," *American Behavioral Scientist*, Vol. 61, No. 8, 2017, pp. 799-959.

析,以考察不同模型设定对回归分析结果能否产生影响。在控制混杂变量基础上,该学者发现,相比于和平时期,国家间战争前、战争中和战争后国内族群冲突爆发的概率均会显著上升。①

在回归建模的基础上,研究人员还要对比检验控制混杂变量对研究结论带来的影响。

有学者通过探索性数据分析发现,一国领导人是否具有叛乱经历与该国是否发展核武器具有强相关性。不过,为了进一步证明二者之间具有因果关系,必须排除可能存在的虚假相关。为此,两位学者考察了国内政治、外部安全威胁等潜在混杂变量的影响,并使用领导人当选方式、内战、政体类型和邻国数量等四个变量作为这些潜在混杂变量的代理变量。与此同时,按照通行做法,他们还考虑了与核大国结盟、核能合作协议、人均GDP、经济开放度以及是否批准《不扩散核武器条约》等仅影响一国是否发展核武器的变量,但他们认为无须将这些变量视作混杂变量。

在此基础上,两位学者通过调整控制变量数量对不同模型下的自变量解释力进行了比较分析。第一个回归模型纯粹考虑自变量而没有纳入混杂变量,第二个模型纳入上述四个混杂变量,第三个模型将那些无须视为混杂变量的因素也作为控制变量纳入分析。统计分析结果显示,叛乱经历与发展核武器之间确实存在因果关系,即相比于没有叛乱经历的领导人,具有叛乱经历的领导人更可能发展核武器。②

在具体研究实践中,研究人员往往面临着复杂多样的混杂变量,而变量控制的不同思路和策略各有其优缺点(见表7.5)。因此,研究人员往往在

---

① 王凯:《国家间战争与国内族群冲突》,《世界经济与政治》2018年第2期,第71—96页。
② Matthew Fuhrmann and Michael C. Horowitz, "When Leaders Matter: Rebel Experience and Nuclear Proliferation," *The Journal of Politics*, Vol. 77, No. 1, 2015, pp. 72-87.

研究设计阶段就开始考虑变量控制，以便为研究分析阶段的变量控制做好充分准备。研究实践表明，无论是在设计还是分析阶段，研究人员都要首先做到准确识别和测量混杂变量，然后才是综合运用多种策略精准实施变量控制。

表 7.5 不同变量控制策略的优势和局限

		主要优势	可能局限	共同局限	注意事项
设计阶段	随机化	随机分配可排除不可观察的混杂变量	1. 实验室之外的随机分配难以实现；2. 随机变异性（random variability）；3. 实践或伦理限制	未加控制会存在选择偏差和信息偏差	确保按照实验方案执行随机实验，"不遵从"和"样本耗损"会影响随机化控制的效果
	限制	时空限制可排除潜在混杂变量	减少样本量，概推性受限	1. 只能控制可观察的混杂变量，难以控制不可观察的混杂变量；2. 遗漏混杂变量会影响控制效果；3. 混杂变量的测量误差影响控制效果；4. 未加控制会存在选择偏差	时空限制可能缩减自变量或因变量的变异，从而影响效应估计
	匹配	1. 提高可比性的精度；2. 统计匹配可同时控制多个混杂变量	减少样本量；无法控制得不到匹配的混杂变量		1. 避免纳入不必要的变量而造成过度匹配；2. 匹配后进行平衡性检验
分析阶段	加权	1. 直接矫正抽样偏差带来的混杂；2. 构建虚拟总体	权重可能影响控制效果		合理设定权重
	分层	1. 控制层级间混杂；2. 在实现控制的同时，增大变量变化幅度	1. 不适用于多个混杂变量或连续变量；2. 各层级内可能存在残余混杂		1. 确立适合的层级数，在增加变异与实现控制之间寻取平衡；2. 各个层级的效应大小和方向有所不同
	回归建模	同时控制多个混杂变量，包括分类变量或连续变量	1. 样本量小时难以进行回归建模；2. 依赖难以验证的假定		避免盲目将可能影响结果的变量纳入回归方程

尽管如此,在观察性研究中,研究人员仍无法控制所有潜在的混杂变量,因此,相应研究结论的内在效度不可避免地会受到挑战和威胁。为此,在进行假设检验时,研究人员应尽力保持假设检验过程的可复制性,做到检验程序公开透明,让读者能够深入了解假设形成、数据收集以及证据评估分析的全部过程,并可根据公开数据复制核实研究过程和结论。在此基础上,研究人员应自觉增强变量控制意识,不断提高变量控制的实际操作能力,从而更为有效地减少研究偏差,提高假设检验的可靠性。

思考题

1. 定性研究和定量研究中的假设检验原理有何异同?
2. 在定性研究中,假设检验的主要步骤有哪些?
3. 什么是竞争性假设?
4. 主要假设与竞争性假设的关系有哪些?它们对假设检验有何影响?
5. 在假设检验中,为什么要强调假设的经验蕴涵?
6. 变量控制的基本含义是什么?实验性研究和观察性研究中的变量控制有何不同?
7. 构建你的研究问题,并根据既有理论和案例知识绘制一幅因果图。根据因果图回答以下问题:(1)哪些是混杂变量、中介变量和撞子变量?(2)代表因果效应的路径有哪些?其中是否存在后门路径?如存在,请具体加以说明。(3)选择控制哪些变量就足以充分识别因果效应?哪些变量不必控制?控制哪些变量会对因果关系判断造成危害?(4)在何种条件下可使用哪些策略实现变量控制?
8. 在实现变量控制方面,回归建模和匹配两种策略的主要差异是什么?

第八章 学术论文写作

　　国际关系研究的最终成果要用文字表现出来,但是学术写作与文学写作、公文写作并不相同。文学写作是用文字讲述故事和表达思想感情的一种方式,因此文章的形式和内容多种多样,写作时作者可以尽量发挥想象力,运用文学表现手法进行艺术加工,以达到最佳表现效果。公文写作是机关公务活动中实现行政管理、政策执行、宣传舆论等功能的重要工具,包括由法定作者制成和发布的政治报告、通知通报、诉讼状等多种应用文体,公文具有鲜明的政治性及一定的强制性和约束力,其写作需遵循严格的体例规范。与上述二者不同,学术写作则是对科学研究成果的客观呈现和论述,有其特定的学术规范和注释体例要求,这些要求对学术写作构成了约束,作者不能脱离事实任意发挥,避免带有感情色彩甚至价值偏见。

　　尽管研究成果通常需要写出来,但是研究与写作不完全是一回事儿。对于不少国际关系研究人员来说,能够做好学术研究,但不一定能写出好的学术论文。说到底,研究的逻辑和写作的逻辑并不相同,通俗一点来说,就是"心里想的和手上写的不一样"。研究注重的是问题的发现与思考,而写作注重的则是文字的组织与表达。由于没有意识到学术研究和学术写作的区别,不少国际关系专业学生在阅读期刊论文时经常会产生一种"错觉",即"别人的研究总是顺理成章,而自己的研究却举步维艰"。实际上,学术论文呈现的"一气呵成"往往掩盖了学术研究背后的"一波三折"。本书之所以在前述章节花大量篇幅介绍了学术研究的基本程序,而在此介绍学术写作:一方面是因为学术论文毕竟是研究的结果,代替不了研究的过程;另一方面是因为写作学术论文本身也可以成为一种批判性的思考方式,[①]帮助反思和解决研究过程中存在的疑难问题。

在社会科学的各学科中,学术论文写作的内容虽千差万别,但其基本要求却大同小异。一篇优秀的学术论文要做到三点:观点明确、逻辑清楚、语言易懂。为了达到这些要求,研究人员要有缜密的逻辑思维能力,将研究内容有机地组织起来;要有科学的态度,客观准确地描述研究过程与成果;还要有很强的语言表达能力,能够用简单的语言清晰地表达复杂的逻辑关系。要增强撰写学术论文的能力,需不断地进行写作实践,反复练习。关于这一点,有这么一个故事:一个学生问教授怎样才能提高撰写学术论文的能力,教授回答道:"你写二三百遍以后,能力自然就提高了。"教授的意思就是熟能生巧、巧能生精。学术论文写作的要义大概就深藏在这简单的八个字里。

第一节 学术论文的结构

国际关系理论研究的科学性很强,因此写作学术论文的要求也比较严格。虽然这些要求并不是绝对不可违背的,但一般来讲,多数学术论文的结构基本相似。学术论文的结构相似与八股文不同,这种相似性是科学研究的客观需要,而不是写作表达方式的格式化。有人认为国际关系理论文章的规范是洋八股。其实,这是误解了这一规范的适用范围。读读苏洵的《六国论》和毛泽东的《中国革命战争的战略问题》,我们就可以发现这些文章的结构与现在规范的学术论文的结构非常相似,这意味着上述文章的结构目前仍适于社会科学学术论文。

---

① Gamze Çavdar and Sue Doe, "Learning through Writing: Teaching Critical Thinking Skills in Writing Assignments," *PS: Political Science & Politics*, Vol. 45, No. 2, 2012, pp. 298-306.

具体而言,国际关系学术论文主要包括六个部分,即研究问题、文献回顾、理论框架、研究方法、经验检验和研究结论。

一、研究问题

这一部分的核心是要交代研究困惑的形成过程,并在此基础上明确说明研究的核心问题。在叙述方式上,通常可以采取"倒三角"形式来展开叙述,即依次交代研究背景、研究困惑和研究问题。在逻辑结构上,研究人员要基于社会事实和理论脉络详细论证研究问题的真实性和学术价值,这样一来,读者能够更加容易具备研究背后的问题意识,明确研究本身的理论贡献。

截至2015年,中国已经同74个国家和地区组织建立了伙伴关系,"结伴不结盟"的伙伴外交逐渐成为中国重要的对外战略。2014年11月,习近平主席明确提出,中国应形成遍布全球的伙伴关系网络。在不断建立新伙伴关系的过程中,中国也一直努力寻求升级已有的伙伴关系。伙伴关系升级是指在原有伙伴关系的基础上,双方就深化或扩大政治或安全合作形成共识。

统计表明,到2015年底,中国与31个国家的伙伴关系实现过升级。从升级数量看,实现升级的伙伴关系不到全部伙伴关系的一半。从升级次数看,部分伙伴关系已完成两次升级,如中国与俄罗斯、中国与英国的伙伴关系。从升级周期看,部分伙伴关系仅为一年,如中国与澳大利亚的伙伴关系;而有些伙伴关系则差不多要二十年,如中国与巴西的伙伴关系。显然,中国伙伴关系的升级并没有相对固定的周期。为此,我们关注的核心问题就是,在中国的伙伴关系中为什么有些能够顺利升级而有些无法实现升级。①

---

① 孙学峰、丁鲁:《伙伴国类型与中国伙伴关系升级》,《世界经济与政治》2017年第2期,第55、57页。

二、文献回顾

对特定研究问题的既有研究成果进行评论,可以帮助读者了解这一问题研究的背景知识以及现有成果的优点与不足,帮助研究人员把握该项研究的前沿领域,明确所要研究的问题内容。文献回顾的内容一般包括:介绍与研究问题直接相关的理论或观点,分析这些理论和观点的优点与不足,并在阐明以往研究成果不足的基础上,引出为何要进一步分析所要研究的问题。①

在具体写作方面,研究人员通常需要对既有的研究成果按照认知流派、分析层次或核心观点等分门别类地进行归纳概括,但是在归纳概括时切忌陷入两种写作误区:一是"述而不评",即只是简单地转述既有研究成果的核心观点,但不评论其合理性和局限性;二是"有'评'无据",即只是一味地批判既有研究成果的缺陷和不足,没有结合可靠的证据加以说明。只有避免上述两种写作误区,文献回顾才能更好地承接既有研究成果,同时启示新的研究方向。

三、理论框架

理论框架是研究工作的核心所在,而因果解释是理论框架的关键部分。在介绍研究理论框架时,研究人员需重点关注三个部分:一是清晰界定核心概念;二是明确描述因果假设及其形成依据;三是明确说明因果假设的内在逻辑机制,即阐明自变量作用于因变量的因果过程和机制。在介绍因果假设和机制时,研究人员最好能结合因果图或因果机制图展开叙述,这样既有助于读者把握研究人员所提出的因果解释的核心逻辑,也有助于研究人员的写作表达更加清晰连贯。②

在具体内容方面,研究人员要始终牢记理论框架是研究人员尝试给出的对研究问题的新解答。从这个意义上说,首先,尽管概念界定对于理论建构

---

① 具体例子可参见孙学峰、丁鲁:《伙伴国类型与中国伙伴关系升级》,《世界经济与政治》2017年第2期,第55—57页。

② 具体例子可参见孙学峰:《地区安全秩序与大国崛起》,《当代亚太》2018年第6期,第17页。

来说是必要的,但是仅仅界定和辨析概念不等于阐释和建构理论。除非研究人员能够在概念之间建立因果联系,否则概念的界定和辨析可能只是描述和理解经验现象的概念框架,而非用以解释经验现象的理论框架。其次,搭建理论框架并不是要罗列一堆理论文献或各种抽象的"主义",或者简单地列举一些研究假设。既有的理论文献有可能是建构理论的知识基础,但提出新的因果解释才是搭建理论框架的关键。

四、研究方法

在学术论文中,研究人员需说明自己使用的研究方法,这样研究同行才有可能重复检验研究的过程和结果,进而判断该项研究的结论是否可靠。如果研究方法缺乏合理性,或是以同样的方法重复检验得到的结果与研究得出的结果不一致,读者自然要对研究结论持怀疑态度。比如,在有关综合国力的研究中,研究人员需要说明不同指标的权重,否则读者就不可能承认其研究结论的合理性。

就具体内容而言,定量研究人员需介绍数据来源、变量测量方案和模型设定等内容;定性研究人员需介绍案例数据的来源、案例选择理由、案例编码方案、案例分析步骤等内容。无论是定量研究论文还是定性研究论文,研究人员在写作研究方法部分时都不应该脱离具体的研究对象,尤其是定性研究,不能概略地声称采用案例研究方法却不详细说明在什么意义上界定案例、如何收集、选择和分析案例等关键要素;更不能出现所谓"历史研究法""文献研究法"等内涵模糊的表述。

五、经验检验

理论框架部分从逻辑方面论证了研究假设的合理性,经验检验部分则要从经验方面评判理论框架所包含的研究假设的解释力。为此,研究人员需要在明确研究假设及核心变量的操作化与测量的基础上,收集和分析事实与数据,将主要假设与竞争性假设同时置于事实与数据面前进行对比检验,并如实客观地汇报因果假设和因果机制的检验结果。

经验检验的基本要求是分析数据和分析过程公开可复制。定量研究要注重控制变量选择和稳健性检验,通过替代性的变量测量指标或替代性的模型设定来评估统计检验结果的可靠性。案例研究则要求在理论链条与证据链条之间来回穿梭。研究人员要紧扣论文提出的因果假设和逻辑机制,尽量避免经验案例与解释框架生硬结合、油水不融的现象,尽最大努力实现或接近理论与经验水乳交融的理想状态。① 此外,案例写作要客观交代相互冲突的证据,要不断回应竞争性解释,在相同证据的交叉检验中确证最具经验解释力的理论。

有学者提出国家利益变化源于国际组织传授国际规范,在检验这一理论解释时使用的案例之一是世界银行有关贫困界定的变化对相应国家利益认知的影响。在案例写作过程中,尽管无法详细描述这些国家调整利益认知的决策过程,但是作者特别描述了两者变化的同步性、变化的时间以及所有发展计划要作为贷款申请的一部分提交给世界银行,以充分表明世界银行的新议程是这些国家利益认知变化的诱因。②

六、研究结论

经验检验之后,研究人员自然要对研究进行总结和评估。在阅读学术论文时,经常遇到的情形就是研究假设多数会得到事实或数据的确证,很少遇到研究假设遭到反驳的情形。由于存在这种发表偏见(publication bias),研究人员往往误以为研究结论只是重复研究假设而已。实际上,任何假设检验都存在不确定性,任何研究结论都不可能完全、彻底地回答作者所提出的全部问题。因此,研究人员在结论部分要客观地评估假设检验过程和结果的不确

---

① 郑也夫:《与本科生谈:论文与治学》,济南:山东人民出版社2008年版,第91页。当然,经验案例与理论框架能否交融的根本还在研究质量,而非写作水平。
② 玛莎·芬尼莫尔:《国际社会中的国家利益》(袁正清译),上海人民出版社2012年版,第85—111页。

定性,如实汇报自己研究的缺陷与不足。

研究人员在得出研究结论时要特别注意确保数据收集单位与理论化单位保持一致,明确说明研究结论的适用范围,不能随意做跨层次的研究推论,也不能过度引申政策启示。此外,研究人员不应忽视提出有待进一步研究的新方向和新议题,即在研究中发现的与该项研究相关的问题或疑点。尽管这些问题可能已不是该项研究的内容,但可指明这些问题和疑点供其他正在寻找研究课题的研究人员参考,启发他人的研究思路。这既有利于激发其他研究人员的研究兴趣,也有利于研究工作的深入拓展。

第二节 学术论文的写作

学术论文的写作也讲究谋篇布局。如果说第一节讲的是篇章结构安排,那么这一节将要讲的是段落行文编辑,具体落实到段落、词语和标题等。前者相当于一篇学术论文的"骨架",后者则相当于一篇学术论文的"肉身"。一篇好的学术论文不仅要有完好的"骨架"和"肉身",而且"骨架"和"肉身"必须有机结合,而促成"骨架"和"肉身"有机结合的不是语言文字本身,而是字里行间的逻辑思维。

一、段落的写作

段落写作要完整。一篇论文是由一个个自然段构成的。每个自然段的功能并不相同,有的提出问题,有的提供论据,有的论证逻辑。无论特定自然段发挥何种作用,都需表达完整的意思。为了使读者迅速准确了解该段的内容,每个自然段的第一句话最好是概括整个段落核心内容的中心句。

金融危机的"要害"是短期内资本大规模外流而导致国际信用危机。1990—1995 年,西方资本大量涌入"新兴市场",其中,仅证券投资就高达 1280 亿美元,西方资本在"新兴市场"股市中的比重由 2%升至 13%。然其兴也勃焉,其衰也忽焉。一旦风头不妙,这些资本便争先逃遁。据国际清算银行报告,1996年西方商业银行对泰、马、菲、韩、印尼五国净贷款560亿美元,1997年却净收回210亿美元。据估计,1996年这五国资本外流不足100亿美元,1997年猛增至700多亿美元,预计1998年将超过1200亿美元。自危机爆发以来,印尼资本净流出额已超过500亿美元。如此巨大规模的资本流出,足以冲垮当事国的汇市、股市乃至整个金融体系。①

这一自然段的第一句提出了核心论点,即大规模资本流动是金融危机成因之一。然后较详细地描述了1996年和1997年外国资本在五个亚洲国家的流动的过程,并以此为据来说明短期内外资流动对于金融危机形成的作用。

在非均势的状态下,核威慑双方互动的原理与在均势态势下的原理有所不同。在非均势状态下,核威慑双方的安全目标是不同的,双方都不追求对等安全。强势一方的安全目标提升为绝对安全,而弱势一方的安全目标降为生存安全。安全目标的这种变化,意味着核威慑双方中只剩下强势的一方继续坚持通过战争方式扩大安全利益,即为了安全利益,它仍愿意卷入小国之间或其国内的军事冲突。而面对总体实力上的等级差距,弱势一方则只求生存安全,不再通过代理人战争实现对等安全,也就是说不再为了扩大安全利益而卷入小国之间或它们国内的战争。由于弱势一方不追求对等安全,这就减少了核威慑双方之间发生代理人战争的危险。一方面是弱势一方避免卷入小国之间或内部的冲突,另一方面它对强势一方的军事扩张的容忍度提高,强势一方军事扩张引发战争的危险程度也下降了。弱势一方不追求对等安全也就不会与强势一方争夺军事优势,双方之间没有军备竞赛,这又减少了一层战争危险。不过,弱势一方对强势一方军事扩张的容忍是有限度的,即当强势一方的军事扩张直接威胁到弱势一方的生存安全时,弱势一方仍会

---

① 宿景祥:《国际金融危机的成因、预警及防范》,《现代国际关系》1998年第10期,第3页。

以核战争相威慑。这就迫使强势一方采取适度扩张而非无限扩张的政策,即其扩张或战争对象不能是对弱势一方构成直接生存威胁的地区。①

这一段第一句提出了核心观点,即在非均势状态下核威慑的原理与均势状态下的不同,其后具体描述了非均势核威慑维持地区稳定的基本原理和逻辑推论过程。

需要指出的是,一般来讲,学术论文更加注重逻辑推理,但是在内容呈现方面,对于观察现象的描述要多于对逻辑推理的论述。其主要原因有两个:一是对一种现象的描述必须详细和完整,要想做到这一点一般需要较长的篇幅;而对逻辑推理的论述是说明变量或现象之间关系的过程,所需要的文字相对较少。二是在多数情况下,推理等于和少于观察。通常一个观察可以使我们做出一个推理,但 n 个观察则可能只支持少于 n 个的推理,因为很可能从多个观察中只能得出一个推理。②

要论证中国核裁军的立场受到中国自身的核能力及国际核裁军环境的影响,需描述中国在《全面禁止核试验条约》《不扩散核武器条约》《禁止生产核武器用裂变材料公约》三个条/公约的谈判中的行为和立场。在这个例子中,逻辑推理只有一个,而所描述的观察对象是三个。

段落之间要过渡自然,保证写作内容的连贯一致。

与情报方面改革相联系的是美军通信系统的改进。能够适应现阶段反恐战争和未来战争需要的高效通信系统,是美军军事建设的重要方向。美国政府机构指出,"随着军队向未来军事力量转型,

---

① 阎学通:《东亚和平的基础》,《世界经济与政治》2004年第3期,第11页。
② Gary King, et al., *Designing Social Inquiry: Scientific Inference in Qualitative Research*. Princeton: Princeton University Press, 1994, pp. 119-121.

完善的通信、信息系统和网络将是使军队有能力完成各种任务的关键因素"。

在此种认识基础上,美军不断进行军事通信技术及产品的研发工作。在 2004 财政年度,美军列举了若干重点研发的军备项目,就包括一组卫星通信系统。相关报告指出,该卫星系统是美国空军近期及未来几年中将重点研制、部署的项目,包括加强型超高频卫星通信系统和 Milstar 卫星系统,两者将共同构成美军卫星通信系统的主干,为战斗人员提供通畅、安全、适用的通信手段,该项目将在 2009 年全部部署完成。①

在上述两个自然段中,第一段描述美国政府对军队通信系统改进的认识,第二段则说明在这一认识指导下的具体行动。两段内容连贯,过渡自然,便于读者把握写作者所要表达的核心观点。

每个自然段的字数最好控制在 500 字以内,要尽力避免一个自然段的长度超过一个自然页。一个完整的历史事实或复杂的逻辑关系需要很多语句才能描述清楚。但是,自然段过长,容易使读者抓不住段落的核心要点,分不清论证的层次。为此,作者可按事实的时间次序或逻辑层次分段描述。一般而言,300 字左右的自然段长度最为可取。

二、词语的选择

国际关系研究属于社会科学研究,因此写作学术论文时必须使用科学语言。这个道理看似简单,但在实践中做到这一点并不容易。主要原因包括两个方面:一是研究人员的政治立场。国际关系的研究对象是社会现象,因此,每个研究人员都不可避免地要从自己的政治立场出发分析国际关系现象,于是写作论文时可能下意识地使用带有感情色彩的语言,忽视了语言的科学性。二是强调写作文采。讲究文采是作家写作的原则。许多国际关系研究

---

① 邹明皓、李彬:《美国军事转型对国际安全的影响——攻防理论的视角》,《国际政治科学》2005 年第 3 期,第 88—89 页。

人员并不了解文学创作与学术写作的要求有着本质区别,于是将作家写作的原则误用于国际关系论文的撰写,从而影响了语言的科学性。通常而言,学术论文对语言和词语的选择有如下基本要求。

(一) 用词中性

在研究过程中,研究人员进行价值判断不可避免,但写作论文时应竭力避免使用带有明显感情倾向或价值判断的词语,如"好""坏"等。尤其要避免喊政治口号,力争做到使用的语言客观中性,否则很容易引起读者理解上的偏差。

  句1:美帝国主义亡我之心不死。
  句2:美国压制中国崛起。

句1使用"美帝国主义"称谓美国,明显具有敌视美国的政治色彩。这种情感倾向必然会损害作者陈述观点的可信程度,因为读者会认为作者做出相关判断的基础并不是客观事实,而判断是建立在反感甚至是敌视美国的情感之上的。句2使用的"美国"一词则是中性词语,这一称谓没有任何政治色彩,保证了语言的客观中性,增强了所表述观点的可靠性。

此外,句1中使用的"亡我之心不死"没有说明美国对华政策的目标到底是什么。读者不知道美国是想改变中国的社会主义制度,还是要分裂中国,或者要军事入侵中国,或是要占领、吞并中国。这句话除了表达对美国的憎恨以外,没有告诉读者任何有关美国对华政策的内容。而句2的"压制中国崛起"没有任何文采,但清晰描述了美国对华政策的性质,特别是"压制"一词注意了程度的准确表达,因为"压制"的程度弱于"遏制",而美国从20世纪90年代中期就无法执行"遏制"中国的政策了。从中不难看出,主观价值判断的语言准确性较差,很难切实地揭示事情的本质,更无法清楚地描述事情的程度。

(二) 表意明确

学术论文中的词语表意一定要明确,最好使用普遍接受的概念,而不宜任意制造新概念。学术论文中出现词不达意或意思模糊的词语,大致有三个原因。一是没有经过充分研究就匆忙下笔。由于缺乏充分研究,研究人员自己对研究对象的认识不清楚,于是难以用明确的词语把研究结果表达出来。其结果是使读者不知所云。二是作者中文基础不扎实,词语搭配不合理,驾驭文字的能力不强。三是偏爱使用文学词语。国际关系学术论文是科学论文的一种,需要使用科学语言,特别忌讳使用文学性的词语。因为这些词语虽然动人,但语言明确性较低。文学语言强调含义丰富。一句诗可以让每位读者产生不同的联想,而科学语言强调明确,一句话要求任何人读后都有相同的理解。

例如,"在考验和调整中发展的国际形势"这个词组中的修饰语与名词关系不明确。"考验"的含义是"通过具体事件、行动或困难环境来检验"[①]。然而,国际形势如同温度一样是一种客观现实。温度有高低之分,国际形势可以有缓和与紧张之别。但是无论国际形势是稳定还是紧张,都不能说明国际形势被考验了。因为一来没有考验的标准,就是说怎样才算是通过考验了;二来我们也无法找到考验国际形势的主体。这个词组如改成"危机四起和大国关系调整下的国际形势",读者就比较容易理解作者的意思了。

再如,"愿和平与亚洲和世界一道成熟,比战争更加成熟些"。这句话颇令人费解。和平与战争是国际安全的两种客观形态,如同天气一样。它们可以变化,但不可能成熟。描述战争或和平状态,可以用"持久""短暂"等词语,而"成熟"是无法表达和平或战争状态的。"成熟"作为形容词的含义是"发展到完善的程度"[②],战争持续时间无论是长还是短,战争规模无论是大还是小,

---

[①] 中国社会科学院语言研究所词典编辑室编:《现代汉语词典(第7版)》,北京:商务印书馆2016年版,第733页。

[②] 同上书,第166页。

战争烈度无论是强还是弱,都不可能被认为是成熟的。既然战争没有成熟与不成熟之分,也就无法比较和平与战争哪个更为成熟了。

此外,"和平"是状态概念,"亚洲"与"世界"是范围概念,把这三者放在同一概念层次,使人感到非常勉强。而且亚洲与世界也很难用"成熟"这个概念来描述,起码也得说在某方面亚洲和世界是否成熟。

(三)用词准确

作为社会科学研究,国际关系学术论文要准确描述事物的程度。如果不注意用词的准确性,就不大可能如实地反映事物的真实状态,从而使研究失去科学性。

  在对全球化不断认识的基础上,各国普遍开始更加注意从本国国情出发调整政策,尽力适应全球化的新发展,以求既抓住机遇,又能避开风险,应对挑战。

冷战结束后,世界上的民族国家已经增加到一百九十多个,世界各国采取相同行动和政策的可能性并不大。冷战后,世界上许多发展中国家忙于内战或是内部的争权夺利,根本没有精力和能力应对经济全球化问题,更谈不上对全球化的再认识了,所以也不存在调整政策以适应全球化的问题。因此,这句话使用"各国"和"普遍"两个词显然是不准确的,与事实有较大出入。

用"世界各国""全世界""全球"这些全称判断的词语很容易使观点和结论失真。相对而言,使用"世界上较多国家""多数发展中国家""部分国家"等词语,则可使表述更加准确。

  现存世界经济与政治体系遭受冲击,谋求建立适应全球化和多极化发展的国际新秩序的呼声日高。

这句话中的"呼声日高"没有主体,因而读者不知是谁在呼吁建立国际新秩序。冷战后,公开呼吁推动多极化的主要国家是中国、俄罗斯和法国,而西方多数国家与第三世界广大国家并没有响应这三国推动多极化的建议。只有三个国家的建议就称为"呼声日高",显然站不住脚。

全球股市、汇市双双下跌,40%的经济受到直接打击,美欧等国也感受到危机的压力。

该句中"40%的经济"所指不明确。读者无法知道这里的40%是指全球国内生产总值减少了40%,还是全球国内生产总值增长率下降了40%,还是全球40%的国家的经济受到了影响,还是受经济打击的国家的国内生产总值占了全球的40%。

（四）用词简洁

用词啰嗦,不必要的修饰词过多,往往会给读者准确理解作者的意思带来困难,有时还会画蛇添足。当然,能够用简短的句子表述复杂的事情,需要经过长期的练习。俗语说得好:"我要是多有一些时间准备,就可以讲得短一些。"

句1：虽然美国和北约的政治领导人及军事领导在科索沃战争发生之前没有就这场战争可能的发展趋势及最终结果做出准确的判断,但是最后在联合国安理会上对于八国有关政治解决科索沃危机的建议的表决还是基本上满足了他们的早期愿望。

句2：联合国安理会最后达成的政治解决科索沃危机的决议与北约领导人在战前的希望差距不大。

句1很长,读起来也不易理解。而句2表达了同样的信息,却节省了许多文字。

三、标题的写作

当一个人说明自己的家庭住址时,所使用的地域概念越大,适用的范围就越广,也越粗略;反之,则适用的范围会越小,也越精确。比如,把地址写成某某小区,那么小区中所有的住户都适用,而如果写成"某某小区某楼某单元某号",那么只能适用于这一家住户了。

对于一篇学术论文而言,标题就像一个家庭的住址一样。文章标题越笼统,适用范围就越大,但同时就失去了具体性。恰当的论文标题应该紧扣主题,恰如其分,不宜过于粗略,也不宜太具体。在写作实践中,要特别注意以下几点:

第一,防止标题过大,名不副实。

例如,在"大国关系与国际秩序变化"这个题目下,只写中美关系对东亚格局的影响就是小孩戴了大人的帽子。论文的内容至少要有中美日俄欧学界公认的一超多强之间的多个双边关系或多边关系,才能使标题与研究内容保持一致。

有学者曾以《武力遏制台独法理独立的利弊分析》[①]为题发表过一篇文章,但文章内容只谈了武力遏制台独的收益而没有提及弊端,显然犯了标题过大的错误。而错误原因在于直接使用套话"利弊分析"作为文章的标题,而没有考虑文章的实际内容。

我们也看到过一些标题起得很大,而其中内容缺乏系统性的论文。出现这种情况的主要原因在于,研究人员并没有要回答的中心问题,论文的内容庞杂而没有系统,结果只能用一个含义笼统的大标题,以掩盖论文内容的空泛。当然,笼统的标题并不一定不合适。华尔兹的《国际政治理论》一书构建的是国际政治中的大理论——结构现实主义理论,内容丰富、系统性强,因此题目不可能十分具体。

第二,要防止标题过小,避免大人戴小孩帽子的现象。有些文章的标题太小,只包括了报告中的部分内容,也应当避免。

例如,"巴基斯坦核政策的变化趋势"这个标题只适于讨论巴基斯坦一国的核政策。如果文章中有关印度和巴基斯坦核政策的篇幅各占一半,那么这

---

① 阎学通:《武力遏制台独法理独立的利弊分析》,《战略与管理》2004年第3期,第1—5页。

个标题就显得太小了,改为"印巴核政策的发展趋势"就比较合理。

第三,不应使用与论文内容完全不一致的标题。

例如,一篇以"对当前国际形势的几点看法"为题的文章,内容是在描述1997年世界上发生的十件大事。这十件历史事件之一是香港回归中国。然而,香港回归是一个客观的国际事件,并不是谁的看法。看法应是对某一事件的评论,或是评估影响或是分析原因,而不是对这一事件本身的新闻报道。

第四,在完成全文的写作后,重新考虑标题。

一般来讲,在开始写学术论文时,研究人员会有一个标题,但这个标题的适用性可能比较差。因此,在完成全文的写作之后,研究人员应该重新考虑标题,争取想出一个既能吸引读者,又能画龙点睛的好题目,而夸大或耸人听闻的题目是不可取的。

"中美陷入新冷战风险增大""中美新冷战的前景""中美新冷战已箭在弦上"这三个标题都是2018年中美贸易摩擦升级之后,分析中美战略竞争前景的论文所使用的标题。第一个标题主题明确,引人注意;第二个标题主题不够突出,吸引力不强;第三个标题则显得有些耸人听闻,不真实。

第三节 注释规范

一、注释目的和引用原则

提供注释是国际关系研究的基本要求之一。近年来,我国国际关系学界对注释的应用愈加重视,但仍有研究人员和国际关系专业的学生对提供注释的意义不够了解,使得注释成了论文的装饰。因此,有必要解释一下为什么科学的论文需要详细的注释。

第一,提供文中引言、数字、事件、论据的来源,以保证支持基本观点的论据的真实性和权威性。科学的结论是以对事实的客观观察为基础的,这里的事实包括事件、数据、观点等。没有注释,读者就无法确定论据的可靠性和真实性,无法确认作者是否为支持自己的论断而随意编造、篡改数据或他人的观点,而论证过程无法检验、论证证据缺乏可信度则意味着读者无法确认结论是否真实可信。

> 有关资料显示,自1800年以来,东亚地区共发生了70余次较大规模的武装冲突,其中,西方列强和日本对东亚国家的武装侵略达43次,列强之间的冲突有7次,其余多为该地区人民反对列强的武装起义。这一统计表明,在殖民主义和帝国主义时期,市场与战场之间存在着直接的联系。

引用这段文字的作者并没有提供注释说明资料来源,只是说"有关资料显示"。引文中,数字的统计分类有交叉。比如,将"西方列强和日本对东亚国家的武装侵略"和"该地区人民反对列强的武装起义"视为两类战争。实际上,这两类战争可能涉及同一场战争的两个参战方。例如,二战期间的中日战争,既可以归入西方列强和日本对东亚国家的武装侵略,也可以归入东亚地区人民反对列强的武装起义。按照这种分类方法,同一场战争很可能被当作两场战争加以统计。因此,读者不得不怀疑其数字的准确性。可是,由于作者没有提供注释,人们无法查阅原始数据,无法确认这一错误是原始数据的问题还是作者引用过程中的问题,所引用的数据就失去了意义,而在此基础上形成的结论的可靠性也大打折扣。

第二,恪守学术道德,防止由于引述他人论述不当而触犯《著作权法》。美国国家科学院科学指导委员会曾就剽窃问题发表过声明,声明指出:"在涉及他人未发表的资料时,特别是涉及获准应用的资料以及在[其]发表或公开发表之前看到或听到的文章时要特别小心谨慎。这种特许的资料不准被可能利用它的人利用或看到……在这种情况下需要严格的诚实……即使剽窃没有将虚假的成果传入科学,对于他人彻头彻尾的偷窃仍然会引起严厉的反应。"①在我国,人们保护知识产权的意识不断提高,有关的法律不断完善,对于剽窃行为的处罚力度也在逐步加大。

要从根本上避免剽窃问题,研究人员必须保证其引用资料有恰当准确的来源。对此,同学们可能会担心将观点或结果归因于他人会贬低自己研究的重要性和独创性。埃思里奇的分析有力地澄清了这一误区。他写道:

> 有效地收集、利用、整理和综合他人已经得到的信息似乎更加显示了一种能力。反过来,这又表明扩展信息和知识的努力[使]获得成功的可能性在增长。有效地利用他人的工作一直是整个文明史上许多伟大思想家和探索者的一种能力,如果不从前人和同行[那儿]获得好处,我们中没有人可以取得重大成果。过细地注明他人著作是困难的,当可能引起疑问时,最好能使人识别出他人的贡献。②

明确所引用论述的来源不仅关乎研究人员的人格,也是科学研究的需要。对他人研究成果的批判是科学进步的前提,这种批判必须建立在对前人成果准确理解的基础上,否则就会失去科学意义。可是,我们常可以见到,有些人还没有真正理解他人的观点就开始批判,甚至是为了方便自己的批判,人为地捏造一个靶子。严格写好注释则有助于减少道听途说或虚设批判对象的现象,增强研究的科学性。

第三,可补充说明正文中的专有名词、术语或观点,提供逻辑和经验论证的细节,帮助读者理解正文,同时避免影响正文的连贯性。在编写报告或论文时,研究人员经常会遇到如何处理主题和细节关系的问题。若将所有细节都写进正文会破坏正文的连贯性,读者的思路也会因此被打断,影响他们理解论著的主要观点和主要逻辑。若是不把细节写进论著,则无法使读者深入

---

① 唐·埃思里奇:《应用经济学研究方法论(第二版)》(朱钢译),北京:经济科学出版社 2007 年版,第 137 页。
② 同上书,第 136 页。

了解相关研究的全部过程,甚至影响到读者正确理解正文。提供注释可以有效解决这一矛盾。

  有学者在文章中进行了概率分析①,因此必须完整描述概率计算的过程,否则读者无法知道其计算是否准确合理。然而,这些计算公式对于不懂概率的读者来讲不仅没有意义,而且可能会影响他们阅读正文的兴趣。(这是一种非常普遍的现象,正文中一出现数学公式,许多读者就会对论文产生排斥心理。)于是,作者将所有计算过程放到了注释中。如果读者想了解概率结果的计算过程,可以阅读注释。这样既保证了多数读者阅读时不受数学计算的干扰,又保证了专业人士能够检验论文的计算原理及计算过程。

除了明确注释的意义之外,研究人员还应了解引用的基本原则。(1)要尊重引文原意,不能断章取义。如果引用中有删节,必须使用省略号,同时要防止删节导致读者误解引文原本的意思。(2)要尽可能追溯引文的原创者。在学术发展历程中,相关学说、理论观点难免因转述而引起误解或曲解,因此,研究人员引用观点时应尽可能引用原创者的表述,以增强引用的可靠性。(3)要明确标识出引文。可使用引号标明引用或在正文、注释中明确说明相关内容为引用。如引用多人观点,应使读者能够辨别出引文出自哪位作者,而不应过于含糊而无法分辨。如果直接引文较长,应当另起一段并使用不同于正文的字体或字号。(4)要提供准确的文献信息,未公开发表的文献须征得当事人同意。

二、注释范例

  目前,我国学术界还没有形成统一的注释编写体例。国际上的情况也大体如此,不同出版社和刊物的要求也不尽相同。学术著作注释的编写方法,

---

① 阎学通:《国际政治与中国》,北京大学出版社2005年版,第262—264页。

可参考国标或本书使用的体例。学术期刊论文注释的编写方法，可参阅《国际政治科学》和 Chinese Journal of International Politics（CJIP）两本杂志的注释体例，这些体例并不是唯一的标准，仅供读者参考。①

第四节　附录、参考文献与索引

一、附录

学术论文中，常有一些篇幅较长的材料不宜放到论文的正文中，也无法放到注释里，包括样本、问卷、数据表以及范例等。但是，这些材料对读者完整深入地理解正文内容帮助较大，特别有助于读者了解正文中不得不省略的解释和论证过程。于是，可以把这些材料作为附录放在论著之后。一般而言，学术专著、博士和硕士学位论文要有附录。

特别值得指出的是，随着复制性研究的兴起，加之期刊发表篇幅限制，越来越多的国际关系前沿期刊要求作者提供包含数据集、案例编码方案、变量测量方法、补充性案例分析、专门的计算机程序或者稳健性检验结果等内容的在线附录②，这样既有助于提高国际关系科学研究的公开度和透明度，也有助于推动国际关系学科知识的发展和积累。

二、参考文献

参考文献汇集了论文引用或参考过的文献，放在学术论文正文的后面，通常位于附录之前。编写参考文献的主要目的是为从事相同或相近问题研

---

①　《国际政治科学》注释体例，可访问 http://www.tuiir.tsinghua.edu.cn/info/1146/5592.htm；Chinese Journal of International Politics 注释体例，可访问 https://academic.oup.com/cjip/pages/General_Instructions。访问日期：2021年5月31日。自2021年起，《世界经济与政治》《当代亚太》和《国际政治科学》已统一了注释体例，以进一步提升我国国际关系专业期刊体例规范的建设水平。

②　例如，国际关系权威期刊《国际组织》（International Organization）建立的发表在该期刊上的学术论文在线数据库提供了相关论文的在线附录，参见 https://dataverse.harvard.edu/dataverse/IOJ，访问日期：2020年11月30日。

究的读者提供参考资料,帮助他们减少寻找相关资料的时间,提高研究效率。(参考文献的体例,可参阅本书的参考文献部分。)

三、索引

索引是为帮助读者查找学术论文中的相关内容而设计的,一般包括人名、组织机构名、事件、条约、专用术语、缩略语以及基本概念等。如果索引量较大,则分为人名和专有名词两大类,也可根据具体情况分类。索引词一般按词条文字拼音结合拉丁字母的顺序排列,并标出其所在的页码。

  C
  CTBT 302
  D
  导弹防御系统
    国家导弹防御系统 2,21,60,153
    战区导弹防御系统 1,20,59,154
  邓小平 2,50,69,89,100,201

随着科学研究方法的提倡和推广,中国国际关系研究在科学化和规范化方面都取得了较大进步。当前,英美国际关系学界正在大力提倡研究的公开度、透明度和可复制性,新的科学研究规范正在形成,这是推动国际关系学科发展和国际关系科学研究的必然要求。尽管中国学者对国际关系科学化和规范化的重视程度越来越高,但也要看到,目前中国国际关系学界仍然缺乏统一的国际关系科学研究规范和注释规范,甚至出现了对中国国际关系研究陷入"洋八股"的疑虑和担忧。然而,无论如何,推动中国国际关系研究的规范化,是中国国际关系学界的集体责任,将有助于中国国际关系科学研究工作的整体进步。

思考题

1. 学术论文的规范结构是什么？
2. 学术论文中,每个自然段的第一句应为什么内容？
3. 学术论文中,每个自然段多少字较为适宜？一般不能超过多少字？
4. 确保学术论文语言的科学性有哪些基本要求？
5. 撰写学术论文标题有哪些基本要求？
6. 学术论文中的注释有哪些作用？

附录 1
研究方案设计示例

　　如果我们把一项国际关系研究比作盖一栋楼房,那么研究设计就是盖这栋楼房的项目报告书,而研究报告提纲或论文写作提纲则是这栋楼房的结构设计。一个单位要盖一栋楼房,它首先需要在项目报告书中回答一连串密切关联的问题。比如:为什么要盖这栋楼房?楼房的用途是什么?楼房盖成什么样式?楼房要盖多高、多大?怎样的楼房布局最合理?这栋楼房计划使用多少年?盖这栋楼房需要多少资金?……只有这些问题都说明清楚了,决策层才可能做出是否盖这栋楼房的决定。盖楼房的决定做出后,才谈得上设计楼房图纸的问题。设计图纸的内容包括楼房的高度、样式、结构、材料等,而这些设计内容都要受到楼房项目设计的限制。例如,楼内房间的设计取决于楼房的用途;有关建筑材料的设计则取决于盖楼计划使用的资金。

　　正如楼房的结构设计需要符合盖楼的项目计划一样,研究报告提纲或论文写作提纲也必须符合研究设计的要求。通过上面的类比,我们可以发现,研究设计是写作提纲之前的工作,写作提纲要受到研究设计的先天制约。许多国际关系专业的学生和研究人员误将研究报告提纲或论文写作提纲当作研究设计,这至少反映了以下两个问题:

　　一是在许多国际关系专业的学生和研究人员的观念中,国际关系研究就是写文章。由于国际关系研究的成果要以研究报告或论文的形式呈现,于是学生就误以为国际关系研究就是写文章。而从小学开始,语文老师就告诫学生,写文章要先有提纲,然后才能动笔分段描述。于是,许多学生就把写提纲作为国际关系研究的最初始工作。国际关系专业的学生甚至研究人员不能区分研究设计与论文提纲的现象,从另一个侧面说明国际关系研究方法难以无师自通。

二是许多国际关系专业的学生和研究人员还没有认识到国际关系专业的科学性。理工科学生比较容易理解研究设计与论文提纲的区别,因为他们不可能用论文提纲来指导自己的研究工作。遗憾的是,大部分国际关系专业的学生并没有意识到国际关系研究与自然科学研究一样,也需要通过研究设计来指导研究工作。

那么,什么是研究设计呢? 在这里,研究设计不是指全部研究工作开始前进行的科研立项设计(见附录2),而是指开展具体研究工作的方案设计。① 由于具体的研究工作往往是回答一个"为什么"的研究问题,因而更确切地说,**研究设计**指的是研究人员连接理论和数据,并利用证据进行因果推断的指导性方案。正如有学者强调的那样,"一个明确的研究设计是有效因果推断的必要条件"②。事实上,设计研究方案时,研究人员对研究课题已经有了一定的了解,但对研究工作涉及的概念操作化与测量、数据的收集与分析、研究问题的回答等重要方面还缺乏明确的思路和解决方法。研究方案设计就是要帮助研究人员在已有知识的基础上,将不清晰的思路整理清楚,明确深入研究的主攻方向,以便接下来高效、有序地完成研究工作。

从这个意义上讲,研究方案设计是全部研究工作中的有机组成部分,而非研究启动之前的工作。在博士阶段的学习过程中,研究方案称为"**开题报告**",即博士生在导师指导下完成的有关学位论文的研究方案。经验表明,研究设计并不能保证研究必然成功,但可以使研究工作进展有序,提高研究效

---

① 为了避免与科研立项设计产生词义混淆,我们在这里将研究设计称为"研究方案设计",并且在同等意义上交替使用"研究方案""研究设计""研究方案设计"三个术语。

② Gary King, et al., *Designing Social Inquiry: Scientific Inference in Qualitative Research*, Princeton: Princeton University Press, 1994. p. 115.

率,进而增大研究成功的可能性。然而,不进行研究设计则必然使研究工作事倍功半。正所谓"凡事预则立,不预则废"。

完成特定研究项目的研究方法很多,研究人员需依据具体的研究目的和内容设计研究方案,因此研究方案设计一般没有固定的模式,每个具体的研究方案都会有所不同。不过,具体研究方案的特殊性并不等于研究方案没有基本的框架。下面介绍的是国际关系研究中较为典型的研究方案模式,一共包含五个方面的内容,实际上也是本书第三章至第七章重点介绍的内容:

(1) 研究问题(提出研究问题;研究问题的意义;文献回顾);
(2) 研究假设(设想的答案;自变量、因变量及变量关系;因果逻辑机制);
(3) 概念操作化(概念界定;选择指标;测量方法;判断标准);
(4) 假设检验(变量控制;具体检验方法;数据来源与分析);
(5) 研究评估(有待解决的研究难题;汇报研究的不确定性等)。

在上述研究方案模式中,每项的具体内容并不是固定不变的,都可以随着研究的进展不断修改和完善。以下是某博士生开题报告的研究设计,供读者参考。

战略选择与崛起成败

国际政治的历史是大国兴衰的历史,大国的兴衰自然就成为国际政治学者格外关注的研究主题。但从已有的研究成果看,学者们更为关注的主题不是大国的崛起,而是如何维持霸权地位,防止霸权衰落。尽管也有一些学者专注于大国崛起的研究,但他们的注意力往往集中在大国崛起的体系后果上,如权力转移与体系战争、权力转移与体系稳定等。[①] 本文的研究重点与以

---

① A. F. K. Organski, *World Politics*, 2nd ed., New York: Alfred A. Knopf, 1968; A. F. K. Organski and Jacek Kugler, *The War Ledger*, Chicago: University of Chicago Press, 1980; Robert Gilpin, *War and Change in World Politics*, New York: Cambridge University Press, 1981; George Modelski, *Long Cycles in World Politics*, London: Macmillan, 1987; George Modelski and William R. Thompson, *Leading Sectors and World Powers: The Coevolution of Global Politics and Economics*, Columbia: University of South Carolina Press, 1996; Torbjorn L. Knutsen, *The Rise and Fall of World Orders*, Manchester: Manchester University Press, 1999.

往的研究有较大不同,更多关注的是大国崛起成败的原因,而不是大国崛起与体系稳定的关系。

一、崛起困境与大国崛起成败之谜

世界历史的进程表明,大国相对力量的发展和变化是不可抗拒的规律。历史学家希罗多德(Herodotus)在总结古希腊城邦兴衰史时曾经指出:"繁华都市的衰亡与弱小城邦的崛起,雄辩地说明了一个结论:好景从来不长久。"[1]在这此消彼长、兴衰更替的动态过程中,总有一些大国会依靠技术突破和组织形式的变革,实现更快的发展速度,[2]推动国家实力的迅速提升,并随着相对力量优势的逐渐扩大,对国际体系的力量格局、秩序、行为准则产生重大影响。这一过程就是人们通常所言的大国崛起。

随着相对实力的提高,崛起国将逐渐加强其对国际体系的影响和控制。麦克尔·曼德尔鲍姆(Michael Mandelbaum)发现,强国一直以各种各样的方式施加自己的影响。"尽管强国之间存在着种种不同之处,但它们的国际行为模式是相同的。……无论是古代国家还是现代国家,强国总是要扩张。"[3]对此,罗伯特·吉尔平(Robert Gilpin)则做过更为详细的说明。他指出,"现实主义的不平衡增长规律意味着:随着一个集团或国家实力的增加,该集团或国家就要受到诱惑,产生加强对周边环境控制的企图。为了提高自身的安全感,它会力求扩大在政治、经济以及领土方面的控制,还将试图改变国际体系,使之符合其一系列特殊利益"[4]。典型的例子如一战前美国在美洲地区的扩张行为。

而崛起大国的最终目标是获得体系主导权,成为霸权国家,其原因在于

---

[1] 转引自曼库尔·奥尔森:《国家兴衰探源——经济增长、滞胀和社会僵化》(吕应中等译),北京:商务印书馆1993年版,第4页。
[2] 保罗·肯尼迪:《大国的兴衰:1500—2000年的经济变迁与军事冲突》(王保存等译),北京:求实出版社1988年版,第1—2页。
[3] 麦克尔·曼德尔鲍姆:《国家的命运:19世纪和20世纪对国家安全的追求》(军事科学院外国军事研究部译),北京:军事科学出版社1990年版,第105—106页。
[4] 罗伯特·吉尔平:《世界政治中的战争与变革》(武军等译),北京:中国人民大学出版社1994年版,第97页。

霸权国家的巨大收益。霸权意味着领导地位、管理责任和主导能力,与霸权地位相应的权力、威望、收益对于任何一个大国来说都具有无限的诱惑力。霸权国管理国际事务,影响国际行为体之间的互动,制定国家之间交往的规则,从中可以获得巨大的收益。① 因此,随着相对实力的上升,崛起大国逐步具备冲击霸权地位的能力之后,崛起大国毫无例外地要将实力优势转换为影响力优势,力图确立霸权地位。

但是,在崛起国争夺霸权的过程中,必然遭遇体系施加的限制,而且可能承受较大的安全压力。面对崛起国影响力的扩大,其他国家逐渐感受到崛起国对其既有利益的冲击,威胁感逐步上升。尤其是霸权国往往把崛起国视为其既有利益最大的威胁,对崛起国影响力扩大最为敏感,施加压力加以限制的决心最为坚决。例如,20世纪初,即使远离欧洲中心体系,美国在崛起时同样感受到了崛起带来的体系压力。②

随着担心的加剧,霸权国和相关国家极有可能采取相应的措施向崛起国施加压力,抑制其影响力的扩大和相对实力的提高,通常的措施包括增加军备、发起政治对抗、结成遏制性同盟、发动先发制人的战争等。因此,罗伯特·杰维斯(Robert Jervis)表示:"如果一国国力的增长足以威胁其他强国,那将是自拆台脚,……统治国际体系的企图将招致制衡性联盟。"③而在修昔底德(Thucydides)看来,伯罗奔尼撒战争不可避免的真正原因就是雅典势力的增长和斯巴达对此的恐惧。④ 近代以来典型的例子则是一战前英国对德国崛起的遏制。

由此可见,在崛起过程中,大国极可能遭遇"崛起困境",即在崛起国扩大

---

① 秦亚青:《霸权体系与国际冲突——美国在国际武装冲突中的支持行为(1945—1988)》,上海人民出版社1999年版,第261页。关于国际主导地位对于国家的重要意义,还可参见 Samuel Huntington, "Why International Primacy Matters," in Sean M. Lynn-Jones and Steven E. Miller, eds., *The Cold War and After*, Cambridge: MIT Press, 1993, pp. 307-322。

② 余志森等:《崛起和扩张的年代(1898—1929)》,北京:人民出版社2001年版,第86—87页。

③ Robert Jervis, "A Political Science Perspective on the Balance of Power and Concert," *The American Historical Review*, Vol. 97, No. 3, 1992. p. 717. 转引自时殷弘:《制衡的困难——关于均势自动生成论及其重大缺陷》,《太平洋学报》1998年第4期,第48页。

④ 修昔底德:《伯罗奔尼撒战争史》上册(谢德风译),北京:商务印书馆1985年版,第19页。

体系影响力的同时,体系,尤其是霸权国,将施加安全压力,制约崛起国实力的增长和影响力的扩大。因此,崛起国要想成功崛起,必须避免或有效缓解"崛起困境",即努力做到在扩大体系影响力的同时,尽可能降低来自体系的安全压力,防止相关国家,尤其是霸权国,做出不利于自己的强烈反应,把体系安全压力维持在所能承受的范围之内,最大限度地降低扩大影响力的成本,以免因遭到霸权国及相关国家的遏制或经受巨大的战争消耗而丧失崛起的能力。

但大国崛起的历史经验表明,不同崛起国为缓解"崛起困境"付出的努力出现了截然不同的结果。最为成功的如1898—1920年的美国,不但赢得了美洲地区的主导权,还与霸权国英国实现了历史性的和解。20世纪50年代中期到70年代初期的苏联,也称得上是成功的例子。尽管与美国展开了军备竞赛,但在此期间苏联实现了与美国的战略均势,扩大了对第三世界国家的影响力,进一步巩固了体系超级大国的基础。最为失败的如1940—1945年的德国,希特勒挑起了体系战争,结果却遭到盟国的联合遏制,最终战败,国家也不得不一分为二。再如20世纪80年代的苏联,体系影响力逐渐下降,而霸权国施加的压力却在上升或没有明显的变化,最终崛起半途而废。

崛起大国的不同命运促使我们去探究其中的原因和基本原理。因此,本文将围绕崛起国崛起的不同遭遇展开分析,试图回答的核心问题就是:为什么大国崛起有着不同的成败结果？如何才能有效化解"崛起困境"而成功崛起？

二、化解崛起困境的不同思考

在已有国际关系的研究文献中,直接讨论避免、缓解崛起困境,进而成功崛起之原因的研究较少,大多数文献都是间接涉及。根据其提供的解释原理区分,大致有三种观点,即合作搭车论、温和竞争论和进攻时机论。

（一）合作搭车论

乔治·莫德尔斯基(George Modelski)考察了欧洲近代以来大国崛起的历

史经验。他发现了三个经验现象:(1)近五百年来,"挑战者"统统失败了。(2)成为世界领导者的国家,统统都是先前世界领导者的主要伙伴;而领导地位的交替无不是正在衰弱的领导者最终将领导地位"禅让"给它的主要合作者,尽管"禅让"并非意味着没有武力斗争和冲突。比如,1688年英国发生了"光荣革命",1689年荷兰的奥兰治亲王威廉取得了英国王位,随后领导了欧洲挫败法国路易十四霸权图谋的战争;1947年,英国请美国接过它在东地中海的势力范围,并开始敦促美国主持建立北大西洋军事集团。(3)挑战者的合作者一般随挑战者的失败而遭遇厄运,而世界领导者的伙伴尽管会因自己的从属地位受损,但同时可能在更大程度上得到领导者的支持、保护和其他实惠,甚至可以后来居上成为新的世界领导者,并且按照自己的价值观改革国际体制。从长远的观点看,它们是以局部、暂时的代价,换取更经久、更广泛的利益。①

所以,有学者提出崛起国奉行"搭车"(bandwagoning)战略较为明智,即从国际权势分布的等级结构出发,崛起国以减少自己的某些行动自由为代价,与一流大国及其国际体制合作,争取其支持、保护或其他实惠,同时减小甚或消除来自大国及其国际体制的威胁。历史也表明,个别搭车者甚至有可能最终上升为驾车者。② 应当承认,搭车战略可以通过减少行动自由、自我克制帮助崛起国有效避免、缓解崛起困境。20世纪上半叶,美国和英国展开合作,并最终取代英国成为体系霸权国,确实与美国的合作战略有着密切的关系。

但这种解释面临的主要问题有两个:

第一,没有说明如果无法搭车怎么办。国际体系的无政府性质决定了世界领导者不会将自己的主导地位主动让给其他国家。当处于主导地位的霸权国家发现,崛起国正在通过搭车战略逐步积累战略优势,危及自身领导地位时,很可能拒绝继续为崛起国提供保护,不再延续既有的合作,崛起国的搭车战略也将因此无法实施。如果出现这种情况,崛起国如何克服崛起困境,

---

① 参见 George Modelski, *Long Cycles in World Politics*, London: Macmillan, 1987;时殷弘:《国际政治的世纪性规律及其对中国的启示》,《战略与管理》1995年第5期,第1—2页。

② 时殷弘:《国际政治的世纪性规律及其对中国的启示》,《战略与管理》1995年第5期,第3页。

实现崛起目标呢？合作搭车论并没有给予充分的说明。

第二，忽视了实力竞争的作用。国际无政府状态下，霸权国不可能在实力尚存的情况下主动禅让权力，因此获得主导权离不开实力竞争。采用搭车战略可以在尽可能降低实力竞争强度的情况下，在一定时期内避免、缓解崛起困境，但最终无法代替实力竞争。试想，如果崛起国总是限制自身行动自由，不参与实力竞争，怎么能削弱霸权国的影响力呢？怎么能维持崛起势头，最终崛起成功呢？因此，搭车论某种程度上忽视了实力竞争的作用。事实上，美国取代英国确立霸权的过程中，与英国展开合作确实发挥了作用，但更为重要的是，美国利用合作逐步削弱了英国的霸权基础，比如二战期间，美国提出托管制度加速了英国殖民地的瓦解；以怀特方案取代了英国的凯恩斯方案结束了英国的金融霸主地位，确立美国主导的国际金融秩序；以联合国取代国联建立了战后的国际秩序。正是通过这些实力的较量，美国才最终确立了霸权地位。

（二）温和竞争论

防御现实主义认为，化解崛起困境需要实力竞争，但实力竞争不意味着武力挑战、摧毁霸权国能够成功。相反，通过进攻性行动扩大影响力，几乎不可能成功，富有侵略性的大国最终毫无例外地会遭到体系的惩罚。

华尔兹论述到，无政府状态下，生存是国家的首要目标，遭到威胁的国家会制衡崛起国，恢复体系均势。[1] 杰克·利维（Jack Levy）阐述到，平衡机制几乎总能成功地阻止霸权的形成，其原因是遏制性联盟将会形成的预期阻遏了具有扩张雄心的国家或者组成了这样的联盟将其击败。[2] 历史学家利奥波德·冯·兰克（Leopold von Ranke）认为，近代欧洲国际体系的运动模式恰好揭示了崛起国的历史命运：新强国崛起反对头号强国扩张，新联盟形成抗击

---

[1] Kenneth N. Waltz, *Theory of International Politics*, Reading: Addison-Wesley Publishing Company, 1979, p. 118.

[2] Jack Levy, "Balance and Balancing: Concepts, Propositions, and Research Design," in John A. Vasquez and Colin Elman, eds., *Realism and the Balancing of Power: A New Debate*, Englewood Cliffs: Prentice-Hall, 2003, p. 131.

普遍帝国的追求;随着反霸战争的胜利或大国国内的变革,新的霸权追求者一次又一次出现,欧洲便一次又一次经历生死斗争;均势反复遭到严重损伤或毁坏,又反复得到修复或重建。① 德国史学家路德维希·德约(Ludwig Dehio)也相信,均势机制能够成功阻止霸权。在他看来,15世纪后整个西方国际关系史如同在统一和分立两端来回的钟摆运动,分立倾向总是使钟摆在朝统一方向摆动时永远达不到端点。②

因此,防御现实主义强调,崛起国选择战略要把握两点:第一,自我克制,不能盲目扩张。体系无政府状态下,国家必须采取温和战略,设定有限目标,注意自我约束,原因在于只有有限的扩张才可能具有战略意义,不能为了扩张而扩张,否则会带来灾难性后果。即使在有利于扩张的条件下,如进攻占据优势、先发行动获胜把握极大、具有扩张能力等条件具备时,仍可能采取温和战略,减少扩张行动。③ 第二,善于学习。杰克·斯奈德(Jack Snyder)指出,有时国家因扩展势力发动战争却失败而归。这时要迅速回撤,及时缓解由此而来的压力。在斯奈德看来,某些时候苏联就是个善于学习的国家,在扩展势力碰壁之后,苏联就力图通过自我克制和倡导缓和来瓦解敌对力量,只不过这一过程持续的时间不长。④

毫无疑问,体系因素会限制崛起国影响力的扩张,特别是遭到威胁的国家会制衡侵略,但防御现实主义夸大了这些限制力量。有效的制衡并非必然

---

① Leopold von Ranke, *The Theory and Practice of History*, Indianapolis: The Bobbs-Merrill Company Inc., 1973, pp. 65-101. 转引自时殷弘:《制衡的困难——关于均势自动生成论及其重大缺陷》,《太平洋学报》1998年第4期,第51页。

② Ludwig Dehio, *The Precarious Balance: Four Centuries European Power Struggle*, New York: Alfred A. Knopf, 1962, p. 19. 转引自时殷弘:《制衡的困难——关于均势自动生成论及其重大缺陷》,《太平洋学报》1998年第4期,第49页。

③ Charles Glaser, "Realist as Optimists: Cooperation as Self-Help," *International Security*, Vol. 19, No.3, 1994/1995, pp. 67-72; Grieco, "Realist International Theory and the Study of World Politics," in Michael W. Doyle and G. John Ikenberry, eds., *New Thinking in International Relations Theory*, Boulder: Westview Press, 1997, pp. 186-190.

④ Jack Snyder, *Myths of Empire: Domestic Politics and International Ambition*, Ithaca: Cornell University Press, 1991, p. 8.

发生或自动发生。① 这主要表现在两个方面：

第一，遏制性同盟并不能自动形成。虽然所有国家都希望生存，但追求自我利益的国家可能奉行促进而非抑制崛起国影响力扩展的战略，比如远离崛起的大国、宣布中立、与崛起大国结盟、将制衡任务转移给其他国家、绥靖，甚至屈服，这些战略的实施会给霸权国组织遏制联盟带来极大的困难。② 比如，拿破仑战争期间，欧洲强国并没有坚决制约和抵抗拿破仑的侵略，形成遏制其取得欧洲霸权的均势，而是容忍、规避或屈服于法国的扩张，甚至予以合作或支持，使得欧洲多年无法形成具有较强抵抗能力的反法同盟。

第二，有时霸权国都难以采取行动遏制崛起国。第一次世界大战前，协约国同盟只是到大战开始才真正形成，此前英国是否会以武力阻止德国取得欧陆霸权始终无法完全确定。第二次世界大战前夕，德国的影响力逐步扩展，愈发危及欧洲秩序，英国却长时间实行绥靖政策，而没有采取有效的行动制衡德国，直至 1940 年夏法国沦陷前夕，英国的政策才出现较大的调整。

事实上，一些防御现实主义也承认，恰当的战略选择可能突破体系结构对国家的限制。华尔兹曾讲到，结构可以影响和促进行为和结果，但并不决定行为和结果。这不仅仅因为单位层次的原因和结构的原因是互动的，而且因为结构的影响和推动作用可能受到有效的抵制。人们通过外交技巧和意志，可以突破结构的限制。③ 例如，俾斯麦就曾取得过成功。他发动了三场短暂的战争，实现了德国统一，改变了中欧均势，而没有引发全面战争。在此之前，很少有人相信欧洲的国际结构会出现这样的变化。1879 年，德奥结成长期同盟。在欧洲政治结构下，人们可能会预测，两个强国的联盟将会引起对抗性同盟的产生，但法俄同盟一直到 1894 年才正式形成。

---

① John J. Mearsheimer, *The Tragedy of Great Power Politics*, New York: W. W. Norton & Company, 2001, p. 39, 212.

② Ibid., pp. 162-164; Randall L. Schweller, *Deadly Imbalance: Tripolarity and Hitler's Strategy of World Conquest*, New York: Columbia University Press, 1998, pp. 67-75.

③ 罗伯特·O. 基欧汉编：《新现实主义及其批判》（郭树勇译），北京大学出版社 2002 年版，第 314 页。

（三）进攻时机论

进攻现实主义提出了与防御现实主义克制论针锋相对的理论逻辑。其核心观点是，国际体系的无政府性质决定了国家为了生存必然会扩张权力。否则只是自我克制，不增加权力资源，何以维持现状？何以确立主导地位？因此，体系压力决定了国家，特别是实力上升的崛起国家，必然要扩展影响力，而且能够取得成功。

在进攻现实主义看来，进攻行动几乎不能成功这一论断缺乏事实支持。美国19世纪的征服造就了今天我们熟知的美国。1939—1940年，纳粹德国先后战胜了波兰和法国。尽管后来侵略苏联失败，导致征服最终没有成功，但如果法国沦陷后，希特勒能够保持克制，没有入侵苏联，他的征服可能会带来相当不错的收益。总之，历史事实表明，进攻有时会取得成功，有时则会失败。因此，进攻现实主义特别强调，国家扩展影响力要把握时机。[①] 对于崛起国而言，把握进退的时机最为关键，需要伺机而动，寻求有利时机，而且即使机会来临也不能贸然行动，须谨慎评估代价及可能产生的后果。如果代价过高，纵然有机可乘，仍需按兵不动。

进攻现实主义清晰地说明了崛起国扩张影响力的必然性和获得成功的可能性，但面临两个主要问题：第一，难以证伪。进攻现实主义强调，要恰当把握时机，扩张能取得成功。但这一论断难以证伪，最终会陷入一个逻辑循环，即扩张战略取得成功就是把握了时机，没有成功就是行动时机不利，从而使研究结论成为一种事后解释。第二，无法解释霸权国容忍崛起国的追赶。既然知道崛起国可能突破体系限制，其扩张行动可能成功，危及自己的主导地位，甚至国家生存，霸权国为什么没有把握时机，在崛起国还相对弱小的情况下实施预防性打击？由此可见，进攻现实主义说明了扩展影响力获得成功的可能性，但并没有说明决定成败的因素及其基本原理。

根据以上的回顾，我们还发现已有研究存在着两个共同的缺陷：第一，忽

[①] John J. Mearsheimer, *The Tragedy of Great Power Politics*, New York: W. W. Norton & Company, Inc., 2001, pp. 39–40.

略了崛起战略的平衡性。崛起过程中,崛起国必然会面临崛起困境,而崛起战略化解崛起困境的关键则在于是否能实现崛起国利益需求的平衡,即通过战略手段的组合和实施次序的安排,将扩张与克制统一起来,从而实现扩展影响力与控制安全压力两个利益目标的平衡,保证崛起成功。如20世纪初的美国,在美洲提出门罗主义推论,不惜以强硬手段扩展影响力,同时尽可能不介入欧洲列强的冲突,较好地缓解了崛起困境。但已有的研究往往都侧重考察战略的一个方面,而对崛起战略如何实现恰当的平衡关注不够,这既违背历史事实,也成为理论研究难以深入、取得突破的症结。

第二,忽视了崛起的阶段性。尽管一场战争或一次行动可能决定崛起大国的最终命运,但大国崛起是个较为漫长的过程,而非一次扩张行动或一场体系战争,其间崛起国的相对实力会经历阶段性的变化。在不同阶段,崛起国扩展影响力和承受安全压力的能力并非完全相同,因此同一战略选择在不同阶段实施可能会出现迥然不同的结果。而现有的研究大都没有注意到崛起的阶段性变化,没有深入分析崛起国同一战略在不同阶段的效果,没有充分说明同一阶段不同战略的不同影响,因而无法对崛起成败的原因做出更为合理的解释。

三、崛起战略、崛起阶段与崛起成败

本部分提出了解释崛起成败的理论框架,核心假设是:崛起成败取决于崛起战略能否将崛起国的安全压力保持在其承受能力范围之内。首先讨论了崛起战略的类型,然后说明在崛起不同阶段崛起战略与崛起成败之间的关系,并进行了逻辑论证。

(一)崛起战略的类型

战略是做事情的方法,是指目的与手段、意图与能力、目标与资源联系起来的一个过程。[1] 本文讨论的崛起战略是指崛起国的国家安全战略而不是经

---

[1] 约翰·加迪斯:《遏制战略:战后美国国家安全政策评析》(时殷弘等译),北京:世界知识出版社2005年版,"前言",第6页。

济社会发展战略,而国家安全战略有时也称作大战略。

学者对大战略的含义有着不同的界定。李德·哈特(Liddell Hart)认为,大战略的任务是协调和指导一个国家的一切力量,使其达到战争的政治目的。① 巴里·波森(Barry Posen)认为,大战略必须确定可能出现的威胁,必须设计政治、经济、军事和其他的补救方法以应对这些威胁,必须区分威胁的轻重缓急和应对方法的优先次序。② 在此基础上,克里斯托弗·莱恩(Christopher Layne)提出了大战略的形成过程包括三个步骤:确定国家的核心安全利益;确定对这些利益的威胁;决定如何最有效地利用国家的政治、军事和经济资源保护这些利益。③ 迈克尔·德施(Michael Desch)则认为,理性、统一的大战略包括四个要素:第一,确认国家可以使用的实力资源,包括人口、经济实力、工业基础、技术发展水平和常备军力;第二,确认国家的战略利益;第三,确认对这些利益的威胁;第四,必须提出兼顾实力和目标以便化解战略威胁的最佳手段。④

尽管学者对大战略的理解不尽相同,但相通之处非常明确,即大战略必须涵盖两个方面的内容:一是战略目标的次序;二是运用实力资源的方式。因此,大战略可以界定为一国运用所有相关能力资源实现国家政治目标的基本方法。在崛起阶段,崛起国对外领域的核心目标是避免、缓解崛起困境,即在扩展、巩固影响力的同时尽可能化解霸权国施加的压力,进而成功崛起。因此,崛起战略可以界定为崛起国运用其能力资源避免和缓解崛起困境,实现崛起目标的基本方法。

依据战略目标和资源运用方式的不同,崛起战略可以区分为三个类型。

---

① 李德·哈特:《战略论:间接路线》(钮先钟译),上海人民出版社 2010 年版,第十九章。
② Barry R. Posen, *The Sources of Military Doctrine: France, Britain, and Germany Between the World Wars*, Ithaca: Cornell University Press, 1986, p. 13.
③ Christopher Layne, "From Preponderance to Offshore Balancing: American Future Grand Strategy," in G. John Ikenberry, ed., *American Foreign Policy: Theoretical Essays*, 3rd ed., New York: Addison-Wesley Educational Publishers Inc., 1999, p. 564.
④ Michael C. Desch, "The Keys that Lock up the World: Identifying American Interests in the Periphery," *International Security*, Vol. 14, No. 1, 1989, p. 88.

1. 渐进战略

渐进战略的基本特征表现为:(1)不挑战霸权国在其核心利益区域的优势地位,注意寻求双方在这些区域的共同利益,通过实现共同利益推进与霸权国的合作,在合作过程中维护自身利益,适度扩展影响力。(2)介入和控制霸权国的边缘利益,扩展本国的影响力。可能采取武力手段,控制霸权国边缘区域,尤其是处于本国周边的边缘区域,建立势力范围或确立区域体系主导权。(3)介入霸权国的次核心利益区域。在这些区域,崛起国利用非武力手段扩展影响力,与霸权国分享影响力。但坚决不使用武力,避免完全控制次核心利益区域,而将霸权国影响排除在外,为此不惜主动让步或采取措施避免与霸权国在次核心领域发生军事对抗和冲突。渐进战略的典型例子包括:19 世纪末和 20 世纪初,美国奉行的战略;19 世纪七八十年代,俾斯麦德国奉行的战略;以及 20 世纪 50 年代中期至 70 年代初期,苏联奉行的战略。

2. 突进战略

突进战略的基本特征表现为:(1)介入霸权国的核心利益区域。在这些利益区域内,崛起国与霸权国合作的意愿较低,将使用强迫手段或利用霸权国的艰难处境,迫使霸权国做出妥协让步,以削弱霸权国在其核心利益区域的主导地位,但不会直接使用武力,发动战争。(2)使用武力控制次核心利益区域。在霸权国的次核心利益区域,崛起国不惜主动引发危机、使用武力,直接发动战争或利用代理人战争,控制霸权国的次核心利益区域,力图完全排除霸权国的影响力,确立崛起国在这些区域内的主导地位。典型例子包括:19 世纪末至一战前,威廉二世德国奉行的战略,以及 20 世纪 70 年代后期至 80 年代中期,苏联奉行的战略。

3. 摧毁战略

摧毁战略的基本特征表现为:直接使用武力挑战霸权国的核心利益,不惜发动体系战争,打击霸权国及其主要盟国,力图彻底摧毁霸权国,以最终确立体系霸权地位。典型例子是 1940—1945 年,希特勒德国奉行的战略。

战略目标和手段的不同决定了三类崛起战略性质的差异,其核心差异表现为战略的冲击强度不同。所谓战略冲击强度指的是崛起国的战略行动对霸权国霸权基础的削弱程度。具体而言,包括两个方面:一是利益损害强度,即对霸权国体系控制能力的侵害程度;二是手段强迫程度,即武力的使用范围。据此我们可以发现:

第一,渐进战略的冲击强度最弱。在利益损害方面,渐进战略仅以霸权国的边缘利益和次核心利益为重点,不挑战霸权国的核心利益,而且注意推进与霸权国在核心领域的合作,因此对霸权国的控制能力损害较小。在使用手段上,虽然可能使用武力,但严格局限于边缘领域,淡化了武力手段的强迫色彩。

第二,突进战略的冲击程度较强。在利益损害方面,突进战略意图削弱霸权国在核心利益区域的控制优势,动摇了霸权控制体系的基础。因此,损害程度较大。在使用手段上,将使用武力的范围扩大到霸权国的次核心利益区域,突出了战略的强迫性,增大了战略的整体冲击强度。

第三,摧毁战略的冲击强度最强。摧毁战略不但要极大削弱霸权国控制能力的根基,而且要以武力方式危及霸权国的生存。因此,冲击强度最为强烈。

(二) 崛起战略与崛起成败的关系

崛起成败的关键在于崛起国能否控制崛起困境的强度,即在扩展和巩固影响力的过程中,能否尽可能降低自身承受的安全压力,将安全压力保持在自身能力应对范围之内。如果能够维持能力和压力的平衡,则可以避免或缓解崛起困境,不断扩展自身的影响力并能使之得到有效巩固,取得阶段性胜利或最终确立霸权地位,崛起成功;反之,如果无法维持能力和压力之间的平衡,则崛起困境加剧,导致安全压力增大超出自身承受能力范围,无法继续扩展和巩固既有的影响力,结果必将是崛起进程逆转或终结,崛起失败。

崛起国控制安全压力,避免和缓解崛起困境的关键是确保霸权国施加的安全压力处于可以承受的范围之内。其原因有两点:第一,霸权国最为敏感。霸权国家是体系内拥有强大权力的国家,占据着体系的主导地位。现实主义理论认为,国家在国际体系中的相对权力位置与其国家利益密切相关。一国相对权力地位的变化,直接关系到国家在体系中的自由度,国家的整体利益也会随之发生相应的变化。体系中相对权力地位最高的霸权国,其整体国家利益是保持主导地位,而处于体系权力结构中层和底层的一般大国和中小国家根本不会确立这样的目标。① 因此,霸权国对于崛起国扩展影响力最为敏感,施加安全压力的决心最为坚定。第二,霸权国的遏制能力强。霸权国一般具有强大的实力,即使是实力处于劣势的霸权国,也具有相当实力。更为关键的是,霸权国对体系内其他国家有着较为广泛的影响力,体系动员能力较强。在实力失去优势的情况下,霸权国可以动员相关国家组成遏制崛起国的同盟。因此,有效控制霸权国对崛起国的压力水平就成为影响崛起成败最为重要的因素。

崛起国若要维持霸权国施加的安全压力与自身能力的平衡,实现崛起目标,核心途径有两个:一是通过崛起战略将安全压力控制在较低水平,这样即使处于相对实力劣势的追赶阶段也能够承受,而在僵持和超越阶段取得成功就更为顺利。二是在相对实力占据优势的情况下,逼迫霸权国做出让步,尽管会遭到霸权国的遏制措施,但崛起国可以借助实力优势承受较大的安全压力,最终克服崛起困境,化解压力。相反,如果崛起国的战略措施不能将自身的安全压力控制在较低水平,或是不具备承受巨大安全压力的实力基础,其结果必然是崛起困境加剧,崛起进程以失败告终。(见附图1)

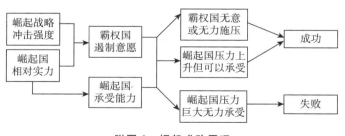

附图1 崛起成败原理

---

① 参见秦亚青:《霸权体系与国际冲突——美国在国际武装冲突中的支持行为(1945—1988)》,上海人民出版社1999年版,第103—105页。

依据上述基本原理,结合崛起战略的不同性质,我们可以明确说明在崛起的不同阶段,崛起战略与崛起成败结果的关系(见附表1)及其基本原理。

附表1 不同阶段崛起战略与崛起成败的关系

	渐进战略	突进战略	摧毁战略
追赶阶段	成功	失败	不可能
僵持阶段	成功	失败	失败
超越阶段	成功	成功	成功/失败

…………(限于篇幅,省略)

四、核心概念操作化

(一)霸权国及其利益层次

霸权国是国际体系中占据主导地位的国家,不仅拥有强大的实力,而且有意愿利用自己的力量干预和影响国际事务和其他行为体,其对体系本身和体系内其他单位的影响超过了体系对其自身的影响。[①] 霸权国的主导地位往往体现在霸权国能够借助强大的经济、军事和政治实力,建立符合自身利益的霸权秩序,较为有效地对体系内国家施加控制和影响。根据巩固主导地位的重要性,霸权国的国家利益可以划分为三个层次。[②]

1. 核心利益

核心利益直接关系到霸权国主导地位的确立、巩固和延续,是霸权国主导地位不可或缺的基础。主要包括:维护本土及直接关系本土生存地区的安全;有效控制本土以外的核心区域,即能够对霸权军事力量做出直接贡献、对

---

① 秦亚青:《霸权体系与国际冲突——美国在国际武装冲突中的支持行为(1945—1988)》,上海人民出版社1999年版,第103—104页。

② 此处受到了库普乾、德施相关研究的启发,参见 Charles A. Kupchan, *The Vulnerability of Empire*, Ithaca: Cornell University Press, 1994, pp. 13-23; Michael C. Desch, "The Keys that Lock up the World: Identifying American Interests in the Periphery," *International Security*, Vol. 14, No. 1, 1989, pp. 97-98。

体系均势产生直接影响的国家或地区,其主要特点是大国集中、区域内国家经济实力强大、工业基础健康、技术发展水平高等,或者对于霸权国经济具有不可替代的作用;此外,确保核心武器领域的优势地位也是霸权国的核心利益所在。

2. 次核心利益

次核心利益主要涉及本土以外,内在价值较小,但可以为保护核心利益做出贡献,发挥关键作用的国家或区域。霸权国对这些国家或区域较为重视,即使不必完全控制这些国家或区域,也要确保这些国家或区域不能为竞争国所控制,以利用这些国家或区域建立起保护核心利益的安全带,巩固和延续霸权。

3. 边缘利益

边缘利益主要有关核心利益、次核心利益以外的国家和区域,包括已经为崛起国牢牢控制的殖民地或势力范围,这些国家和区域对于巩固和延续霸权作用较小,霸权国的重视程度要明显低于核心利益和次核心利益区域。

到目前为止,学者们对于1816年以来体系霸权国的归属几乎没有分歧,普遍认为英国和美国先后成为霸权国,而且对美国霸权的开始时间看法也较为一致,即1945年二战结束之后,至今仍在延续。学者们分歧较大的是英国霸权结束的时间。比如,莫德尔斯基认为,英国霸权的结束时间为1914年,即第一次世界大战爆发时。[1] 吉尔平则认为,英国霸权一直持续到二战爆发前,即1939年。[2] 不难发现,学者们分歧的焦点是两次世界大战期间的英国是否属于体系霸权。在此项研究中,英国的霸权周期为1816年至1945年二战结束,也就是将两次世界大战之间和二战战争期间都算入英国霸权周期,主要考虑是:

第一,两次世界大战之间英国的体系影响力依然最大。英国是第一次世

---

[1] George Modelski, *Long Cycles in World Politics*, London: Macmillan, 1987, p. 40.
[2] 罗伯特·吉尔平:《世界政治中的战争与变革》(武军等译),北京:中国人民大学出版社1994年版,第144—145页。

界大战最为主要的战胜国。虽然战后英国的相对实力受战争影响有所下降,但其在安全和政治领域,仍然具有全球影响力,主要体现在:在最为重要的国际性组织国联中发挥主要作用;对于维持欧洲地区的均势发挥着关键作用;殖民帝国依然没有瓦解,还占领了德国的大部分殖民地;在中东、非洲和远东地区有着较大的影响力;保持着海军强国的地位。[①] 同一时期,美国的相对实力最强,但奉行孤立主义政策,缺乏扩展影响力的意愿。20世纪20年代中期以后,苏联的相对实力也超过了英国,但长期受到孤立,影响力更为有限。因此,尽管两次世界大战之间英国的相对实力和影响力较之此前明显下降,但认为这一时期的英国依然是霸权国仍具有相当的合理性。

第二,体系战争的爆发并非意味着霸权的终结。已有的相关研究往往把体系战争持续的时间排除在霸权周期之外,但这种界定方法是值得推敲的。最大的问题是,这种方法实际上假定了霸权国一定会在体系战争中失去霸权地位。事实上,体系战争是争夺、决定霸权的一种方法,本身无法表明霸权的终结。也就是说,霸权遭遇挑战并非意味着失去霸权。试想,如果既有霸权国赢得了战争,主导地位依然如旧,那么该如何界定霸权周期呢?是重新计算,还是将体系战争持续的时间算入原有的霸权周期内? 显然,后者更为合理。因此,将体系战争爆发作为霸权周期的结束不尽合理,而依据体系战争的结果确定才更为合理。由此看来,把进行二战的六年看作霸权争夺时期而计算在英国霸权周期内更为合理一些。

因此,在本文研究的时间范围内(1816—1991)存在着两个霸权周期:一是英国霸权(1816—1945),二是美国霸权(1946—1991)。确定了霸权国家和霸权周期后,更为重要的任务是划分霸权国家的利益层次。根据上文提供的相关界定方法,我们划定了英国和美国在霸权周期内的利益层次。

(1) 英国(1816—1945)的利益层次。①核心利益:确保本土及附近海域的安全;维持西欧地区的均势;确保海军的优势地位以及控制主要航线、港口,包括多佛尔、直布罗陀、亚历山大、新加坡、好望角;对主要势力范围、进行

---

① 王绳祖主编:《国际关系史(1917—1929)》第四卷,北京:世界知识出版社1995年版,第52—53页。

殖民统治的地区的控制,主要包括印度、埃及、南非、加拿大、澳大利亚。②次核心利益:对重要势力范围、进行殖民统治的地区的控制,包括中欧、中近东、中国、尼日利亚、苏丹、索马里等。③边缘利益:维持、扩展在其他地区的影响力。

(2)美国(1946—1991)的利益层次。①核心利益:确保本土及其附近海域的安全;确保对主要盟国的影响和控制,主要盟国包括北约盟国、日本、澳大利亚和以色列;防止其他国家拥有核武器优势,具备绝对第一次打击能力;影响和控制中美洲、南美洲国家。②次核心利益:确保控制主要盟国之外的其他盟国和主要中立国家,包括北非国家(埃及、利比亚、阿尔及利亚、摩洛哥)、西亚国家(包括巴基斯坦、阿富汗)、印度、中国(1971年之后)、南非等。③边缘利益。影响、控制雅尔塔体系下苏联控制的国家,包括东欧国家以及其他社会主义国家如蒙古、朝鲜、越南等;中国(1949—1970);除北非四国之外的非洲国家等。

(二)崛起国及其崛起阶段

根据既有研究对崛起特征的理解[①],本文将崛起界定为体系大国相对实力持续增长,接近并超过体系霸权国的过程。具体的测量方法如下:(1)国家是体系大国,并以战争相关因素数据库的判断标准和结果确定大国地位;(2)体系大国与霸权国实力比达到40%之后,体系大国实力持续增长并进入体系前三位,其间体系大国与霸权国实力比超过80%的时间持续至少十年。如果某国上述标准全部满足,则认为该国进入了崛起进程。

大国进入崛起进程后,依据崛起国与霸权国相对实力比(R)的不同,可将崛起过程划分为三个阶段:(1)追赶阶段($0.4 \leqslant R < 0.8$),崛起国与霸权国的实力比大于等于40%而小于80%;(2)僵持阶段($0.8 \leqslant R < 1.25$),崛起国与霸权国的实力比大于等于80%而小于125%;(3)超越阶段($R \geqslant 1.25$),崛起国与霸

---

① 阎学通等:《中国崛起——国际环境评估》,天津人民出版社1998年版,第139页;潘维:《也谈"和平崛起"》,https://www.aisixiang.com/data/12361.html,访问日期:2021年5月10日。

权国的实力比大于等于 125%。①

需要说明的是,将体系大国与霸权国实力比达到 40% 界定为崛起的起点,主要原因是此时崛起国的相对实力已经为其实现追赶霸权国的目标奠定了较为扎实的基础。如果实力过于悬殊,则很难实现追赶并与霸权国在实力上平起平坐的目标。而把僵持阶段至少持续十年作为标准,主要考虑的是更好地反映崛起过程的长期性,避免将间断的、持续时间很短的实力上升过程理解为崛起,以更好地揭示崛起的内在含义。

崛起过程终结的判断标准有三个:一是成为体系霸权国;二是失去大国地位;三是与霸权国的实力对比重新低于 40%。以上三个标准符合一项即可视为崛起过程结束。符合第一个标准意味着崛起国已经成功崛起,而符合后两个标准中任何一个则意味着崛起国丧失了成为崛起国的基础,终止了崛起进程。

为了突出大国实力的相对性,本文测量大国实力时,采取的方法是计算该体系大国实力占体系大国实力总和的比例,具体方法如下:(1)1816—1959 年,使用战争相关因素数据库的测量方法②,其具体计算方法是:

$$大国实力比 = (Me+Mp+S+E+P+Pc)/6$$

其中:Me = 某大国军费开支÷全部大国军费开支;Mp = 某大国军队人数÷全部大国军队人数;S = 某大国钢铁产量÷全部大国钢铁产量;E = 某大国能源消耗量÷全部大国能源消耗量;P = 某大国总人口÷全部大国人口;Pc = 某大国城市人口÷全部大国城市人口。

(2)1960—1991 年,借鉴米尔斯海默的测量方法③,其具体计算方法是:

$$大国实力比 = (M+G)/2$$

其中:M = 某大国军费开支÷全部大国军费开支;G = 某大国国内生产总值÷全部大国国内生产总值。

---

① 划分崛起阶段的标准参见 A. F. K. Organski and Jacek Kugler, *The War Ledger*, Chicago: University of Chicago Press, 1980, p. 49.

② 可登录 www.Eugenesoftware.org 下载相关数据库,访问日期:2020 年 11 月 30 日。

③ 1960 年前后,采用不同测量指标的原因,参见 John J. Mearsheimer, *The Tragedy of Great Power Politics*, New York: W. W. Norton & Company, 2001, p. 67.

在测量大国实力比的过程中,我们没有考虑软权力因素,主要原因有两个①:第一,在研究限定的时间范围(1816—1991)内,软权力因素的作用不够明显。提出软权力概念的约瑟夫·奈也承认,由于国际关系实质的变化,冷战之后软权力的重要程度才逐渐加大。因此,忽略软权力对测量大国实力的准确性影响有限。第二,缺乏较为有效的测量方法。目前,软权力概念仅有含义界定,尚没有进入操作化层次,还没有形成学者们公认且较为有效的测量方法。鉴于以上两点原因,本文测量大国实力比时,只考虑物质能力,而将软权力排除在外。

根据以上判断崛起国的标准和大国实力比的计算方法,使用 Eugene 数据库提供的数据②,可以发现 1816 年哪些大国进入过崛起过程。

(三)崛起成败的判断标准

华尔兹认为,检验政策的最终标准是成功与否,而成功的定义是:国家生存得以维持;国家实力得以增强。③ 对于崛起国而言,其最为重要的任务是将持续增长的实力转化为体系影响力,增强对国际体系局部乃至整体的控制能力,同时能够维持国家的安全,尽可能减轻霸权国施加的安全压力。因此,检验崛起战略是否成功,可以考察两个指标:一是崛起国影响力是否扩大,二是崛起国安全压力是否降低。具体测量指标如下。

1. 测量体系影响力的指标

(1)追随国数量增减。追随国是指政策立场与崛起国绝对一致,崛起国可以实施绝对控制的国家或地区,如德国的殖民地、20 世纪初美国控制的中美洲和加勒比海地区、冷战时期苏联控制的东欧国家等。追随国数量增加为影响力扩大,减少则为降低。(2)同盟国、受援国的数量/实力增减。依据同

---

① 参见秦亚青:《霸权体系与国际冲突——美国在国际武装冲突中的支持行为(1945—1988)》,上海人民出版社 1999 年版,第 197—198 页。
② 1960 年之后的五个大国(美国、苏联、中国、英国和法国)的国内生产总值数据取自 Angus Maddison, *Monitoring the World Economy 1820-1992*, Washington D. C.: OECD Publication and Information Center, 1995.
③ 肯尼思·沃尔兹:《国际政治理论》(影印版),北京大学出版社 2004 年版,第 117 页。

盟条约或相同性质的条约判断盟国关系,增加为影响力扩大,减少则为降低;援助国增加为影响力扩大,反之为降低。(3)崛起国与霸权国对抗是否取胜(霸权国是否做出更大的让步或妥协,体系/地区权力对比是否更有利于崛起国)。取胜为影响力增强,失败则为下降。(4)是否成为体系霸权国家。如果成为体系霸权国,则意味着崛起最终取得成功。

2. 测量安全压力的指标

(1)崛起国和霸权国之间是否出现军备竞赛及是否加剧。出现为压力上升,反之则为持平或下降。(2)是否出现霸权国主导的遏制性同盟及同盟是否扩大。出现为压力上升,缩小则为下降。(3)国家是否战败(失去大国地位)、是否解体。"是"则为压力上升,而且意味着崛起进程的终结。

根据上述具体指标,崛起成败的结果可区分为两个类别:(1)成功,即崛起国影响力扩展或持平的同时,安全压力持平或下降,如19世纪80年代俾斯麦执政时期的德国、19世纪末至20世纪初期的美国等;或者是崛起国影响力扩展的同时,安全压力也在上升,如20世纪30年代中后期的德国、20世纪50年代中期至60年代末的苏联。(2)失败,即崛起国影响力持平或下降,而安全压力在上升,包括崛起进程终结。如20世纪初到一战之前的德国、20世纪80年代的苏联。

五、研究方法和检验设计

这里讨论的研究方法是指评判理论研究假设的方法。具体包括:定性统计分析和案例比较检验。

(一)定性统计分析

崛起国避免、缓解崛起困境,实现崛起目标的实践,是由具体的历史事件串联而成的。这些具体事件的性质反映出崛起国的战略考虑,同时我们可以观察到这些事件对于避免、缓解崛起困境的具体作用。因此,我们可以利用统计方法,考察这些战略性质不同的具体事件与崛起成败之间的相关关系,检验理论假设的总体有效性。

由于研究设计中的崛起成败（因变量）是定性名义变量,因此我们选择了费舍尔精确检验法(Fisher Exact Test)考察崛起战略的冲击强度与崛起成败是否关联。① 具体的研究设计和步骤如下。

1. 确定战略事件

具体选取的标准包括:(1)对霸权基础构成冲击的事件,包括巩固既有扩展成果的事件。例如,俾斯麦构建同盟体系,确保德国在欧洲既有地位的一系列事件。对霸权基础没有构成冲击,甚至有助于巩固霸权的事件没有计入,如戈尔巴乔夫上台后的一系列战略收缩事件。因此,在选择二战后苏联崛起的战略事件时,截止到1984年。(2)安全领域和政治领域的事件,如相关战争、危机、结盟、提供援助等,以及具有安全、政治意义的经济事件,如美国提出对华门户开放。(3)权威综合性国际关系史著作②记述的事件。(4)相关历史描述足以确定事件冲击强度和成败结果。

在依据上述标准确定事件的过程中,会合并一些事件。合并的基本原则是:第一,时间相近、性质相同的事件。如1940年,德国入侵荷兰、卢森堡和比利时三个国家,算作一个事件。第二,没有明确区分标志的系列事件。如20世纪60年代中后期,苏联核军备的扩军算作一个事件。如果有明确的区分标志,则尽可能加以区分。例如,一战前德国扩充海军力量都要颁布海军法案,这样每次颁布法案就单独算作一个事件,而不是笼统地把扩充海军算作一个事件。

---

① 具体应用条件和方法可参见胡良平编著:《Windows SAS 6.12 & 8.0 实用统计分析教程》,北京:军事医学科学出版社2001年版,第311—315页。
② 主要包括:王绳祖主编:《国际关系史》（十卷本）,北京,世界知识出版社1995年版;中国国际关系学会主编:《国际关系史（1980—1989）》第十一卷,北京:世界知识出版社2004年版;欣斯利编:《新编剑桥世界近代史 第11卷:物质进步与世界范围的问题1870—1898》（中国社会科学院世界历史研究所组译）,北京:中国社会科学出版社1999年版;C. L. 莫瓦特编:《新编剑桥世界近代史 第12卷:世界力量对比的变化1898—1945》（中国社会科学院世界历史研究所组译）,北京:中国社会科学出版社1999年版;B. M. 赫沃斯托夫编:《外交史》第二卷（高长荣等译）,北京:生活·读书·新知三联书店1979年版;维戈兹等编:《外交史》第三卷（大连外语学院俄语系翻译组译）,北京:生活·读书·新知三联书店1979年版;C. A. 戈尼昂斯基等:《外交史》第四卷（武汉大学外文系等译）,北京:生活·读书·新知三联书店1980年版;A. C. 阿尼金等编:《外交史》第五卷（大连外国语学院俄语系翻译组译）,北京:生活·读书·新知三联书店1983年版。

2. 测量事件的冲击强度和结果

（1）冲击强度的判断。依据第四部分概念操作化中提出的相关判断原则及霸权国英国和美国的利益层次，判断三个崛起国不同战略行为的冲击强度。其中，凡是在霸权国核心利益领域促进合作，共同扩展利益的战略事件，均算作冲击强度弱。冲击强度由弱到强，分别以 1、2、3 代表。

（2）成败结果的判断。依据第四部分概念操作化中提出的成败判断标准和选取的国际关系史著作对事件的描述，确定战略事件的成败结果。成功和失败分别以 1 和 2 表示。

需要说明的是，发生与明确结果间隔较长的事件如何判断成败。有些事件引发的后果需要较长时间（如几年或十几年）才能反映出来。这种情况下，依据历史记述，只要能够明确战略事件与较长时间间隔后出现的结果具有明确关联，就以最终的结果判断成败。如 20 世纪初，德国连续出台扩建海军的措施，引发与英国的海军竞赛，并在一战前以失败告终。其间历时十年左右，但由于这些措施与最终后果密切关联，因此，在确定成败结果时，我们将这一时期德国海军扩军措施都算为失败。

3. 统计检验

在明确战略事件冲击强度及其结果的测量方法后，我们可以得到统计检验的基础数据。在此基础上，我们可以计算出，在既定崛起阶段，某一战略冲击强度的事件成功和失败的频次，作为我们统计分析的数据。

统计数据产生之后，接下来的重要任务就是根据数据性质选择恰当的统计分析方法。此项研究要考察既定崛起阶段内，不同冲击强度的崛起战略与崛起成败结果的关系。崛起战略的冲击强度（自变量）是定性有序变量，分为弱、较强和强三个等级，分别对应着渐进战略、突进战略和摧毁战略。崛起成败结果（因变量）不是有序变量，而是定性名义变量，分为成功和失败两类。因此，要使用费舍尔精确检验法检验崛起战略的冲击强度与崛起成败结果是否关联。[1]

---

[1] 参见胡良平编著：《Windows SAS 6.12 & 8.0 实用统计分析教程》，北京：军事医学科学出版社 2001 年版，第 275—278、305—307 页。

（二）案例比较检验

定性相关分析能够帮助我们检验崛起战略与崛起成败是否关联，但无法检验两者之间是否构成因果关系，以及两者之间的因果逻辑。为此，我们还将使用案例分析的方法[①]检验理论假设是否成立，理论框架提出的逻辑推论是否符合经验事实，以弥补统计方法的不足。

在使用案例进行比较研究时，我们运用了两种不同的比较思路。

（1）案例之间的比较。其基本形式也有两种：第一，借助求同比较的方法，考察同一崛起阶段不同国家奉行相同崛起战略，其崛起结果相同的案例。例如，处于追赶阶段的德国（1873—1887）和苏联（1954—1972）奉行渐进战略均取得成功，就属于这种情况。第二，借助求异比较的方法，考察同一阶段不同国家奉行不同战略，其崛起结果不同的案例。例如，同处于僵持阶段的德国（1902—1914）和美国（1898—1901）奉行不同战略，结果前者失败，后者成功，就属于此列。需要说明的是，两种思路虽有差异，但都面临一个问题，就是变量控制较为困难，从而一定程度上削弱了检验的说服力。

（2）案例内比较。这种比较的基本思路是，关注同一崛起阶段、同一国家奉行特定战略的过程中，国家某些战略行为偏离特定战略前后出现的不同结果。例如，处于追赶阶段的苏联奉行渐进战略而崛起成功，但在实施这一战略过程中，苏联曾偏离渐进战略而奉行突进战略，如引发柏林危机和古巴导弹危机，结果这些战略措施均以失败告终，而此后苏联又将战略调整回渐进战略，相关战略措施则取得了成功。通过战略行为偏离前后的比较，我们可以较为充分地证明不同崛起战略与崛起成败结果之间的关系，其原因就在

[①] 参见阎学通、孙学峰：《国际关系研究实用方法》，北京：人民出版社 2001 年版，第 133—138 页；谷振诣：《论证与分析——逻辑的应用》，北京：人民出版社 2000 年版，第 141—147 页；Stephen Van Evera, *Guide to Methods for Students of Political Science*, Ithaca: Cornell University Press, 1997, pp. 55-63; Detlef F. Sprinz and Yael Wolinsky-Nahmias eds., *Models, Numbers, and Case: Methods for Studying International Relations*, Ann Arbor: University of Michigan Press, 2004, pp. 19-128; Stephen R. Rock, *Why Peace Breaks Out: Great Power Rapprochement in Historical Perspective*, Chapel Hill: University of North Carolina Press, 1989, pp. 18-19。

于,这种比较方法中的变量控制更为有效、可靠,能够增强检验的说服力。

应当指出的是,比较方法存在一个较为明显的缺陷,即无法完全控制变量,始终面临"多个变量,少量案例"的困难。因此,学者利用比较方法确立的因果关系可能是虚假的。为了克服这个缺陷,本文还采用了过程追踪方法①,即详细考察每个案例的历史过程和细节,追溯相关因果关系的发生次序,以进一步检验通过比较方法确立的因果联系是否成立,同时可以检验研究假设的逻辑推论是否与经验证据一致,防止将虚假关系看作因果关系,进一步提高研究结论的可靠性。

应用比较方法和过程追踪方法都需要大量的历史资料作为基础。鉴于本项研究追求因果解释而不是历史描述,因此在尽可能使用原始文献、资料的同时,使用了大量二手资料,主要是历史学家的研究成果。为弥补原始文献不足的缺陷,作者将尽可能参考多重来源的二手资料,包括不同国家、不同年代、不同作者的研究成果,保证经验证据的可靠性和相关性。

---

① 参见 Stephen Van Evera, *Guide to Methods for Students of Political Science*, Ithaca: Cornell University Press, 1997, pp. 64−67。

附录 2
科研立项设计示例

立项设计是研究立项的重要步骤之一。从事一项严谨的国际关系研究与写一篇有关国际关系的文章,两者有着本质区别。社会科学的研究工作不但要耗费大量时间、人力及资金,而且其研究成果商业化的可能性很小。因此,一项规模较大的国际关系研究项目必须首先争取资助,之后才可能着手实施,否则会因物质条件无法得到保证而影响研究工作的顺利开展。在发达国家,即使是博士研究生为取得学位进行的研究,也要先争取到项目经费,然后再开始相关的研究工作。这笔经费不仅要解决博士生的生活,而且要覆盖资料费、印刷费、实地考察费等开支。在决定进行一项重大国际关系研究时,政府部门内部也是要先做项目设计,然后才决定是否启动这项研究。目前,我国国家社科基金、教育部人文社科研究项目每年都资助许多科研项目,这些项目的审批就是以各单位或个人提交的项目申请书为基础的。

为了使研究立项申请顺利通过有关单位的审批,研究人员提交的研究项目设计报告必须有很强的说服力。因此,撰写报告时,研究人员对"为何研究"和"如何研究"这两个基本问题都要深思熟虑,详尽阐明该项研究的科学意义,充分论证研究取得突破的现实可能性。这样既有助于写好立项研究报告、争取到研究经费,也有助于研究人员自己明确未来的研究方向。有学者认为:"立项书不仅为他们从事研究提供了可操作的计划,同时可防止研究人员徘徊于那些虽然值得研究但与研究目的无关的问题之间……能够促使研究人员全面了解研究的理由和目的,预见可能发生的问题并形成处理这些问题的计划。"①

研究项目的目的不同,其立项报告的内容也有差别,但也存在下面一些必不可少的、共通的基本内容。

一、项目标题

拟写研究项目的标题有两个基本要求:一是标题要反映研究项目的主题,突出研究的重点;二是标题要表意清楚,一目了然。因此,标题不宜过长。题目过长会使人感觉研究人员把握不住研究主题。

关于国际形势与我国国家安全研究的立项报告

标题1:当前国际形势及我国国家安全战略

标题2:外空军备竞赛与我国天军建设

比较两个题目,我们可以看到,标题1空泛,可用于任何时期;而标题2具体,符合冷战后的国际安全形势。

关于中国加入世界贸易组织研究的立项报告

标题1:关于为加入世界贸易组织而降低关税对我国纺织品和纤维生产商的经济影响的研究

标题2:关于加入世界贸易组织对我纺织品影响的研究

通过比较,我们不难发现,虽然标题1比标题2略微详细一些,但读起来太困难,对于突出研究重点的实质意义也不大。而标题2虽较为简略,但主题突出,一目了然。

---

① 唐·埃思里奇:《应用经济学研究方法论(第二版)》(朱钢译),北京:经济科学出版社2007年版,第95页。

二、研究目的

所要研究的国际问题多种多样,可以是描述性的,也可以是解释性或处方性的;可以是理论性的,也可以是政策性的;可以是政治性的,也可以是社会性的。因此,一份研究报告首先要对研究问题的性质做出清晰的描述,并阐明立项研究某一问题的理论意义和应用价值,强调进行该项研究的必要性。研究项目的目的并不是越全面越好,需根据研究问题的性质来决定。例如,理论性研究需要突出其学术意义,而政策性研究要突出其应用价值。

三、预期成果

在审批立项申请时,评审人都希望尽可能充分地了解研究项目的预期成果价值。只有具有较高科学价值或重要决策参考价值的研究项目,才容易得到资金支持。所以,立项报告必须介绍研究的预期成果,内容包括研究成果的具体形式,例如是论文、专著还是内部报告,成果大约有几部或多少字,将在哪家刊物上发表或由哪家出版单位出版。如果是内部报告,将提交给哪些部门供哪些人士参阅等。这样做的目的就是充分展示预期研究成果的真实性和具体性,争取立项成功。

四、研究方法

在立项报告中,具体说明拟采用的研究方法至少有两个作用。第一,有助于评审人判断研究取得成果的现实可能性。实践表明,研究方法的合理性是科学研究取得进展的基本保证。因此,在判断立项申请能否实现研究目标时,评审人的重要依据之一就是该项研究拟采用的研究方法是否具体可行。第二,便于评审人估算研究项目所需的经费。一般而言,研究方法不同,所需的研究条件也有所不同,因而开支项目也不尽相同。例如,一项以实地考察为主要方法的研究,研究经费将主要包括差旅费和调查费;而一项以文献比较为主要方法的研究,提供资料费和劳务费就基本能满足研究工作的需要。如果研究人员没有说明拟采用的研究方法,评审人就无法准确判断项目所申报的研究经费是否适当。在多数情况下,评审人员会认为经费申请额度过高,而不会是相反的判断,说服评审专家增加经费是非常困难的事情。

五、研究时间与人员

在完成任何一项科学研究之前,研究人员都无法确切知道到底需要多长时间。在研究过程中,可能会遇到意想不到的困难使研究工作无法按计划完成,也有可能进展得十分顺利提前完成项目。不管研究开始后的情况如何,进行立项设计时,研究人员必须确定项目完成所需的时间。其原因有以下三点:一是没有预期的完成时间,评审人员就无法得知是否能见得到研究成果。二是不知道项目的预期时限,评审人员就无法决定要在多长时期内投入多少研究经费。三是不写明研究所需的时间表明研究人员缺乏从事此类研究工作的经验。虽然事先很难准确地估算出一项研究工作所需要的具体时间,但是,在人力和物力基本满足需求的情况下,有经验的研究人员可以估计出完成一项研究工作所需的大致时间。值得注意的是,立项申请报告中不仅要规定出总体研究的时间,还应对每个研究阶段需要的时间有所规定。

研究时间共计一年,从 2020 年 4 月初至 2021 年 4 月。

研究共分方案设计、独立研究、集体讨论、编写修改四个阶段。

(1) 2020 年 8 月底完成方案设计。

(2) 2020 年 9—12 月独立研究,共四个月。

(3) 集体讨论三次,安排在 2021 年 1—2 月。

(4) 2021 年 3 月完成报告初稿,4 月进行两次修改,4 月底完稿。

研究项目获得批准后,研究人员应尽力遵守研究项目设计规定的时限。但是经验表明,多数情况下研究工作无法按计划完成而被迫推迟。如果推迟的时间不长,一般不会对研究工作产生重大影响,因此也无须向批准单位解释。如果推迟的时间较长,则有必要向项目批准单位做出合理的书面解释。

立项设计中应简要介绍参与项目的研究人员,明确研究人员的资历、相关研究经验、研究成果以及各自承担的工作。前期研究成果要尽量与立项研究的问题直接相关,与立项问题无关的成果只能使评审人员怀疑申请人的能力。参加项目的研究人员要具备所需的研究能力和充裕的研究时间。项目成员无力承担研究任务或能力强但没有时间承担都无助于项目申请的成功。将许多知名学者列入名单很容易使评审人员怀疑研究队伍的真实性,因为知名学者之间开展学术研究合作十分困难。如果研究工作需要辅助人员,一定要明确辅助人员参与的必要性和工作任务。对于评审人员来讲,了解项目参与人员的情况很重要。根据研究人员的资历,评审人员可以了解研究项目取得成功的可能性;而从参加项目的人数,评审人员可以估算出研究工作的规模、所需经费和时间。

六、研究条件

从事国际关系研究的硬件条件是多方面的,包括图书资料、办公条件、计算机设备、网络条件等。评审人员比较注重的是办公条件,因为办公条件是所有研究工作硬件中最不易具备的。如果研究人员能集中在一个地方办公,表明研究工作是有保障的。项目参与人员都来自同一单位,可以保证研究场所的集中,有利于研究的顺利进行。

七、研究经费

争取研究经费是立项设计唯一的目的。立项设计中不仅要提出研究经费的总数,而且要逐一列出各项开支的具体数目。经费分项越明确,越有助于评审人员充分了解各项费用的合理性,项目申请获得批准的可能性也相对更大一些。经费项目要依据研究工作的实际需要确定,通常包括资料费、调研差旅费、小型会议费、设备使用费、印刷费、管理费等。事实上,国际关系研究中最大的开支是劳务费,但不同的基金组织对劳务支出的标准不同,因此需根据资助方的政策确定相关劳务预算。

东亚安全秩序与周边命运共同体建设研究

课题名称：东亚安全秩序与周边命运共同体建设研究
主题词：中国崛起　东亚地区　安全秩序　周边命运共同体
项目类别：一般项目
学科分类：国际问题研究
研究类型：基础研究

项目负责人

姓　　名	×××	性　　别	男	民族	汉	出生日期	××××年××月××日
行政职务	系主任	专业职务	教授	研究专长	国际关系理论
最后学历	研究生	最后学位	博士	担任导师	博士生导师
所在省(自治区、直辖市)		北京市	所属系统	高等院校
工作单位	××大学国际关系研究院	联系电话	××××××××××
通信地址	北京市××区××大学国际关系研究院	邮政编码	××××××

主要参加人员

姓名	性别	出生年月	专业职务	研究专长	学历	学位	工作单位
×××	男	××××年××月	教授	国际关系理论、中国外交	研究生	博士	××外国语大学
×××	女	××××年××月	助理教授	国际关系理论	研究生	博士	××大学国际关系学院

预期成果：专著（字数：200千字）
申请经费（单位：万元）：20
计划完成时间：2018年12月31日
课题设计论证（略）

经费预算   单位:万元

	序号	经费开支科目	金额	序号	经费开支科目	金额
直接费用	1	资料费		5	专家咨询费	
	2	数据采集费		6	劳务费	
	3	会议费/差旅费/国际合作与交流费		7	印刷出版费	
	4	设备费		8	其他支出	
间接费用				合计		

参 考 文 献

中文文献

1. 风笑天:《社会研究方法(第四版)》,北京:中国人民大学出版社 2013 年版。
2. 胡安宁:《社会科学因果推断的理论基础》,北京:社会科学文献出版社 2015 年版。
3. 江天骥:《逻辑经验主义的认识论 当代西方科学哲学 归纳逻辑导论》,武汉大学出版社 2012 年版。
4. 秦亚青:《权力·制度·文化:国际关系理论与方法研究文集(第二版)》,北京大学出版社 2016 年版。
5. 任莉颖:《用问卷做实验:调查-实验法的概论与操作》,重庆大学出版社 2018 年版。
6. 谢宇:《社会学方法与定量研究》,北京:社会科学文献出版社 2006 年版。
7. 袁方主编:《社会研究方法教程(重排本)》,北京大学出版社 2013 年版。
8. 阿托卡·阿丽色达:《溯因推理:从逻辑探究发现与解释》(魏屹东、宋禄华译),北京:科学出版社 2016 年版。
9. 加里·戈茨:《概念界定:关于测量、个案和理论的讨论》(尹继武译),重庆大学出版社 2014 年版。
10. 劳伦斯·纽曼:《理解社会研究:批判性思维的利器》(胡军生、王伟平译),北京:人民邮电出版社 2015 年版。
11. 马克斯·韦伯:《社会学的基本概念》(顾忠华译),桂林:广西师范大学出版社 2005 年版。

12. 斯坦因·U. 拉尔森主编:《政治学理论与方法》(任晓等译),上海人民出版社 2006 年版。

13. 唐·埃思里奇:《应用经济学研究方法论(第二版)》(朱钢译),北京:经济出版社 2007 年版。

14. W. 菲利普斯·夏夫利:《政治科学研究方法(第八版)》(郭继光等译),上海人民出版社 2012 年版。

15. 刘丰:《定性比较分析与国际关系研究》,《世界经济与政治》2015 年第 1 期。

16. 刘丰、陈冲:《国际关系研究的定量数据库及其应用》,《世界经济与政治》2011 年第 5 期。

17. 庞珣:《国际关系研究的定量方法:定义、规则与操作》,《世界经济与政治》2014 年第 1 期。

18. 沈志华:《冷战史新研究与档案文献的收集和利用》,《历史研究》2003 年第 1 期。

19. 周亦奇、唐世平:《"半负面案例比较法"与机制辨别——北约与华约的命运为何不同》,《世界经济与政治》2018 年第 12 期,第 32—59 页。

英文文献

1. Beach, Derek and Rasmus Brun Pedersen, *Process-Tracing Methods: Foundations and Guidelines*, Ann Arbor: University of Michigan Press, 2013.

2. Beach, Derek and Rasmus Brun Pedersen, *Causal Case Study Methods: Foundations and Guidelines for Comparing, Matching, and Tracing*, Ann Arbor: University of Michigan Press, 2016.

3. Beebee, Helen, Christopher Hitchcock and Peter Menzies, eds., *The Oxford Handbook of Causation*, New York: Oxford University Press, 2012.

4. Bennett, A. and J. T. Checkel, eds., *Process Tracing: From Metaphor to Analytic Tool*, Cambridge: Cambridge University Press, 2015.

5. Blatter, Joachim and Markus Haverland, *Designing Case Studies: Explanatory Approaches in Small-N Research*, Basingstoke: Palgrave Macmillan, 2012.

6. Brady, Henry E. and David Collier, eds., *Rethinking Social Inquiry: Diverse Tools, Shared Standards*, 2nd ed., Lanham: Rowman & Littlefield, 2010.

7. Byrne, David and Charles C. Ragin, eds., *The SAGE Handbook of Case-Based Methods*, Los Angeles: SAGE Publications, 2009.

8. Collier, David and John Gerring, eds., *Concepts and Method in Social Science: The Tradition*

of Giovanni Sartori, New York: Routledge, 2009.

9. Dunning, Thad, *Natural Experiments in the Social Sciences: A Design-Based Approach*, New York: Cambridge University Press, 2012.

10. Evera, Stephen Van, *Guide to Methods for Students of Political Science*, Ithaca: Cornell University Press, 1997.

11. Flick, Uwe, ed., *The SAGE Handbook of Qualitative Data Collection*, London: SAGE Publications, 2018.

12. George, Alexander L. and Andrew Bennett, *Case Studies and Theory Development in the Social Sciences*, Cambridge: MIT Press, 2005.

13. Gerring, John, *Social Science Methodology: A Unified Framework*, Cambridge: Cambridge University Press, 2012.

14. Gerring, John, *Case Study Research: Principles and Practices*, New York: Cambridge University Press, 2007.

15. Goertz, Gary and James Mahoney, *A Tale of Two Cultures: Qualitative and Quantitative Research in the Social Sciences*, Princeton: Princeton University Press, 2012.

16. Hernán, Miguel A. and James M. Robins, *Causal Inference: What If*, Boca Raton: Chapman & Hall/CRC, 2020.

17. Hofer-Szabó, Gábor, Miklós Rédei and László E. Szabó, *The Principle of the Common Cause*, New York: Cambridge University Press, 2013.

18. Howell, Martha C. and Walter Prevenier, *From Reliable Sources: An Introduction to Historical Methods*, Ithaca: Cornell University Press, 2001.

19. Illari, Phyllis and Federica Russo, *Causality: Philosophical Theory Meets Scientific Practice*, Oxford: Oxford University Press, 2014.

20. Imbens, Guido W. and Donald B. Rubin, *Causal Inference for Statistics, Social, and Biomedical Sciences: An Introduction*, New York: Cambridge University Press, 2015.

21. Kincaid, Harold, ed., *The Oxford Handbook of the Philosophy of Social Science*, Oxford: Oxford University Press, 2012.

22. King, Gary, et al., *Designing Social Inquiry: Scientific Inference in Qualitative Research*, Princeton: Princeton University Press, 1994.

23. Landman, Todd and Neil Robinson, eds., *The SAGE Handbook of Comparative Politics*, Los

Angeles: SAGE Publications, 2009.

24. Magnani, Lorenzo, *Abduction, Reason and Science: Processes of Discovery and Explanation*, Heidelberg: Springer, 2001.

25. Mahoney, James and D. Rueschemeyer, eds., *Comparative Historical Analysis in the Social Sciences*, Cambridge: Cambridge University Press, 2003.

26. Morgan, Stephen L. and Christopher Winship, *Counterfactuals and Causal Inference: Methods and Principles for Social Research*, 2nd ed., New York: Cambridge University Press, 2015.

27. Pearl, Judea and Dana Mackenzie, *The Book of Why: The New Science of Cause and Effect*, New York: Basic Books, 2018.

28. Ragin, Charles C. and Lisa M. Amoroso, *Constructing Social Research: The Unity and Diversity of Method*, 2nd ed., Thousand Oaks: Pine Forge Press, 2011.

29. Ragin, Charles C., *The Comparative Method: Moving Beyond Qualitative and Quantitative Strategies*, Oakland: University of California Press, 1987.

30. Rohlfing, Ingo, *Case Studies and Causal Inference: An Integrative Framework*, Basingstoke: Palgrave Macmillan, 2012.

31. Seawright, Jason, *Multi-Method Social Science: Combining Qualitative and Quantitative Tools*, Cambridge: Cambridge University Press, 2016.

32. Shadish, William R., Thomas D. Cook and Donald T. Campbell, *Experimental and Quasi-Experimental Designs for Generalized Causal Inference*, 2nd ed., Boston: Houghton Mifflin Company, 2001.

33. Smelser, Neil J., *Comparative Methods in the Social Sciences*, New Orleans: Quid Pro Books, 2013.

34. Tavory, Iddo and Stefan Timmermans, *Abductive Analysis: Theorizing Qualitative Research*, Chicago: University of Chicago Press, 2014.

35. Teele, Dawn Langan, ed., *Field Experiments and Their Critics: Essays on the Uses and Abuses of Experimentation in the Social Sciences*, New Haven: Yale University Press, 2014.

36. Tetlock, Philip E. and Aaron Belkin, eds., *Counterfactual Thought Experiments in World Politics: Logical, Methodological, and Psychological Perspectives*, Princeton: Princeton University Press, 1996.

37. Yin, Robert K., *Case Study Research and Applications: Design and Methods*, 6th ed., Los Angeles: SAGE Publications Inc., 2018.

38. Capoccia, Giovanni and Kelemen R. Daniel, "The Study of Critical Junctures: Theory, Narrative, and Counterfactuals in Historical Institutionalism," *World Politics*, Vol. 59, No. 3, 2007.

39. Gisselquist, Rachel M., "Paired Comparison and Theory Development: Considerations for Case Selection," *PS: Political Science & Politics*, Vol. 47, No. 2, 2014.

40. Hedstrom, Peter and Petri Ylikoski, "Causal Mechanisms in the Social Sciences," *Annual Review of Sociology*, Vol. 36, No. 1, 2010.

41. Hyde, Susan D., "Experiments in International Relations: Lab, Survey, and Field," *Annual Review of Political Science*, Vol. 18, No. 1, 2015.

42. Imai, Kosuke, et al., "Experimental Designs for Identifying Causal Mechanisms," *Journal of the Royal Statistical Society: Series A (Statistics in Society)*, Vol. 176, No. 1, 2013.

43. Mearsheimer, John J. and Stephen M. Walt, "Leaving Theory Behind: Why Simplistic Hypothesis Testing is Bad for International Relations," *European Journal of International Relations*, Vol. 19, No. 3, 2013.

44. Mintz, Alex, Yi Yang and Rose McDermott, "Experimental Approaches to International Relations," *International Studies Quarterly*, Vol. 55, No. 2, 2011.

45. Moravcsik, Andrew, "Transparency: The Revolution in Qualitative Research," *PS: Political Science & Politics*, Vol. 47, No. 1, 2014.

46. Moravcsik, Andrew, "Trust, but Verify: The Transparency Revolution and Qualitative International Relations," *Security Studies*, Vol. 23, No. 4, 2014.

47. Rohlfing, Ingo, "Comparative Hypothesis Testing Via Process Tracing," *Sociological Methods & Research*, Vol. 43, No. 4, 2014.

48. Slater, Dan and Daniel Ziblatt, "The Enduring Indispensability of the Controlled Comparison," *Comparative Political Studies*, Vol. 46, No. 10, 2013.

49. Snyder, Richard, "Scaling Down: The Subnational Comparative Method," *Studies in Comparative International Development*, Vol. 36, No. 1, 2001.

50. Tarrow, Sidney, "The Strategy of Paired Comparison: Toward a Theory of Practice," *Comparative Political Studies*, Vol. 43, No. 2, 2010.

索　引

A

案例　3,19,22,30,31,33,76,81-85,95,
101-109,123,128-131,151,157,163,
168,169,172-175,178-181,184,188,
192,195,198,199,201-209,213,218,
219,233,259,262,263,272

案例选择　7,22,33,71,74,77,178-180,
201,206,218

案例研究　22,100-103,105,155,158,
169,218,219

B

必要条件　82,83,140,154,161,162,174,
238

变量

　后代变量　186,187,189-192,194-196

　混杂变量　43,44,89-93,99,155,184,
185,187-191,193,195-199,201-
213

　因变量　18,22,27,28,31,86-92,94,
95,99,100,103,113-115,151,152,
159,178,179,182-184,187-194,
196,210,212,217,239,260,261

　中介变量　31,87,88,90,102,106,160,
167,179,186,187,189-193,195-
198,213

　撞子变量　89,90,92,179,187,190,193-
196,213

　自变量　18,22,27,28,31,86-92,94-
101,103,104,113-115,151,159,
178-185,187-194,196,198,199,
203,208,210-212,217,239,261

变量控制　43,44,89-91,132,155,178-
183,185,187,190,198-202,204-206,
208-213,239,262,263

分层　194-196,207-210,212

回归建模 183,185,197,210-213
加权 28,144,145,206,212,247
匹配 43,100,102,184,197,201,203-206,209,212,213
随机化 199,200,212
限制 9,10,20,62,72,116,201-203,212,233,237,241,244-247
变量值 147,149,151

C

参考文献 70,233,234
测量等级 145,147,150,151
 定比测量 147,150,151,154
 定距测量 147,149-151,154
 定类测量 147,148,150-152,154
 定序测量 147,148,150,151,154
常量 85,86,182,208
充分条件 140,154,161,162
重复测量 152

D

单一指标 143,154
单元同质性 98,99
调查实验 15,199,200
独特性 30,160-163,166,170,171

F

反事实 82,83,85,92,94-98,100-105,178,184,188,191,205
访谈 15,23,78,118,171

附录 233,238
复本测量 153
复合指标 142-144,154,207
复制性研究 29,33,181,233

G

概率 18,19,81,82,156,160,174-176,180,184,187,199,205,211,232
概念操作化 32,58,71,74-76,129,132,134-136,145,154,155,238,239,253,261
归纳 19,22,29,101,116-121,124-126,133,160,169,217,271
规律 2,5,7-9,11,13,24,27,31,33,34,36,39,40,42,43,48,52,54,71,81,85,86,88,91,101,102,106,108,111,114,124,130,240,243
国际关系理论 3,6,7,9-16,22,33,34,43,55,57,59,72,81,121,138,208,215,269,271
国际关系研究 1,2,4-9,16-22,29,32-34,37,39-44,47-49,51,52,55-57,60-63,66,78,81,85,87,111,116,119,126,127,133,136,138,141,145,147,152,155,198,199,203,208,214,223,229,234,237-239,262,264,268,269,272

I

INUS 理论 83

J

假定　33,58,77,86,90,91,94,98-100,
　　112,113,119,121,136,159,188,193,
　　194,198,208,212,255

假设
　　主要假设　156-159,162-168,170,171,
　　　176,177,184,185,213,218
　　竞争性假设　155-161,163,165-171,
　　　176,177,184,185,204,213,218
　　假设检验　30,127,130,132,155,156,158,
　　　160-162,164-166,168-170,173-
　　　181,183,185,188,193,195,199,206,
　　　213,219,239
　　　风中稻草式检验　161,162,170
　　　环式检验　161-163,170
　　　冒烟手枪式检验　161-163
　　　双重决定式检验　161,162,164
经验蕴涵　29,74,113,159-164,166,169-
　　171,175,176,213

K

科学
　　科学方法　5,16,17,21,23-26,31-39,
　　　41-45,52-55,66,81,116,134,135,
　　　156,165,181
　　科学精神　34,36,39,45,127,132
　　社会科学　2,4,8-10,16-19,23,24,26,
　　　34-36,39,41-43,46,61,68,71,76,
　　　81,86,91,100,111,121,134,137,

　　　148,156,162,168,173,176,177,
　　　193,201,215,223,225,226,260,
　　　264,271
　　自然科学　16,33,34,36,39,41-45,61,
　　　68,81,116,121,238
可检验性　31,114
可靠性　3,7,15,22,23,33-35,37,117,
　　119,127,148,152,155,156,164,167,
　　169,170,172,173,175,176,181,185,
　　195,201,209,213,219,224,229,230,
　　232,263
可重复　3,30-33
困惑　26,46-48,51,54,62,151,152,216

L

离散变量　147
李克特量表　148
连续变量　151,205,212
Logit 回归　18,184,210
路径
　　非因果路径　186,187,193,194,196
　　后门路径　186-188,190,195,196,213
　　因果路径　115,186,187,189,191,192,
　　　196

M

模式匹配　22

N

内容效度　153

P

批判精神 34,36,37

Q

其他条件不变 43,99,115,198

潜在结果模型 83

情境 41,80,86,106,107,109,115,142,143,171,174,175,179,198,200,201,206,207

确定性 3,4,30,53,75,99,160-163,166,170,171,176,178-181,219,239

S

时序 90,92-96,110,186,189

实验 1,17,21,35,43,44,98-103,129,156,182,196,199-201,212,213,271

实证精神 34,35

受控实验 43,44,171

数据 3,4,7,18,28-30,32,33,35,62,68-71,74,75,83,91,97-99,101,103,116-118,129,142,143,151,165-167,169,171-174,178-181,185,197,198,206,208,209,211,213,218-220,229,230,233,238,239,256-258,261,270,272

溯因 116,121-124,126,127,133,271

索引 233,234

T

条件独立性 98,99

W

外交 4-6,15,39,41,57,104,216,246,260,269

维度 28,58,75,97,135,136,140-142,144,153,203,209

文本分析 8,19,23,171

文献回顾 20,63-67,70-74,78,79,168,184,198,216,217,239

X

相关性 36,82,92-96,101,173,174,178,185,188,190,193,194,197,211,263

效度 143,145,152-154,156-158,174,179,184,206,213

信度 14,145,152-154,165,174,175,179,230

虚假相关 31,84,92,93,183,184,188,190,197,210,211

Y

研究
  理论研究 1,9,10,12,14,21,22,29,248,259
  政策研究 1,6,9-16,19,23,52,54,55

研究方法 2,7,14-23,25,33,41,42,44,45,49,55,62,64,70,73,75,111,113,146,148,152,153,216,218,231,234,239,259,265,266,271,272

研究假设 18,19,26-30,32,74,111-114,

117,120,127,130,133-135,154-157,
159-170,172,174-180,184,218,219,
239,263

研究设计　3,22,75,77,81,102,167,199,
201,204,209,211,237-239,260

　　立项设计　238,264,267,268

　　研究方案设计　238,239

研究问题

　　描述性研究问题　52

　　解释性研究问题　54

　　选择研究问题　44,46,50,56-58,62,
63,74

研究意义　58

　　理论意义　3,58-61,63,266

　　现实意义　2,58,60-62

研究主题　9,49-51,70,71,239,265

演绎　29,116,119-121,124,126,127,
133,160,169

样本　92,93,98,112,200,203,206,212,
233

因果关系　18,27,55,80-87,89-95,100-
102,104,106,114,116,132,133,136,
178,183-186,188-190,194,196,197,
199,201,203,206,207,210,211,213,
262,263

　　规律性路径　81

　　反事实路径　81,83,84,93

　　因果机制路径　93

因果机制　55,82,84,87,88,90,92,94-

96,98,100,102,105-110,115,116,
124,127,132,133,137,164,169,178,
184,217,218

因果假设

　　建立因果假设　116,126

　　修改因果假设　127-130

因果解释　42,43,54,55,80,87,89-92,94-
96,100,105,106,110,111,131,132,
155,181,217,218,263

因果图　85,90,91,109,158,159,185-
193,195-198,213,217

因果推断　31,80,81,83-85,91,96-102,
105,179,192,199,206,208,238,271

因果意义上的可比性　97-99,104,188,
199

Z

折半测量　153

证据　7,22,27,33,35,65,66,75,77,78,
94,105,156-170,172-179,181,200,
213,217,219,230,238,263

证伪　4,30,37,75,113,156,176,179,247

指标

　　单一指标　143,154

　　复合指标　142-144,154,207

注释

　　注释规范　229,234

　　注释体例　214,233

教师反馈及教辅申请表

北京大学出版社本着"教材优先、学术为本"的出版宗旨，竭诚为广大高等院校师生服务。为更有针对性地提供服务，请您认真填写完整以下表格后，拍照发到 ss@pup.pku.edu.cn，我们将免费为您提供相应的课件，以及在本书内容更新后及时与您联系邮寄样书等事宜。

书名		书号	978-7-301-	作者	
您的姓名				职称、职务	
校/院/系					
您所讲授的课程名称					
每学期学生人数	_____人_____年级			学时	
您准备何时用此书授课					
您的联系地址					
联系电话（必填）				邮编	
E-mail（必填）				QQ	
您对本书的建议：					

我们的联系方式：

北京大学出版社社会科学编辑室

北京市海淀区成府路 205 号，100871

联系人：武 岳

电话：010-62753121 / 62765016

微信公众号：ss_book

新浪微博：@未名社科-北大图书

网址：http://www.pup.cn

更多资源请关注"北大博雅教研"